中公文庫

日本語で一番大事なもの

大野　晋
丸谷才一

中央公論新社

目次

日本語で一番大事なもの

鴨子と鳧子のことから話ははじまる

『万葉集』の影響

丸谷　式亭三馬《しきていさんば》の『浮世風呂《うきよぶろ》』に鴨子《かもこ》と鳧子《けりこ》というアマチュアの女国学者が銭湯でいろいろ論じ合うところがあります。たとえば、けり子が、「鴨子さん、此間は何を御覧じます」と言うと、かも子が「ハイ、うつぼを読返さうと存じてをる所へ、活字本《うゑじぼん》を求めましたから幸ひに異同を訂《ただ》してをります。さりながら旧冬は何角《なにかと》用事にさへられまして、俊蔭《としかげ》の巻を半過《なかば》るほどで捨置きました」と。この言葉づかいが、腹をかかえて笑うしかないくらいおもしろいんですが、この鴨子鳧子という二人の女国学者の名前は、もちろん和歌でよく出てくる「かも」と「けり」に由来してつけた名前ですね。この鴨子と鳧子は両方とも本居《もとおり》信仰に凝っている国学者だということになっています。「かも」と「けり」というのは、こういうときの名前のつけ方にも使われるくらいに、典型的に古典和歌的な言葉なわけですね。ことに「かも」はすごいんで、『百人一首』に「一人かもねん」が二つあるでしょう。

足引の山鳥の尾のしだり尾のながながし夜を一人かもねん　柿本人麻呂《かきのもとのひとまろ》

きりぎりす鳴くや霜夜のさむしろに衣かたしき一人かもねん　藤原良経《ふじわらのよしつね》

これでは、和歌を詠《よ》むなら「かも」を使わなくちゃならないような気持になるでしょう。ですから現代人でさえ、和歌といえば「かも」と「けり」という感じになってしまう。おもしろいことに、二つの結合による「けりかも」という言葉さえあって、これは歌人および和歌を罵《ののし》って言う言葉なんです。私はこの言葉を字引で見ただけで用例があがってないから、ちょっと怪しいんですが、とにかくこういう言葉があるとすれば、「けり」と「かも」とがいかに和歌の代表的な言葉であったかが、非常にはっきりする。「かも」は近世の和歌でも真淵《まぶち》なんかはずいぶん使っているし、近代和歌では正岡子規《まさおかしき》も一時期かなり使ったし、会津八一《あいづやいち》もよく使ってますね。いちばん使っているのは、斎《さい》藤茂吉《とうもきち》でしょう。茂吉の若い頃の歌に、

罌粟《けし》はたの向うに湖《うみ》の光りたる信濃のくにに目ざめけるかも

監房より今しがた来し囚人はわがまへにゐてやや笑めるかも

などがあるんです。戦後の日本の短歌のなかでいちばん評判のいい一首を選ぶと、『白き山』の、

最上川《もがみがわ》逆白波のたつまでにふぶくゆふべとなりにけるかも

です。これは戦後の茂吉の絶唱ということになっていて、つまり自動的に現代和歌の最高峰ということになってます。現代俳句の戦後の代表作が久保田万太郎《くぼたまんたろう》の、

湯豆腐やいのちのはてのうすあかり

なのと対応するくらいの名作でしょう。ただし、この歌には、本当かどうか知りませんが、ちょっとしたゴシップがあります。疎開で故郷へ帰っていた茂吉が、弟子の結城《ゆうき》哀《あい》草果《そうか》と二人で最上川のほとりを散歩していたときに、哀草果が「実は冬の最上川の三角

の波を形容するうまい言葉を見つけたんです」と言って、「逆白波」という新語を披露した。するとやや先を歩いていた茂吉が振り向いて、こわい顔をして、「私がその言葉を使って歌を詠むまで、おまえは使ってはならない」と言った（笑）。それで哀草果は、師の言葉を守って、茂吉がこの歌を詠むまで使わなかったんですって。つまり、そのくらい大事にして、思いをこめて詠んだ歌、あるいは、こんなゴシップさえ作られるほどの歌、そこに「けるかも」とくるわけですね。

明星《みょうじょう》派は使わないんですが、例外的に吉井勇《よしいいさむ》の『人間経』のなかに、

志みな違へども歌詠めばおほかたのこと忘れけるかも

四国路へわたるといへばいちはやく遍路ごころとなりにけるかも

というようなものが少しあります。いうまでもなくアララギ派は『万葉集』の影響を受けていて一体に「けるかも」は、万葉の調子ですね。

大野　「なりにけるかも」は『万葉集』のなかにずいぶんあると思いますよ。いまのお話のように、「かも」はアララギ派では使うけれども、明星派ではあまり使わないというのは、それらの歌のグループが手本としていた歌集によっているんですね。つまり、

アララギ派は、正岡子規以来、伊藤左千夫《いとうさちお》とか長塚節《ながつかたかし》とか、みんな『万葉集』を手本に仰いでいた。『万葉集』では、「かも」という詠嘆の言葉が普通に使われていたんですが、『古今集』になりますと、「かも」は五、六例しかないんですね。みんな「かな」になってしまう。

丸谷　私の調べでは、『万葉』は「かも」ばかり七百回くらい、「かな」が全然ない。『古今』は「かも」が六回で「かな」が六十八回。『後拾遺《ごしゅうい》』になりますと、「かも」はゼロで、あとは全部「かな」、そんな具合でした。

大野　奈良時代に「かな」はないこともないんです。「能《よ》く渟《たま》れる水かな」というのが、『常陸風土記《ひたちふどき》』にあります。

丸谷　奈良時代ではそれ一つだけですか。

「かも」の性格

大野　一つだけだと思います。「かも」というのは二つの合成語なんですね、「か」と「も」の。「か」は疑問詞ですね。「あるか」とか、「これは月か」とか、「花か」とか……。これは自分の胸の中で疑うんですね。それを「ありや、なしや」と言うと、相手に問いかける形になるわけです。「あるか、なきか」といえば、「あるかな、ないかな」

という自分自身の疑問で、自分では判断不能ということになるんですね。だから「か」と「や」とは、奈良時代には、大体「か」は自分には分らない、疑問だということ、「や」は自分の一つの考えがあっての上の質問という使い分けがあったと考えられます。「や」は奈良時代初期のころには間投詞ですね。たとえば、「近江のや毛野《けな》の若子《わくご》い笛ふきのぼる」、この場合の「や」というのは別に意味がないんです。要するにこれは掛け合いで歌ったり、みんなでいっしょに歌ったりするもんだから、「近江の」と切れたところで、「や」と一つ入れて音数を合わせたんです。「うれたきや醜《しこ》ほととぎす」なんていうのも、「癪にさわる馬鹿なホトトギスめ」ということで、「や」はお互いの調子をとるときに、入れてあります。だから、誰かに働きかけたり、質問したり、あるいは調子をつけたりするときにやるわけなんですね。

丸谷　あのころの歌は歌謡性が強い、というより歌謡そのものだから。

大野　も少し見わたして見ると、古いところでは、「か」のほうは、「本当か嘘か」というふうな判断不能の意味に使うのが本来だったんですね。「か」は、非常に古い用法ですと、叙述の下につくよりも名詞の下に直かにつくんです。「今日《けふ》か明日《あす》か」「出でし月かも」というふうに。後で言いますけど、奈良時代より前には現代語の「……ダ」にあたる「なり」はなかったんだから、「花なるか」にあたるところを「花か」とだけ言ったんですね。しかし、「か」だけでは、少しそっけなさすぎるので、もう少しやわらげたり、ニュアンスをつけたいときに、「も」を足したんです。

「も」というのは、現代では「これもいい、あれもいい」みたいに二つ並べて使いますね。しかし元来は二つ並べるものじゃなかったんです。「うれしくもあらず」とか、「年も経《へ》ず」とか、「すべもなし」のように、「も」が来るとその下の叙述は多くは、否定、推量、条件等で閉じる。つまり、下に不確定な表現がくるものだったんです。一つと確定するのではないものごとを表現することばだから、「あれもこれも」と、どちら一つと確定せず二つ並べるようになったというわけです。一つに決めて断定せず不確かな気持をあらわすから、「か」の下に「も」を加えて「かも」とした。「か」は疑問で、それに不確かさをあらわす「も」がついてきたから、「かも」というと、「なのかなあ」という疑問をあらわすときもあるし、「なんだなあ」「どうもそうらしいなあ」という気持をあらわすときもあるし、「本当にそういう気持がなんとなくするなあ」みたいな気持もあらわすというわけで、それで「かも」が疑問とか詠嘆とかを表わすことになった。これが、「かも」という助詞の最初だったと思います。たとえば、

磐代《いはしろ》の岸の松が枝むすびけむ人は帰りてまた見けむかも

長忌寸《ながのいみき》意吉麿《おきまろ》

「磐代の岸の松が枝を結んだという人は、ここを帰り道にまた通って、幸せを祈って、松の枝を結んだこの松をもう一度見ただろうかしら」というわけですね。「実は殺されちゃったんだから見なかったんだけども、見ただろうかな」という疑問の気持なんですね。音数を考えないなら、「見けむか」（見ただろうか）と言ってもいいわけだ。それを「も」を添えてちょっとやわらげるというのが「かも」の普通の使い方だったわけですね。

丸谷　これは有間皇子《ありまのみこ》のことを歌った歌ですね。

大野　そうです。有間皇子は松を二度とは見てないんです。

梅の花しだり柳に折り雑《まじ》へ花にまつらば君に逢はむかも

「もし梅の花としだり柳とを折って一緒にして供え花としておまつりしたらば、あなたに逢うことが出来るだろうか、出来ないだろうかな」と思うんですね。

浦廻《うらみ》より漕《こ》ぎ来し船を風早み沖つ御浦にやどりするかも

「浦のめぐりを漕いで来たけれど強い風が吹くもんだから、沖の方の浦に逃げて、こんなふうに宿りをしているんだなあ」と今度は詠嘆風になってくる。つまり疑問と詠嘆とが混じって移っていく。

丸谷　柿本人麻呂の、

鴨山の岩根し枕《ま》けるわれをかも知らにと妹が待ちつつあらむ

の「かも」は疑問だけですか。

大野　「か」が疑問で「も」が不確かだなあという気持をあらわすわけですから、疑問と詠嘆とが両方に揺れるわけですね。こういうのをよく文法の先生が、疑問であるとか、詠嘆であるとか明確に裁断して教えるけれど、この歌などはその両方の微妙なところにかかっていて、むしろそこにこの歌があるんですね。

「かも」「けり」は鳥の名前

丸谷　「鴨山」の「かも」と、「われをかも」の「かも」と二つ重なっているところが、この歌のおもしろいところだとかねがね思ってるんですよ。ところが在来の評釈では、そういう遊び心のおもしろさは言わないわけですね。そういうレトリカルな楽しみを、人麻呂が辞世の歌に詠むはずはないと思っているんでしょう。でもこれは、鴨が二羽いるところが非常におもしろい。まるで一羽が人麻呂で、もう一羽が人麻呂の奥さんみたいだ（笑）。そのことから考えたんですけど、鴨が鳥でしょう。鳧《けり》が鳥でしょう。これもやはり鴨の一種ですね。女房言葉では、あれをケリケリと言うんですね。鳥の名前は、一般に鳴き声からきているわけでしょう。カラカラと鳴いたから、それにスがついてカラスになったわけでしょう。

大野　雀はチュンチュンだからスズメでね……（笑）。

丸谷　古代信仰では、鳥というのは一般に霊がやどるところと考えられていたわけです。それで和歌というのは文芸であるよりもさきに、呪術的な文句だった。つまり呪文が高まって和歌になったと考えられるわけですね。そのことと、その呪文である和歌で最も頻繁に使われる言葉の「かも」と「けり」が鳥の名前であるということと重大な関係があるんじゃないかというのが、僕の考えたことなんです。こういうことは専門の学者は恥ずかしいから言わないけれども……（笑）。

大野　「かも」や「けり」を使うのは、歌の意味も関係してくるわけだから、おっしゃることだけですぐ決められるかどうかわからないけれど、当時の人は少なくともわれわれが考えている以上にカモやケリを鳥の名として頭のなかでめぐらしながら受け取っていたということは言えると思いますね。

丸谷　それで『万葉集』では、「かも」に鴨の字を使っているところが方々にありますけれど、「けり」には梟という字は書きませんね。ところが、「受日《うけひ》鶴鴨《つるかも》」と書いたのがあったんですよ。

大野　「妹に逢はむと祈誓《うけ》ひつるかも」ですね……。

丸谷　これは色恋沙汰の成就を神に願う、一種呪術的な言葉なわけですね。鶴がまさしく鳥で、鴨も鳥であるというのは、やはり呪術的な意識が高まってくると、そこで鳥をどうしても出したくなるという古代人の心理の反映じゃないかと思ったんです。

大野　表記法のうえでそういう工夫をしているということはあると思いますね。『万葉集』の表記は、われわれが思っているよりは、もっと一字一字の字のイメージを大事にしていますからね。ただ、一字一音の万葉仮名で書いてある巻なんかでは「鶴鴨《つるかも》」のような工夫はできないけれども、むしろ一字一音の巻は古い表記をあとで一字一音に直したんですね。

丸谷　速記みたいに、書くのが簡単になるわけでしょう。きちんと一字一音で書けば長ったらしくなって面倒で仕方がないから。

大野　そうですね。だから巻一、巻二みたいに音だの訓だの混ぜた書き方のほうが古いんです。終りのほうの十七、十八、二十という巻は、だいたい一字一音ですよ。十七、十八の巻はいろんな歌を寄せ集めてきて、明らかに一字一音に直したんです。ところが巻十九は、そんなに直していない、というのは家持《やかもち》の歌が非常に多いもんですから、家持がめんどくさがって直さなかったんですね。『万葉集』では、いろんな気持をこめる書き方をしていますが、たとえば恋を「孤悲」と書く。一人ぽっちで淋しいということが「恋」とくっついています。

「かな」への変化

大野　なぜ平安時代になって「かも」が衰えて「かな」になったかというと、「かも」の「も」の音が変わって「な」になったとかいう意見もあるけれど、そんなもんじゃないんです。つまり「かも」には疑問の意味と詠嘆の意味と両方兼ねあらわしているような使い方が多かった。ところが、奈良時代から平安時代にかけて日本語にかなり大きな変化が起っているんです。その一つは「や」の使い方の変化なんです。さっき私は「や」という助詞は、最初が間投詞みたいなものだったと申しましたね。それから今度は、相手に質問する、何かを聞くときに、使うと言いました。例えば「野守《のもり》は見ずや」などです。もともと「天飛ぶや鳥にもがもや」のように間に投げ込むだけだったのが、相手に対して働きかけるとき、相手に質問するときに言うようになった。質問するということは、疑問をもっているということと隣合せですが、「や」の場合は、どうも、自分自身の一つの確信やら、見込みやらがあって、それを相手に持ちかけて質問の形をとる、ということのようです。それが平安時代に広く使われて、やがて「や」のほうが勢いを得てくるんです。奈良以前の古い時代には、名詞の下に「である」という助動詞の役をする言葉がまだ発達していなかった。「相飲まむ酒《き》ぞ」「夏やせに良しといふ物ぞ」のように、「ぞ」だけをつけた。ですから、その頃には、名詞のすぐ下に疑問だけ置いて「月か」とか「花か」とかという言い方をしていたわけです。ところが「である」ということをあらわすときに、「月ぞ」「花ぞ」のように「ぞ」だけでは不便でしょうがない。否定形も作れないし、推量形にすることもできなかったんです。それで奈良時代に、かなり大きな変化が進行し、その頃盛んになった仏典の翻訳をやるようになると、「こうであるか」とか「であった」とか、「であろう」とかいう漢文を翻訳しなければならなくなる。その否定、推量、過去の表現法が日本語にないもんだから「にあり」から出てきた「なり」という言葉を奈良時代につくり出した。これによって、使い方が非常に広くなって「逢ふものならば」「盛りなりき」「信濃《しなの》なる筑摩《ちくま》の河」「常ならず」みたいに活用が広くなり、過去形も否定形も推量形も言えるようになったわけです。そこで、「なり」の下に疑問詞をつけようとすると「か」はもう古い言葉と意識されて、かわりに「や」を使うようになったんです。「なりや」「ありや」「なしや」という形が多く使われだしたのです。「や」が見込みを持った質問から疑問のほうへずっと寄って来た。そうすると、本来疑問を含んでいた「かも」は、詠嘆と、疑問の両方の意味をもつので、もっとはっきり、これは詠嘆ですよと決めたくなった。詠嘆をあらわすには、「も」じゃなくて「な」をくっつけようとした。そこで「かな」とやったわけです。「能く渟《たま》れる水かな」「ああ、これは実に見事に水が渟ったなあ」というように、はっきり詠嘆だけの方に寄っていった。

丸谷 それは、東国方言じゃないんですか。

大野 「能くたまれる水かな」は東国方言で、要するに下層民の言語ですね。

丸谷 下層民の言語が、もっと高い格になってしまったわけですね。

大野 そうなんです。新しい用法へ移りつつあった「や」と対応するのは「かな」にしようという気持が強くなり、「かな」は詠嘆だけを表わす言葉として広がったようです。

暗い「かも」、明るい「かな」

丸谷 それが詠嘆だけであるということが、のちに俳諧の発句の切字《きれじ》の「かな」になったわけですね。

大野 そうなんですね、そういうふうに長く生き得たということは、詠嘆専用だったからでしょう。

丸谷　そのせいで、「かな」というのが、江戸時代になるとむしろ発句的な感じにさえなってきた。

大野　和歌が衰退してくるからですね。

丸谷　そのときに国学がはやってくると、銭湯にいる二人のおばさん達にとっては、「かも」が典型的に和歌的な言葉となってくるわけですね。

大野　全くその通りで、次の時代に万葉調を尊んだアララギ派でも「かも」をまた多く使うということになっています。だから「かも」は平安朝以後ずっと消えていたのが、『万葉集』が愛読されるようになって歌の世界に息を吹き返したんです。

丸谷　勅撰集《ちょくせんしゅう》に出てくるのは、ほとんど疑問の「かも」だと言われていますが、たしかに『新古今』で見ても、

たれをかも待乳の山のをみなへし秋と契れる人ぞあるらし　小野小町《おののこまち》

はるる夜の星か川べの蛍かもわが住む方のあまのたく火か　在原業平《ありわらのなりひら》

どちらもはっきりと疑問ですね。

大野　例外的に見える歌は、少し古い歌か、さもなければたいてい古風を真似した歌だと思います。「かも」は平安時代には疑問として多く受け取られた。

丸谷　安倍仲麻呂《あべのなかまろ》の、

天の原ふりさけみれば春日なる三笠の山に出でし月かも

これは『古今集』巻九羇旅歌《きりょか》にあるんですが、『古今』の撰進《せんしん》は仲麻呂の亡くなってから百三十年後なんです。それで、アーサー・ウェイリーと黒川洋一《くろかわよういち》氏は、この和歌は仲麻呂の作ではなく、仲麻呂の漢詩をもとにして後人が作ったものだと推定しています。どうも正しいような気がするんですよ。それで、偽作となればなおさら「かな」じゃなくて昔ふうに「かも」とゆきそうな気がする。

大野　『古今集』に出てくる六つの「かも」のうち五つは、名詞の下についているので、「けるかも」みたいなのはない。つまり古風なもの言いのときだけしか「かも」は使われなくなったんです。

丸谷　「玉津島かも」とかね。『新古今集』に出てくる曽禰好忠《そねのよしただ》の、

由良《ゆら》のとを渡るふな人かぢをたえ行方も知らぬ恋の道かも

の「かも」はテクストの異同がすごいんです。いま僕は第五句を「――かも」で言いましたが、これは岩波の古典大系の『新古今和歌集』によったものでして、東洋文庫にある素庵《そあん》の加筆の刊本の『百人一首』、後水尾院《ごみずのおいん》の宸筆本《しんぴつぽん》の『百人一首』、私家集大成の『曽丹集《そたんしゅう》』、これらはみな「かな」です。それから朝日古典全書の『新古今和歌集』は「かな」になっているんです。ところが、底本は「かも」になっていて、ただし異本には「かな」とある、としてある。そこで校訂者の小島吉雄《こじまよしお》先生が流布本《るふぼん》に従って「かな」に直した、と注でことわっています。こうなってくると非常に微妙でして、むしろ曽禰好忠という人はどっちで詠んだかという、これは文芸評論の領域ですね。

大野　私はそれの本文批判を手がけたことがないからわかりませんけど、平安朝の終り頃の扱いでいけば、「かも」はあまりにも古すぎて、当時の歌として通用させるにはちょっと無理ですね。もし好忠が、意図的に「かも」を使って一種の奇をてらったとしても、あとの人がそれを普通の言葉づかいに直してしまった場合もあると思うし、もともと「かな」であったかもしれない。

丸谷　この歌をいろいろ口ずさんでみますと、どうも「かも」のほうが暗くて、内向的な感じがあって、「かな」ですと開かれて明るい感じがしますね。

大野　それは平安朝の歌に慣れている人の感じ方ですね。「かも」という異文が相当伝わるということは、おそらく原作が「かも」なんじゃないかと思います。なぜなら、原作がもし「かな」だったら、「かも」という異文が入ってくる余地はないんじゃないか、当時の社会からすると。

丸谷　「かも」にしたほうが、哀愁が深くなりますね。

大野　「かも」は疑いを含んでいるから。「かな」となると詠嘆だけになって話は非常にわかりやすくなる。

丸谷　意味が単純になるんですね。その意味の単純さが、開かれた明るい感じということになるんでしょうね。

大野　だいたいが「な」という間投詞には、「も」がもっている不確かさとかいうものがない。不安とか暗さとかのイメージが「な」にはないんです。

丸谷　社交的な感じのする言葉ですね。だから歌合せの和歌に向いている。「も」のほうが孤独感が強くて、内向的な感じがあるんですね。

大野　そうですね。「も」は不確かさを表わすけれども、「それはわかんないことだよ」と突っ放しちゃうかというと、そうではなくて「も」はもっと粘着的で、ものに執着している。不確かでいながら、それを自分から切り捨てることが出来ない気持をあらわすんですね。

「けり」は気付きの助動詞

丸谷　そういえば「けり」という言葉も、詠嘆的な言葉なんじゃありませんか。つまり「けるかも」という決まりの形がありますね。この「けるかも」が王朝和歌には多いんですけれども、それは、「けり」の詠嘆性と「かも」の詠嘆性とが重なり合って、和歌的叙情というのに具合がよかった、というふうに思うんですけど。

大野　「けり」について大野珍説というのがありましてね。これは昭和二十年代に、学習院大学の卒業生に長与孝子さんという人がいまして、卒業論文で「けり」の研究をやりましてね、「けり」は過去を表わすのではないと。時間に関係がなくて、要するに、「……であることに気がついた」という意味だと述べたんです。僕はそれを読みまして賛成しました。たとえば平安時代のはじめの西大寺《さいだいじ》本『金光明最勝王経《こんこうみょうさいしょうおうきょう》』には、非常に丁寧な訓点がついています。そこに出てくる「けり」は、みんな過去に関係ない。現在に使われている。

修行モ差別無カリケリ
皆是レ金光明経ノ力《ちから》ナリケリ

これらは皆現在のことについて述べています。そして「ああ、そうだと気がついて驚いた」という意味を表わしている。その論文を読んで以来、私は「けり」を「気付きの助動詞」と呼んでいるんです。たとえば、『万葉集』の、

世の中は空しきものと知る時しいよよますます悲しかりけり　大伴旅人《おおとものたびと》。

「いよいよますますこの世は悲しいという感を新たにする」というわけです。

古《いにしへ》のふるき堤は年深み池のなぎさに水草《みくさ》生ひにけり　山部赤人《やまべのあかひと》。

「気がついてみると、たしかに池のなぎさに水草が伸びている」、こういうふうに「けり」という助動詞は、「気がついた」というのが多いんですよ。これに対して「確かに過去のこととして自分がはっきりよく覚えている」というのは「き」で表現するんです。「けり」は、「いま気がついた」という点が基本です。「けり」の子孫は現代語では「け」

というんです。「今日丸谷さんと会うんだっけ」「忘れていたけれど会うんだったっけ……」と……。

丸谷　なるほど、まさしく気付きの助動詞ですね。

大野　「けり」がきた時に、これは気付きかなと思って詠んでみてください。およそはそれで解けちゃうはずです。

丸谷　気がつくということから、詠嘆的なものを感じるわけですね。

大野　そうです。気がつくということは驚きなわけですよ。そして、「エーッ、これは」と詠嘆するんです。そこで詠嘆にいくんでね、詠嘆が基本じゃなくて、気がつくほうが基本なんです。学校では詠嘆と過去というふうに教えるのですが、そうすると話が変になってくる。気付きとやっておくと、「この照る月は満ちかけしけり」とあった場合、「ああ、お月さまというものは、なるほど満ちたりかけたりするんだな」となります。

これに対して、「き」という助動詞を同時に区別して正確にとらえないといけないんです。「き」というのは、「確かに私は覚えている」ということですよ。これは松下大三郎《まつしただいざぶろう》という大文法学者がすでに言っていることでしてね。『竹取物語』で男がみんな嘘つくじゃないですか。蓬萊《ほうらい》の玉の枝を取って来たと嘘つくところでは、みな「……なりき」というんです。「鬼のやうなるもの出で来て殺さんとしき」「海にまぎれんとしき」のように。「実際に鬼が私を殺そうとしたんです」「これは私の実際の経験です」と言っているわけだ。「確かに覚えています、絶対忘れません、鬼が私に食いかかろうとしたんです」というわけです。「けり」は、「忘れてたが思い出した」という気持。だから、「いよいよますます悲しかりけり」は、「悲しいという感を新たにする」と訳さないとだめなんです。そこで滝を見にいって、「いよよ清《さや》けくなりにけるかも」といいますね。「に」は、「確かだ」という気持ですから、全体で滝の景色が清らかになっているなあと気がついて感心しているんです。それから、「知らなかったんだけど人から聞いた」というときにも、「けり」といいました。そこで「けり」を伝聞に使うんです。「知らなかった、ああ、そうなのか」というわけで、これが物語の形式に使われました。たとえば、「いづれの御時にか女御更衣あまた侍ひ給ひける中に、いとやむごとなき際にはあらぬが、すぐれて時めき給ふありけり」と、あるわけです。物語は「けり」ではじまるものだったんです。

言葉の変化、意味の変化

丸谷　「かな」というのは、東国方言と断定出来るんですか。

大野　『常陸風土記』の一つしかありませんので、東国方言だというわけで、本当のところは東国語にそういう例もありますというだけのことですね。だけど、『古今集』であれだけ「かな」に変わったというところを見れば……。その下地はもう万葉時代に大和地方にもあったんではありませんか。「な」というのは、人に押しつけて言ったり、あるいは勧誘したりする場合に使っていたんだけれども、詠嘆の助詞みたいに使うんですね。だからそれが「も」にとってかわったんです。

丸谷　「もがも」が「もがな」に変わるのも同じことですか。

大野　「もがも」というのは、本来は「……もが」だけで、相手に対して願ったり求めたりする意味合いをもっていました。さかのぼると、たぶん「……もか」とくっつけたんだと思うんです。「も」は、先ほど申しましたように不確定でしょう。ですから「旅にもが」といえば「旅にでも（いかれるかな）」ということで、そのもとは「旅にもか」だったんじゃないかと思います。「旅にでもいかれるか」というわけで、「もか」だったのが願望の形式として固定するにつれて濁って「もが」となったんでしょう。「不確かだけれども、そうなればいいなあ」というのが「もが」だったわけだ。ところが「も」と「が」がくっついちゃって一語と意識されるようになると、「もが」で言い放っては強すぎて感じられるようになり、それを和らげるためにもう一度「も」を添えて「もがも」として、願望とか希求とかいうときに使ったんだと思います。ところが「かも」が「かな」になったに平行して「もがも」が「もがな」になった。反語を表わす「やも」が「やな」になった例はないですね。

丸谷　たしかに「やな」というのはありませんね。

大野　「な」は相手に押しつけるような安定したところがあるから疑問の言葉としては「や」と「な」とはくっつかなかったんですね。

そこで大事なのは、さっき言った「や」が進出してきて、「かも」があらわしていた本来の疑問の意味を、「や」が奪うんです。そのために「かも」が今度は詠嘆だけの意味をあらわすように片寄ると、「も」がくっついていたのでは目立ちすぎて、そこのところは「な」に変わったんだと僕は思うのです。

言葉づかいには全体の釣合いがあるんで、釣合い全体の変化を見ないと、言葉の移り変りがよく理解できないことがあると思っています。単語を一つだけとらえて意味を考えたんではだめですね。

丸谷　もっとシステマティックなものですね。言葉の整理学なんだな。

大野　意味というものはそうですよ。特に文法にかかわる言葉の場合には、急に一つだけがどうかなったりはしない、ほかとの釣合いのうえで変わるんですね。

感動詞アイウエオ

歌語の代表「あはれ」

丸谷　詩というのは激しい情感をうたうものですから、そこで感動詞が大事な位置を占めるのは当然のことです。今回は、日本語の感動詞――文法でいう、喜怒哀楽、呼びかけ、応答を表わす言葉――の総まくりを、アイウエオ順にしてみたいと思ってるんですよ。

大野　アイウエオ順でいこうというのは、面白い着想ですね。そういう角度から感動詞の研究がされた例を、私は知りませんね。

丸谷　前回、「かも」と「けり」を論じたのは、それが代表的な歌語だというわけだったんですが、それよりも和歌を和歌らしく強く印象づける言葉は、「あはれ」という感動詞かもしれません。たとえば聖徳太子《しょうとくたいし》の、

家にあらば妹が手まかむ草枕旅に臥《こや》せるこの旅人《たびと》あはれ（何怜）

とか、西行《さいぎょう》の、

あはれいかに草葉の露のこぼるらん秋風たちぬ宮城野の原

とか、王朝和歌には「あはれ」という感動詞がひじょうに多いんです。まるで歌語の代表みたいですね。

大野　「あはれ」というのは、他人を見て、あるいは自分で自分を「あわれだなあ」と思う言葉だといえると思うんですね。今日の言葉としては、悲哀一点張りみたいになるんですけれども、平安時代には、もう少し広く、さびしい気持とか、しみじみとした情緒とかについて使われました。

実は「あはれ」という言葉は、古くは「アファレ」と発音されていた。その「ファ」を強めると「アッパレ」になるんですね。つまり「あはれ」が示す感動を明るいほうの意味に寄せて——感心した、賛成だ、お見事という場合は、「アッパレ」になったんです。「あはれ」という言葉は、昔は今より幅広く使って、悲しいという意味合いだけでないものを含んでいたと考えていいんですね。

その「あっぱれ」で考えてみるとわかるんですけれど、自分で自分のことを「あっぱれ」とはあまりいわないでしょう。他人を褒めたり、讃えたりするときに使うんですね。つまり、はたで見て感心したときに「あっぱれ」というわけです。実は、しみじみした、悲しい気持である「あはれ」も、自分自身に起こったことについてよりも、他の人が何かやったのを見ていて「あはれ」と感じたときに使うことが多かったようです。聖徳太子の「草枕旅に臥せるこの旅人」でも、道端で一人の人が死んでいるのを見て、そこで「あはれ」と感じたんで、「あはれ」には、はたから見ている感じがあるんですね。ところが、『千載集《せんざいしゅう》』の藤原基俊《ふじわらのもととし》の、

ちぎりおきしさせもが露をいのちにてあはれ今年の秋もいぬめり

のような例になると、むしろ自分自身について「あはれ」と感じる意味になる。鎌倉時代の初めごろは、歌詠みたちは、社会に対して働きかけるというよりも、逼塞《ひっそく》させられた生活のなかで、いろいろものに感じているという歌が多かったでしょう。だから、他人のことを「あはれ」というよりも、むしろ自分を自分で見る対象として「あわれなやつだなあ」と、今日われわれがいうように使ったわけですね。その場合でも、「あはれ」という言葉にはどうも「はたから見て」という傾向があります。

タミル語 **avalam**

大野　ところで、「あはれ」というのは三音節の言葉ですね。だいたい日本語は二音節で出来ていることが多いので、三音節の言葉は二つに切れるものなんです。そこで「あはれ」を二つに切るとしたらどう切るか――「あ・はれ」と切るか、「あは・れ」と切るかです。そこで考えてみると、東遊びの歌などに、途中で調子をつけるために「はれ」と投げ出す掛け声があるんです。催馬楽《さいばら》に、

沢田川　袖つくばかり　や　浅けれど　はれ
浅けれど　恭仁《くに》の宮人　や　高橋わたす
あはれ　そこよしや　高橋わたす

という句があるし、また、

いで我が駒　早く行きこせ　真土《まつち》山　あはれ　真土山　はれ

と、「あはれ」と「はれ」が同じように使われている例があるんですね。「はれ」というのは、あるものに対してはたから掛け声をかける言葉です。また「あはれ」という言葉も先ほどいいましたように、はたから見て感じたときにいう言葉です。そこで、「あはれ」と「はれ」の例を結びつけて考えると、「あはれ」は「あ」と「はれ」の合成語だとみることができます。私はずうっと、その考えを持っていました。

ところが、困ったことが起こったんです。例のタミル語に avalam という単語があるんです。タミル語の v は日本語の F に当る。また、タミル語の語尾にある am は名詞語尾だからしばしば脱落する。そうすると、タミル語の avalam は日本語では aFara となります。さらに、日本語では語尾のアはしばしばエ列に変わります。そこで、ここに aFare アハレという単語が成り立つ。

その avalam の意味ですが、『ドラヴィダ語語源辞典』に何と書いてあるかといいますとね、suffering, pain, distress, want, sorrowing, care, anxiety, fault, sickness, disease（受苦、苦痛、心痛、欠乏、悲哀、心配、苦悩、欠点、病気、身体の病気）という訳がついているんです。つまり日本語の「あはれ」とぴったり合うんで、「あはれ」の語源はタミル語の avalam にありそうだということになって来たんです。

丸谷　その語源説は急所をついている感じがしますね。「あ・はれ」説よりも、このほうがピンとくる感じです。いちばん大事な語義は suffering だと思いますが suffering の対立概念は action なんです。action というのは積極的に行動するということです。そういう積極性とまったく対立するものが suffering で、これを英文学者たちは「受苦」などと訳します。ところが、「受苦」つまり受身のかたちで苦しみに耐える、忍ぶ、それが「あはれ」ですものね。

　逆にいうと、日本文学にはなぜ西欧的な悲劇、ドラマがないのかとよくいわれますけれども、それは簡単なことで、民族の感受性として、基本的に心をうたれるものが、suffering の美だからなんですね。

大野　なるほど。「あはれ」は止まって受けとめる感情なんです。見ているんです——見ているという言葉に固執すれば。自分で積極的に手を出さないで、情緒として受けとって、しみじみと味わうわけです。ところが、この avalam の意味がまさにそうなっているんです。

丸谷　私がいままで知っている「あはれ」の語感と、この辞典の並べている一連の語義とがぴったりと結びつく感じがしますね。

大野　「あ・はれ」と二つに切ったのは、基本的には、三音節語は二つに切れるという、私の日本語観があったからです。そして「はれ」という囃《はや》し詞は、傍から相手を調子づける役をする。それが「あはれ」の本質と結ぶところがあると思ったんです。ところが、avalam が出てくると、それは間違ったとらえ方をしてきたんではないかと考えざるをえないんですよ。

しかも、タミル人のタワフジ博士に聞いたら、avalam は文語で、普通には avali を使うというんです。

丸谷　いよいよ「あはれ」に近くなりますね。大野さん、これは大発見ですよ。というのは、幽玄《ゆうげん》と「あはれ」の二つは、日本美のいちばん基本の姿でしょう。ところが、その「あはれ」は在来、語源的にどうも曖昧で、納得がゆかなかった。「あ・はれ」とするせいで、晴れやかになってしまって、変に明るくて、和歌的情趣の実体とそぐわなかった。ところが、これで、日本美の二大概念のうちの一つの、原形をとらえたんですから……。

大野　これを認めれば、日本人には「あはれ」というとらえ方が、奈良、平安時代からではなく、三千年も前からあったと考えなければならない。日本人の精神史もずいぶん古くからつながっているとみなければならないんです。

「ああ」と oh

丸谷　ところで、現代詩になりますと、「あはれ」も使われないことはありませんけれども、新しく「ああ」という感動詞が使われるようになります。この「ああ」は、現代

詩の言葉というよりも、近代詩の言葉で、有名なのが、薄田泣菫《すすきだきゅうきん》の、

ああ、大和にしあらましかば
いま神無月《かみなづき》、
うは葉散り透《す》く神無備《かみなび》の森の小路を、
あかつき露に髪ぬれて、往きこそかよへ、
斑鳩《いかるが》へ。……

とか、蒲原有明《かんばらありあけ》の、

噫《ああ》遁《のが》れよと、嫋《たを》やげる君がほとりを、
緑牧、草野の原のうねりより
なほ柔かき黒髪の綰《わがね》の波を、——
こを如何に君は聞き判《わ》きたまふらむ。

とか、こういうのがあるわけですけれども、それは、「あはれ」という感動詞が何となく古びてしまって、それでは新しい情感を盛ることができないというので、「ああ」を

歌人や詩人たちは採用したんです。歌人が使った例としては、

われ男の子意気の子名の子つるぎの子詩の子恋の子あゝもだえの子
与謝野寛《よさのひろし》

あゝひとり　我は苦しむ。種々《シュジュ》無限《ムゲン》清らを尽す　我が望みゆゑ
釈迢空《しゃくちょうくう》

を挙げておきましょう。「ああ」というのは、いろいろな漢詩から学んだんだろうと思いますが。薄田泣菫の詩は、ブラウニングの *Home thought from Abroad* の、

Oh, to be in England
Now that April's there,
And whoever wakes in England
Sees, ……

をまねてできたんですね。ところが、英語の詩のまねをして「おお」ohとやると、何だか応援歌みたいでしてね（笑）、あまりしみじみとこない。それで「ああ」とやった

わけですが、これはやはり「あはれ」の「あ」に大きく引きずられているんでしょう。
大野　近代詩で「あはれ」が使われなくなったのは、江戸時代になると、「あはれ」という言葉が、情ないという、意味だけになったからで、「あはれ」という言葉で、もっと広い、しみじみとした情趣とか、愉快な気持とかを表わすことをしなくなってしまったんですね。それから、「おお」というのは、神楽歌《かぐらうた》の掛け声ですし、「をを」は奈良時代の昔から、「賛成です」「わかりました」という、返事の言葉なんです。そういう意味が尾を引いているから、英語のohをそのまま「おお」と訳すと、詩はもう成り立たないんでしょう。
丸谷　なるほど。その説明は実にすっきりしてますね。
大野　「ああ」は明治時代以降に多く使われたといわれたけれども、これは漢文の訓読のみならず、『古事記』にも、「ああしやごしや、ええしやごしや」というのがあって、ひじょうに古い言葉なんですね。
丸谷　私は、前からあの「ああしやごしや」というのがよくわからないんですよ……。
大野　「ああ」も「しや」も掛け声です。「ご」がわかりにくいんですが、それは「吾子《あご》」でしょう。神武天皇《じんむてんのう》が、わが子と思うような兵士に「ああ、それ、わが子、それ」と励ましているわけです。「ああ、しや、吾子《あご》、しや」「ああしやあごしや」の「やあ」が融合して「ああしやごしや」になったんです。ですから、「ああ」という言葉はひじょうに古いんですね。

不景気な「あな」

大野　「ああ」をいうなら、「あな」をいわなければ……。この「あな」は、明るいときとか、景気のいいときは使わなかったんですね。

丸谷　『万葉集』では「痛」と「穴」という字が当ててありますが、考えてみれば、不景気な感じですね。一字一音では「安奈」「阿奈」。

大野　どういう使い方をしていますか。

丸谷　「痛《あな》たづたづし友なしにして」「安奈息づかし見ず久にして」「阿奈ひねひねしわが恋ふらくは」――。

大野　そうですね、「たづたづし」とか、「息づかし」「ひねひねし」とか、「あな」がくるとみんなマイナス・イメージなんです。痛手を負っているとか、気分が晴れないとかを表わす感動詞です。「あなかま」という言葉があるけれども、これも「うるさい」「静かにしなさい」と、不愉快で人を制止するときに使う言葉ですね。

丸谷　歌を挙げておきましょう。崇徳院《すとくいん》の、

みかりする交野《かたの》のみ野にふる霰《あられ》あなかままだき鳥もこそ立て

この場合の「あなかま」は、和歌にしては口語性が強いという感じがするんですが、それをこういうふうに入れたところが、崇徳院の和歌の天才のあらわれじゃないでしょうか。こういう口語性のとり入れ方というのは、意外に天皇の歌にみられるんですね。たとえば、後鳥羽院《ごとばいん》に、

露は袖に物思ふ比《ころ》はさぞなおくかならず秋のならひならねど

というのがあります。この「さぞな」の置き方が、日常会話的なものをひょいと入れたという感じが強いんです。天皇の御製は構えて詠《うた》うのが普通ですが、歌がとくに上手だった崇徳院や後鳥羽院には、言語的な冒険をしたい、その一つとして口語をとり入れて遊びたいという気持があって、それがこの「あなかま」に表われているんではないかという気がします。

大野 「ああ」というのはもっとも一般的な感動詞ですね。「あはれ」は傍からじっと見ている感じで、それが「あな」となると、自分自身が侵害を受けて、痛い、苦しい、嫌だという気持の場合が本来的な使い方で「あな、あはれ」「あな、おもしろ」などの場

合も心に痛く響く気持をいうんですね。

語根としての「いさ」

丸谷　次にイにいきましょう。イというのは何か否定の意味合いが強いですね。その代表が「いな」で、これは否定の返事ですから当り前ですけれども、例を挙げますと、『古今』の東歌《あずまうた》ですね。

最上川のぼればくだる稲舟の否《いな》にはあらずこの月ばかり

第一句から第三句までがずうっと序で、男から口説かれた女の人が、「嫌だというんじゃないけれど、いまは月の障りがあってだめなの」ということですね。

大野　そうですね。ここで「稲舟の」をもってきて、同音で「否」に続けたわけです。これなど代表的な使い方でしょうね。『万葉集』の、

見むと言はば否といはめや梅の花散りすぐるまで君が来まさぬ

なども同じですね。「逢いたいと言えば、嫌とはけっして申しませんのに」くらいの意味でしょう。

丸谷　「見る」というのは、万葉のころからやはり男女関係を意味したわけですね。梅の花というのは自分のことをいっているわけで、これは中臣清麿《なかとみのきよまろ》の歌ですけれども、女の身になって詠んだ歌ですね。

大野　この「いな」は、今日でも、「否む」というんでよくわかりますが、今日ではちょっとわからなくなってきているのが、「いさ」です。

丸谷　私はいまだにピンとこないんですよ。有名なのは、紀貫之《きのつらゆき》の、

人はいさ心も知らずふるさとは花ぞむかしの香ににほひける

でしょうね。『万葉集』では「いさ」というのを、「不知」と書いてありますから、この一首の意味は、「さあ人はどういう心なのか知らないけれども、私が訪ねてきた昔なつかしいこの土地では、花は昔のとおりに咲いている」と、そういうことですね。

大野　「いさ」は不知、知らない、わからない、ということです。『古今集』の、

犬上《いぬがみ》のとこの山なる名取川いさと答へよわが名もらすな

これは、名取川までが序で、「いさと答へよわが名もらすな」ですから、相手が誰だと問いつめられても、知らない、わかりませんといってくれ、という意味ですね。

丸谷　つまり通って来る男の名前をいっちゃいけない、と……。それから『千載集』源頼政《みなもとのよりまさ》の、

人はいさ飽かぬ夜床に留めつる我が心こそ我を待つらめ

これはむずかしい歌ですね。

大野　この「いさ」も、同じですね。昨夜一緒に寝た床に私はまだ満足できませんでした。その満足できなかった夜床に私の心が残っていて、その心こそふたたび私を待っているだろうけれども——さああなたはどうなんだか私は知りませんが、と。

丸谷　あなたは私を待ってくださるかどうかわからないけれども、ということですね。ややこしいな、これは(笑)。

大野　手がこんでいるんですね。でも、なかなかうまいじゃないですか。

丸谷　王朝の恋歌では、こういうのがひじょうに実用性が高いものだったんでしょうね。

こういう歌をつくられると、女の人は、なかなかの男だなんて、惚れ直したりするわけですね。面白い文化だな、あのころは。

大野　「いさ」は、わからないという意味ともう一つ、同意できない、他人のいうことを聞けない、といった意味をもっていると思うんです。というのは、「いさめる」というじゃないですか。殿様が何かやる、それに臣下が承服できないときに、「いさめる」わけですよ。それから「いさかひ」をするというでしょう。この「かふ」は、行き交うの「交ふ」です。Aが言ったことにBは承服できない、Bの言ったことにAは承服できない、両方で「いさ」「いさ」と、「いさ」が交うから「いさかひ」なんだろうと思うんです。もう一つ、須佐《すさ》之《の》男命《おのみこと》が「哭《な》きいさちる」といいますね。あれは、わあわあ哭いて、こちらがなだめようと思っても、こちらのいうことは全然きかない、受けつけないということです。「いさちる」の「ちる」が何かわかりませんけれども、「いさ」は、そういう意味だろうと思います。

　それから「いさよひ」。十六夜《いさよい》というのは十五夜の次の日でしょう。十五日までは、月がだんだん大きくなるんで、毎日待っているわけですよ。そしていよいよ満月になった、あくる日は、もっと明るく出るだろうと待っている。ところが、十六夜になると月の出は少し遅くなって、山の端にかかっているようでさっと上がってこない――いさようわけです。それが「いさよひ」。

こういうふうに考えると、ここに共通の「いさ」という語根があって、それは、承服できない、相手に同意しない、という意味なんではないかと思われます。

「いざ」と「いで」と

丸谷　「いざ」というのは、「いさ」とは全然違うんですね。

大野　ええ。これは積極的に人を誘うわけです。

丸谷　「いざなふ」の「いざ」ですね。

大伴家持の、

馬並めていざ打ち行かな渋谿《しぶたに》の清き磯廻《いそみ》によする波見に

大野　磯廻の「み」というのは、彎曲したところをいうわけで、めぐるという意味の「廻《み》る」という動詞がありました。

丸谷　この歌は訳すまでもないですね。『古今集』の、

駒なめていざ見にゆかむ故郷は雪とのみこそ花はちるらめ

は、家持の歌の本歌どりですが、歌としてはこちらのほうが出来がいいですね。「いざ」はさそいかけの感動詞ですから、単純ですね。

次に「いで」に行って、『万葉集』の、

いで如何にここだはなはだ利心《とごころ》の失《う》するまで思ふ恋ふらくのゆゑ

大野　「いで如何に」というのは、さあ、あなたはどうですか、と聞いているんですね。こんなにひどく、しっかりした気持が砕けてしまうまで、私はあなたのことを思いつめています。あなたにひかれているものだから——。あまりに理屈っぽくて、この男は気のきかない男だなあ。

丸谷　これは「いで」と「如何に」とが、イで連なるところが面白さなんでしょうね。イというのは、「いな」と「いさ」の場合、両方のイが関連があるような感じがしますが。

大野　イだけで特定の意味をもっているかどうか、ちょっとわかりませんけれども……。

丸谷　「いざ」と「いで」とも関連があるでしょう。何かそこのところがイの感動詞は面白い感じがするんですが……。それに対してウですが、源 信明《みなもとのさねあきら》の、

今日のうちに否とも諾とも言ひ果てよ人頼めなることなせられそ

今日のうちに嫌だとか承諾だとかおっしゃってください、と。

大野　この男は、せっかちなんですね。「人頼めなる」は、頼みにさせる。当てにさせる、気をもたせる、ということです。そんなことをしないで、今日のうちにイエスかノーかいってくれというわけです。

丸谷　この「う」というのは……。

大野　これは承諾を意味する「を」の仲間です。

丸谷　この「う」が、現代日本語の「うん」になったんですか。

大野　うーん。面白い考えですね。そうかも知れません。しかし、調べたことがありませんので、何とも答えられませんねえ。

エ列音で始まる言葉

丸谷　エですけれども、書紀歌謡の、

み吉野の　吉野の鮎《あゆ》
鮎こそは　島辺もよき　え苦しゑ
水葱《なぎ》の本　芹《せり》の本　吾は苦しゑ

この解釈を……。

大野　これは、天武天皇《てんむてんのう》が吉野に逃げ込んだときのことを諷刺しているんです。吉野に逃げ込んでいるのはとても苦しいことで、いずれよくないことが起こるだろうという意味を含んだ童謡なんじゃないですか。ですから、鮎ならば水のほとりの島辺に押し込められてもいいだろうけれども、私は鮎ではないから、こんな水葱や芹のあるところに押しこまれて、苦しい、ということですね。

丸谷　この「え」は、要するに「ああ」というのと同じですね。

私の調べた範囲では、エで始まる感動詞というのは少ないんですが、これは音が出しにくかったからですか。

大野　エという音は音節のなかの一つとしてちゃんとあったんですから、音が出しにくかったということはないでしょう。ただ、日本語のいちばん古い時代には、エ、ケ、セ、テ、ネ、ヘ、メ、エ、レ、ヱの音で始まる言葉はほとんどなかった。その意味で新しい——といいましても二千年以上も前のことですが——音ですし、後になってもエケセテネ……の音は少ないんですね。ですから、エ列音で始まる言葉は概して、いい意味をもたないんです。

たとえば、カタカタ、クックッ、コトコトというのはいいんですけれども、ケテケテというと変でしょう。ハラハラ、ホロホロ、バラバラ、ボロボロ、ブルブルはいいけれども、ヘラヘラとかデレデレというと変でしょう。ケテケテ笑ったり、ヘラヘラ笑ったり、デレデレするとか、エ列音で始まる言葉——感動詞とか擬音語は、必ず意味が下品に、悪くなるんです。ずっと古くからあるア列音、イ列音、ウ列音、オ列音で始まる言葉が、まともな意味の座席を全部とってしまっていたから、新しく変な意味の言葉を入れようとすると、エ列音の言葉になってしまうというわけです。他にも、ベタベタとか、ベトベトとか、悪い意味のときに、エ列音で始まる言葉が使われるんですね。

丸谷　すると、今日われわれが「えっ」と問い返すのも、それに続いていて、相手のいっていることに対する疑惑とか、不信とか、軽蔑とかを表わしているわけですね。この書紀歌謡の「え苦しゑ」というのも、そういうマイナスの意味を……。

大野　ただ、先ほどの「あめしやごしや、ええしやごしや」のような例もあるので、簡単にはいいきれませんけれども……。でも、「え苦しゑ」のあとのほうの「ゑ」のほうはそうです。これも感動詞ですが、坐りの悪い言葉ですね。この「ゑ」は、あまりいい意味の例はないですよ。えいままよ、というときの、「よしゑ」なども、どうでもいい、という意味です。「われはさぶしゑ君にしあらねば」とか、「吾は待たむゑ今年来ずとも」とか、何かを思いきった、あきらめたときに、「ゑ」というんですね。

丸谷　「われはうれしゑ」とはいわないわけですね。それではオですが、代表的なのは神楽歌の、

あちめ　おおおお
おけ
あちめ　おおおお
おけ
取合せ　おおおお

で、これは掛け声ですね。

大野　掛け声です。ただ、神降ろしのときに「おおおお」といったのかもしれないと思います。この「お」と「を」とは、意味が違います。

丸谷　返事の「を」ですか。

大野　そう、先ほどいいましたように、返事の「を」は「否も諾《を》も」という場合の「を」で、「う」の仲間です。

この「を」は、目的格に使う「これを見る」などの「を」と同源です。つまり、いちいち承諾、肯定、確認するときに、「を」というわけです。普通は「酒飲みたい」というんで、「酒を飲みたい」などとはいわない。目的格にいちいち「を」は要らない。なぜ、目的格に「を」が広く使われるようになったかといいますと、その目的語を確認する意味で「を」を入れたわけです。ことに一般的に「を」が多く使われるようになったのは、漢文の訓読からでしょう。漢文では、動詞が先にきて目的語が下にくるわけで、それをひっくり返して読まなければならない、そのひっくり返す印に「を」を入れたんです。その結果、目的語の後に「を」をつける用法が一般化したんでしょう。たとえば、『万葉集』の、

宇治川を船渡せをと呼ばへども聞えざるらし楫《かぢ》の音もせず

とあるでしょう。これは「船渡せ」を確認するために「を」とつけているんです。同じく『万葉集』の、

独り寝《ぬ》と薦朽《こもく》ちめやも綾《あや》むしろ緒《を》になるまでに君をし待たむ

丸谷　これは私の考えた解釈ですが――（あなたを待って）独り寝していて薦が朽ちるかもしれないけれども、綾むしろが糸になるまであなたを待ちましょう、と。それが表面の意味ですけれども、裏に仕掛けがあって、緒というのが「を」で、返事の「を」にかけてあるんだと思います。「あなたがいらして、はいと返事ができるまで待ちましょう」。

大野　なるほどそれは、たいへんいい解釈ですね。

王朝和歌の洗練

丸谷　最後は「そよ」。これは『梁塵《りょうじん》秘抄《ひしょう》』に出てくるように、要するに歌をうたいだすときの掛け声です。

そよ　春立つといふばかりにや　み吉野の山もかすみて今朝はみゆらん

これは「それ」とか「そおれ」とかいうことで、今様でつけた新しい詞なわけです。

『後拾遺』、大弐三位《だいにのさんみ》の、

有馬やま猪名《ゐな》の笹原風吹けばいでそよ人を忘れやはする

が、普通の感動詞として「そよ」が使われている、いちばん有名な歌でしょう。

この歌ですが、まず「そよ」が感動詞でしょう、そして「いで」が先ほどの感動詞で、「猪名の笹原」の「ゐな」に、感動詞の「いな」がかけてありますね。それで、私の変な解釈——解釈というより洒落なんですが、これだけ感動詞が並んでいるのを見ると、「有馬山」というのが、なにか「あれまあ」と聞こえるんですね（笑）。それはともかくとして、有馬山が地名で、「いな」が地名と感動詞がかけてあって、「いで」「そよ」が感動詞というわけで、実体は「笹原風吹けば」「人を忘れやはする」と、それだけですね。そういうところが、和歌の原形を洗練された形で出した、面白い構造になっていると思うんです。定家《ていか》が『百人一首』に選んだのも、そういうところを面白がったんじゃないでしょうか。

「そよ」を重ねると、「そよそよ」になるわけですが、『詞花集《しかしゅう》』の、

風吹けば楢《なら》の裏葉のそよそよと言ひ合せつついづち散るらん

はきれいですね。全然説明の要らない、いい歌ですね。

蚊帳《かや》を調べてみよう

『万葉集』の「か」

丸谷　この対談の最初で、「かも」「かな」のことを取り上げたとき「か」と「や」にちょっと触れましたが、あれでは不十分で、これはどうしても終助詞「か」と「や」をもういちど丁寧に論ずる必要があると思いました。まず「か」のほうからゆきましょう。「か」の第一の意味は疑問というわけですね。たとえば『万葉集』の作者不詳、

天の河川音《かはと》さやけし彦星の秋漕ぐ船の波のさわきか。(香)

大野　さわぐという言葉は、古いところでは「さわく」といっていたんですね。さわか、さわき、さわくとくるんです。

丸谷　これはつまり風の吹いている音を聞いて、ちょうど天の河の水音のような気がす

る。これは、天の河を渡っていく彦星の櫂《かい》でたてる水の音だろうかというような意味ですね。風の音が彦星のたてる波音になるというところが、古代人としてはたいへん凝った趣向だったんですね。この「さわきか」の「か」。

大野　「か」という言葉は、体言を受けるから、「さわきか」となるわけですね。

丸谷　体言あるいは活用語の連体形を受けるんですね。その連体形の例としては、柿本人麻呂の、

　　鳴呼見《あみ》の浦に船乗りすらむ乙女らが珠裳《たまも》の裾に潮みつらむか。（香）

「らむか」となるわけですね。

大野　これは、鳴呼見の浦でいまごろ船乗りをして楽しんでいるだろう乙女らの美しい裳の裾に、あの海の潮が満ち満ちて触れているだろうかというわけです。

丸谷　これは柿本人麻呂が天皇の行幸にお伴しないで、都に残っているときに想像して詠んだ歌で、だから「みつらむか」と。

　これが『古今集』になると、いちばん有名な「か」を使った歌といえば、例の業平に口説かれた伊勢神宮の斎宮である内親王様が詠んだ歌、

　君やこし我やゆきけむおもほえず夢かうつつか寝てかさめてか

これは「か」がいっぱいあります。そしてその用法が非常にはっきりしてますね。自分自身に問うているわけです。

大野　自分では全く分らないといっているんでしょう。

「か」と「や」の違い

大野　「や」は、奈良時代には自分に確信や見込みがあるとき使ったんですが、平安時代になると、この歌のように「……や……や」と使う使い方が広まって来るんですね。「君やこし我やゆきけむ」、あなたが来たのかしらんというふうに、相手に聞く使い方ができて来るんです。「我やゆきけむ」というのは、さては私のほうから出かけていったのかしらということです。そして、あれはいったい夢だったのか、現実だったのか、正気であったのかと、自分では分らないという。「うつつか」の「か」は自分で判断できないというのです。

丸谷　下の句の「か」づくしは自分に問うている、上の句の「や」二つは相手に問うている。これは「か」と「や」の区別が非常にはっきりしている歌ですね。

大野　いい歌ですね。これは業平が東下りをして、伊勢神宮に立寄ったときの歌です。業平はこの斎宮の内親王様とは遠い縁戚関係なんです。どうも、このひと晩のことで内親王様は身籠《みごも》ってしまって、男の子を生んだらしいんですね。これは大変な事件だったんで、伊勢の斎宮を管理している人たちは、それを取り繕《つくろ》うためにいろんな細工をやったらしいです。

だいたい、『伊勢物語《いせものがたり》』という作品は、その中身を語学的に分析すると、三層に区分できるんですね。

丸谷　三つの層に分けるというのは、なにか分け方の手がかりがあるわけですか。

大野　あるんです。『伊勢物語』で、『古今集』にある業平の歌を含む段を第一次の『伊勢物語』と仮定すると、それが二六段ある。次に、前田本『在中将集《ざいちゅうじょうしゅう》』と宮内庁の雅平本『業平集』にある歌を含む段を第二次の『伊勢物語』とするとこれが二七段ある。それ以外を第三次の『伊勢物語』とする。

こう区分して、それぞれの中の言葉を調べてみると、次のようなことが分ったのです。その頃の言葉として、「久しく」を「久しう」ということがある。この現象をウ音便といいますけれど、ウ音便は第一次にはほとんどなく、第二次第三次に三〇パーセント位ある。これは第二次第三次の成立年代が新しいことを意味しますね。次に、歌を導くい方を見ると、第一次では「……よめりければ」のように、歌を「よむ」という。これは『古今集』風です。ところが、第二次第三次には「……といへりける」のように「いふ」という形が多い。「……といふ」の形は実は『後撰集《ごせんしゅう》』『拾遺集《じゅういしゅう》』以後に出てくるものです。第一次には「いふ一例」「よむ一三例」、第二次は「いふ四例」「よむ六例」、第三次では「いふ二四例」「よむ三例」となっています。

　こういうふうに『伊勢物語』を三つに分けると、第一次の『伊勢物語』は言葉づかいの上から見て明らかに古い形を残している。ところが、その第一次の『伊勢物語』の話の中身は、内親王をめぐる人たちと業平を中心にした話が集まっていて、しかも業平に対しては好意を持ち、業平というのは非常にいい人物だという形でまとめてある。第二次の『伊勢』はそれに準ずるものですが、第三次の『伊勢』になると、こんどはひどい色好みな男だという話が集められています。こういう具合に『伊勢物語』は出来ているんです。そこで第一次の『伊勢物語』の二六の話の間に第二次がはさみ込まれ、さらに、それぞれの間に第三次の『伊勢』がはさみ加えられて合計一二五段になっていると考えられるんです。

丸谷　なるほど。どうもあの『伊勢物語』というのは、なんだかつながり方がよくわからない本だと思ってました。

大野　ところで第一次の『伊勢』の歌は『古今集』にも重なって出ているわけですが、『古今集』のなかに入っている業平関係の歌を見ると、その歌の詞書《ことばがき》が異様に長いのが多いでしょう。ということは、『古今集』が編纂《へんさん》されたときに、すでに第一次の『伊勢』は成立していたわけで、そこから歌とその事情の説明の部分をとったから、『古今集』の方の題詞《だいし》が異様に長いんです。これは学習院大学の辛島稔子という卒業生が、昭和三十五年ごろの卒業論文に書いて、雑誌『文学』に「伊勢物語三元的成立の論」として載せてもらった見解です。

丸谷　大野さんの門下生は優秀なんですね。

大野　どうも恐れ入ります（笑）。それで「伊勢物語三元的成立の論」によると、内親王が一生でたった一度会った男の思い出を、一代記風に歌で作ったのが第一次の『伊勢』ということで、伊勢の斎宮の作った本だから『伊勢物語』というんだと言っています。

丸谷　全体として考えると、あのタイトルが、よくわからないタイトルなんですね。

大野　「君やこし我やゆきけむ……」、これはまさにそのときの歌ですよ。だいたい業平という人は、宮廷では藤原氏に閉め出されて、不満にたえきれず、あぶれた感じで東北まで行ったわけですね。

丸谷　この歌はいい歌ですね。女にこういう歌を作らせる男というのは、やはり日本一の色男なんだな（笑）。

大野　それは魅力のある男だったんだろうと思いますね。

丸谷 『新古今』の「か」でいちばん有名な歌、

みかの原わきて流るる泉川いつみきとてか恋しかるらん

藤原兼輔《ふじわらのかねすけ》ですが、これは泉川までが「いつみき」にかかる序なわけですね。いつ逢ったのでこんなに恋しく思われるのだろうか。ろくすっぽ逢った気はしないくらいだといった意味ですね。「見る」は関係する、男女の交りをするという意味。この歌は「みかの原」と「泉川」の両方に「みか」がかくしてあって、それから「いつみき」が来る。それで、みか、みか、みき、と動詞の活用みたいになっているところが面白いですね。

大野 遊びですね。私は「けり」は気付きの助動詞だと言ったんだけれども、「き」という助動詞は、たしかに記憶にあるという意味なんですね。だから「いつみき」といえば、たしかにいついつの日に見たと覚えているというわけです。たしかに見たということが、「とてか」でもって判断不能ということになってしまうわけです。

丸谷 この歌は昔から、「未だ逢はざるの恋」(つまりまだ関係していない)なのか「逢うて逢はざるの恋」(関係した)なのか、二説あります。

大野 「いつみきとてか」は、「たしかに何時一緒にねたというわけで……か」となりますから、全体としては、「たしかに一緒になったということもないのに、どうしてこんなに恋しいのだろうか」となるんでしょうね。

「も―か」の呼応で生ずる詠嘆

丸谷　疑問の「か」が詠嘆の「か」へと展開するわけですね。『万葉集』の、

苦しくも（毛）降り来る雨か（可）神《みわ》が崎狭野《さきさの》の渡りに家もあらなくに

　これは藤原定家の「駒とめて袖打払ふかげもなし佐野のわたりの雪の夕ぐれ」の本歌になった歌なんで、非常に有名なんです。「苦しくも降り来る雨か」、これは明らかに疑問じゃなくて、ひどくつらい感じで降ってくる雨であることよ、という意味ですね。

大野　この「か」は詠嘆なんですけれども、この場合詠嘆は「苦しくも降り来る雨か」という呼応によって生じてくるんです。上に詠嘆の中身が「苦しくも」と表現されています。「も」というのは本来不確定な判断を表わす言葉なんです。これはこれ、あれはあれというふうに確定的に分けるのが「は」の役割で、「も」はあっちもこっちもはっきりしないこと、しかし、だからといってほうりっぱなしにするかというと、そうではなく非常に執着した気持を持っていることを表わす言葉なんです。

だから「も」が来ると全体が非常に明晰《めいせき》を欠くんです。明晰を欠くから判断が下せないわけです。そうすると自分に判断できないことについては、詠嘆する以外にないことになります。このたぐいはたいてい「も」と呼応していると思いますが。

丸谷　「も―か」は平安朝になってもあります。たとえば『古今』紀貫之の、

河風の涼しくもあるか打寄する浪とともにや秋は立つらむ

大野　「涼しくもあるか」と、「も」と「か」が呼応する。「か」だけならば疑問なんですけれども、「涼しくも」と呼応することで疑問自身が曖昧になり、「涼しいなあ」という詠嘆の方に行くんですね。大体わからない事態に対しては人間は嘆く以外にない。そこで「か」が詠嘆に移ると理解したならば、たいていの「か」は解けるでしょう。詠嘆の場合、全部が全部「も」と呼応するか、いますぐ私にはわからないけれども、だいたいそうです。

丸谷　これはもっとよく調べれば、「もあるか」という形が、いろいろ王朝和歌には出てくるんじゃないでしょうかね。

大野　たとえば「おのづから涼しくもあるか」とか、「寂しくもあるか」とか、『古今』が古い表現を取り入れたんでしょうね。

丸谷　紀貫之の、

ゆく年のをしくもあるかな増鏡みるかげさへにくれぬと思へば

これは「も─かな」の呼応になっています。それでこれは第二句が八音で、字余りなんですよ。だから「な」はいらないわけなんです。字余りのところにはアイウオだけの音が一つはいるというのが王朝和歌の規則ですけれど、「あるかな」の「あ」でたしかにはいっている。しかし一つまじっていれば必ず字余りにしなければならないということはないんで、ですから「あるか」でいいわけなのに、それをわざわざ「あるかな」にしてしまった。

それで、この和歌のことを少し調べてみましたら、『貫之集』の藤原行成《ふじわらのゆきなり》筆自撰切もこれと同じで「あるかな」なんです。それから『古今』の異本を全部見ても、「あるかな」でした。ですから、どうもこの歌はもともと、「あるか」ではなくて「あるかな」なんですね。

大野　「も」と呼応してやわらげてはいるけれども、やはり「をしくもあるか」で切ったのでは強すぎるのでしょう。やわらげるために「な」が入ってきたんでしょう。

丸谷　そうだと思います。そして、『新古今』では詠嘆の「か」をさがすのに苦労するんですよ。

大野　そうだろうと思いますね。「か」の疑問は強烈なので平安朝の歌の世界ではだんだんと遠ざけられたということがいえるでしょう。

丸谷　なにか不自然な言葉の使い方という感じになってきたんでしょうね。
　次に、「か」が反語になるわけですね。これは疑問から導かれて、当然すぐにそうなってしまうわけですね。

反語と願望

大野　ある事態が順調にずっと流れている、その流れを断ち切って、それは不明だぞと引っくり返しにする、それが疑問ですね。本当か嘘かというぐあいに自分で問題にするわけです。ところが反語は、強く相手に聞き返すことなんです。繰り返し、本当か、本当かと聞いていくと、嘘じゃないかみたいになるでしょう（笑）。それと同じことで、要するに反語というのは、相手に聞き返して、それは嘘だろうというふうに自分の判断を相手に押しつけるんです。

丸谷　例としては『万葉』の、

敷島《しきしま》の大和の国に人ふたりありとし思はば何かなげかむ

をあげておきましょう。これは現代語訳は要らないでしょうね。今度は願望の「か」です。大伴旅人の、

わが命も常にはあらぬか昔見し象《きさ》の小川をゆきてみむため

昔見たことのある象の小川をもう一度みるために、私の命もずっとあってほしいものだということです。

大野　「ぬか」となっているときに願望になります。これも上に「も」があり、「も—ぬか」となるんです。「わが命も常にはあらぬか」と。「ぬか」でもって当時の人はまとまった一つの言葉と思っていたらしい。われわれはこれを分析して、「常ではないのか」とか、「常にないか」というふうに、「ぬ」に否定の意味を生かして解釈しますね。ところが面白いことに、願望を表わす場合の「ぬか」のときに、『万葉集』全体を通じて、この「ぬ」を否定の「不」という漢字を入れて表記した例は一つもないのです。万葉仮名では「奴」という字を使って書いたりする。つまり「ぬか」という形で一語のつもりだったから、否定の不の字を書かない。書いたのは一例もない。ということは当時の人

人が「ぬか」を一語とみなし、「ぬか」でもって願望だというふうに思っていたからでしょう。

丸谷　「ぬか」の形は『古今集』になるとないんですか？

大野　願望を表わす「ぬか」はもうないようですね。

掛け声「や」に始まる

丸谷　「や」に移りましょう。内親王の歌の、上の句が「や」づくしで、下の句が「か」づくしのところでも、「や」のことに触れましたが、終助詞としての「や」が最初に出てくるのは、神楽歌の掛け声としての「や」ですね。

若草の　や。　妹も乗せたり　あ。い。そ。　我も乗りたり　や。　船かたぶくな　船かたぶくな

これは「や」も「あいそ」も、どちらも掛け声なわけですね。こういう掛け声を、原始日本人はしきりにやったんです。

大野　「や」というのは、掛け声ですが、その場で、みんなが「や」というのかもしれ

ません。

丸谷　すると、「若草の妹も乗せたり」うんぬんと歌っている人間がいる。それを聞いている人たちが、「や」と声を掛けるんですね。

大野　そうだろうと思います。これなんか「や」を並べて書いてあるけれども、自分でいうだけじゃなくて相手もいうだろうと思います。お互いに掛け声をかけて行くんですね。それが、間投助詞としての「や」につながるわけです。

丸谷　間投助詞の「や」に入りましょう。

大野　『万葉集』に、

　春の野に鳴くや（夜）うぐひすなつけむとわが家《へ》の園に梅が花咲く

とありますね。

　これは意味的には「春の野に鳴くうぐいす」ということですが、「鳴くやうぐひす」と「や」が入っている。これはさっきの「若草の、や、妹も乗せたり」の「や」とまったく同じなんですね。ただ、そういう掛け声の「や」が、こういう五・七・五という形式のときに、ちゃんと音数として入ってきているということですね。

丸谷　複数の人間の間で歌う唄だったのが、単数で歌う和歌に変わったときに、掛け声の「や」が間投助詞の「や」に変わるわけです。

大野 「若草の、や、妹も乗せたり」というのは「や」がまったく音数律のなかに入らない。「若草の妹も乗せたり」でいいのに「や」が入っている。「春の野に鳴くやうぐひす」というふうな場合には、ちゃんと数がそろうようになっています。

丸谷 「梅が花咲く」の「が」は？

大野 「梅の花」という形と、「梅が花」という形と二つあるんです。「が」は自分のものと思っているものにつけるんで、「の」といえば、外のものという扱い、「が」のほうが身内扱いなんです。だから「我が国」とか「君が代」とか、みんな身内の扱いのときは「が」です。「梅が花」といったときには、梅をいかにも自分のうちのもの扱いにして歌ったということだと思います。

切字の「や」へ

丸谷 俳諧の切字の「や」というのは、面白い問題だと昔から思っていて、いろいろ素人考えをやっていたんですが、王朝和歌をずっと読んでますと、俳諧の切字の「や」を準備するものの最初の段階として、地名プラス「や」があるという感じがします。たとえば在原業平の歌で、

大原や小塩の山も今日こそは神代のことも思ひ出づらめ

これは例の「鶯《うぐひす》のこほれる泪《なみだ》……」の二条の后が、大原野神社にお参りしたときに、お伴をしていった業平が詠んだ歌です。業平はこの二条の后とも関係があるらしいんですね。大原の小塩の山、これは大原野神社のうしろにある山で、本来なら大原野神社の神体であるわけです。大原にある小塩の山も、今日は二条の后がいらしてくださったんで、遠い昔の神代のことも思い出していることだろうという意味ですね。

それで「大原や小塩の山」とくるときに、「大原や」のほうが広い範囲を指していて、その広い円のなかに小塩の山という小さい円が入っている。

大野　「大原や」と言えば、当時の人は歌枕として知っていたんだと思うんです。そういう固有名詞を聞いただけで、それについてのある感想なりイメージをみんな持っていたんでしょう。そういうイメージを呼び出すために「や」という言葉が使われ出したんで、それがだんだん展開していくわけですね。

丸谷　「大原や小塩の山」、この場合の「や」の使い方は、「東京は神田神保町」なんていうときの「は」の感じに、かなり近い。まず大きく出して、それから小さいところを説明するというパターンですね。それは説明の方法としては非常に便利です。和歌を耳で聞いてもらうためには、この「や」というのは準備として非常に具合がよかったのでしょう。もう一首、例をあげれば、『古今集』の読人しらず、

わが心なぐさめかねつ更科《さらしな》やをばすて山に照る月を見て

「更科や」であらかじめ心の用意をさせる。これが地名プラス「や」の第一の型で、これは「―の」「―にある」くらいの意味ですが、第二の型として「―では」になるのがあります。これは『古今』にはないみたいですね。『新古今』から二つ例を引きますと、

にほの海や月の光のうつろへば浪の花にも秋はみえけり　藤原家隆《ふじわらのいえたか》

三島江や霜もまだひぬ芦の葉につのぐむほどの春風ぞ吹く　源通光《みなもとのみちてる》

琵琶湖では……、三島江では……、というわけですね。もちろん呼びかけの気持からはじまったものですが、効果としては場所の設定という役目を果たしている。歌枕的な空間を呼びよせるわけです。この地名プラス「や」が俳諧にそのまま取入れられて、同じ

地名プラス「や」というかたちで切字になる。これはまあ、当り前ですね。たとえば、芭蕉《ばしょう》でゆきますと、「象潟《きさがた》や雨に西施《せいし》がねぶの花」とか、「あつみ山や吹浦《ふくうら》かけて夕すずみ」、「難波津や田螺《たにし》の蓋《ふた》も冬ごもり」なんて調子です。ついでにほかの俳人から例をあげますと、丈草《じょうそう》の「大原や蝶の出てまふ朧月《おぼろづき》」、凡兆《ぼんちょう》の「下京や雪つむ上の夜の雨」。大原はもちろん歌枕ですよね。さっきの「大原や小塩の山」がそうですけれど、でも下京は歌枕じゃないし、あつみ山だってそうじゃありません。つまり歌枕以外のものにも「や」がつくようになった。

普通名詞に添える「や」

丸谷　いまの二つは地名に添えたわけですが、これが発展したものとして、普通名詞に添える間投助詞「や」の形があります。私の調べが行き届かないのかもしれませんが、『古今集』にはこの形が見つかりません。普通名詞プラス間投助詞「や」の形が非常にたくさん出てくるのは『新古今』なんです。藤原定家の、

さむしろや待つ夜の秋の風ふけて月をかたしく宇治の橋姫

それから、

ひとり寝やいとど寂しきさを鹿の朝臥す小野の葛のうら風　藤原顕綱《ふじわらのあきつな》

水上やたえだえ氷る岩間より清滝川に残る白浪　藤原良経

みんなこういう調子です。そうでした、大物を一つ忘れてました。例の『百人一首』の順徳院《じゅんとくいん》、これも『新古今』時代ですが、

ももしきや古き軒ばのしのぶにもなほあまりある昔なりけり

これもあげていい。で、こういう普通名詞プラス「や」が媒介になって、俳諧の切字の「や」が出てくる。たとえば、芭蕉だけで例をあげますと、「行春や鳥啼き魚の目は泪」とか、「衰ひや歯に喰《くひ》あてし海苔の砂」とか、あるいは「蕣《あさがほ》や昼は錠おろす門の垣」とか、こんなふうになってくると思うんです。

でも、このさきがいわば本論なんですが、地名に「や」がつくときには、土地に対す

る、なにか呪術的感情があると思うんですよ。土地の霊を慰めるとか、国ほめとか、そんな気持。そういう古代人の呪術的感情がだんだん衰えてくると、こんどは自分の手近なところにある普通名詞的なものに対して、むしろ親近感と言うほうがいいみたいな、一種の呪術的感情が付与されて、普通名詞に「や」がつく。そしてそういう『新古今』的心理を媒介として、俳諧の切字の「行春や」とか、「古池や」が出てくるともいえるんじゃないかと思います。

大野　おっしゃる通りと思います。賛成です。

質問の「や」、疑問の「か」

丸谷　次は、質問、疑問の「や」ですね。ここから先が難しくなりますので、ちょっと概論風におっしゃってくださいませんか。

大野　私はいったい、「か」も疑問だ、「や」も疑問だということでいいのだろうかと考えます。古いところでは「か」は「や」と違って、掛け声みたいには使われない。もう一つは「か」は体言や連体形を受けるのに対して、「や」は用言の終止形をおもに受ける。用言につくわけです。要するに「か」は連体形を受けるのに、「や」は終止形などを受けますね。終止形を受けるということは、いっぺん切れたあとについてくるということです。いっぺんある判断を成り立たせる。その成り立ったものを相手に投げ出して聞くとか、そういうときに終止形の下に何かの言葉がつくんです。推量形の「らむ」「らし」「まし」みたいな形は、終止形の下につく。それは一度判断を成立させて、その後に「……ダロウ」と推量を加えるんですね。そうするといったい「や」の仕事はなんだというと、「や」は自分の判断を相手にもちかけるという役目をおびているという見方が私にある。それは「か」が自分で自問自答するのに対して、「や」は多く相手にもちかけて相手に聞いている。これが非常に多い。そして、万葉時代の「や」は、実は「や」の上の判断について、話し手は確信を持っている、あるいはたしかだという見込みを持っている。だからもし「か」と「や」を分けるなら、疑問と質問とに分けたいですね。問いとはいっても疑《うたがい》と質《ただす》なんで、自分で疑うのと、相手に質す、相手に問いかけるというのとは違う。疑うとは、判断が下せないということでしょう。「ただす」とは、自分に一つの見込みや確信があって、それをどうかしらと相手に持ちかける。もちろん問いは自分で持つこともあるし、問いを相手にぶつけることもあるので、共通の部分はあると思います。けれども片方は疑問つまり判断不能を表わし、片方は一つの見通しを持った質問になる、そういうふうに考えると、『万葉集』額田王《ぬかたのおおきみ》の、

あかねさす紫野ゆき標野《しめの》ゆき野守は見ずや（哉）君が袖ふる

あなたが袖をふっているという事態があるのに対して「野守は見ずや」といえば、これはどうしたって相手に問いただしているわけですね。

丸谷　この歌、普通に考えますと、「君が袖ふる」という「君」は、かなり遠くにいっている君ですね。だからその君に対して「や」と質問することは、その場では不可能だという感じがします。よほど声を張り上げなくちゃならないし、そんなことすれば関係がばれてしまう。ですからこの歌は、その場で詠んだ歌ではないと思うんです。いわば一種の屏風歌《びょうぶうた》みたいなもので、男と二人きりになってから、そういう情景――さっき男が遠くで袖を振ったその情景を一幅《いっぷく》の絵として念頭において、その男に向ってたずねた、そういうことなんだろうと思うんです。

大野　ほうなるほど、それはいい解釈だと思いますね。この歌については、なんでこういう歌が残ったのかにかねがね疑問があったんです。この二人は秘密の間柄のはずなんですね。秘密の間柄の歌が、一方が「あかねさす紫野ゆき」と詠むと、片方が、

天武天皇

紫草《むらさき》のにほへる妹を憎くあらば人妻ゆゑにわれ恋ひめやも

と返してくる。どうしてそれが交通可能だったかと非常に疑問だったんです。私が注釈を書いたときも、どうも歌の作られた場がつかめなかったんだけれども、いまのお説はとてもいい。

丸谷　ありがとうございます（笑）。王朝和歌を読んでいますと、いったい視点がどこにあるのかぜんぜんわからない歌によく出会います。そのときに、これは屛風歌なんで絵を見て歌っているんだと考えると非常にはっきりすることがあるんですね。

大野　なるほど。額田王の歌に、

三輪山をしかも隠すか雲だにも情《こころ》あらなも隠さふべしや。（哉）

と、これは「隠すか」と疑問よりも、むしろ詰問しているわけですね。せめて雲だけでも情あってほしいと、相手をなじっているわけです。そして「隠さふべしや」という。「何度も何度も三輪山を隠すべきであるんですね」と相手に持ちかけている。ところが事実は、その前の表現「しかも隠すか、雲だにも情あらなも」で明らかな通り隠してよいはずはない。そこで「隠さふべしや」という表現は、隠すべきじゃないということが出てくるわけで、これなんか反語ですね。

この考えによると、さっきの「野守は見ずや」も同じように解けますね、つまり、

「野守はそれを見ないんですね」と相手に問いただしていることになる。しかし実は袖など、あれほど振れば野守は気がつくに相違ない。だから、この表現は「野守は見るではありませんか」という意味になる。つまりおっしゃるように、この歌は、狩りの後で、二人になってから詠んだ歌だと見るのが、正しいんですね。丸谷さんの見方で、はじめて解けるように思います。

「や」の変化

丸谷　さて、これは反語の歌ですね。『古今』の質問の歌でいちばん有名な歌は、在原業平の、

月やあらぬ春や昔の春ならぬわが身ひとつはもとの身にして

月は昔の月ではないか、春は昔の春ではないか——なんだか反語みたいなところもありますね。ただ、私ひとりはもとのままの私であると。

大野　間違っているかどうか知らないけれども、私はこんなふうに読むんです。「あらぬ」という言葉は、平安時代には「あらず」とか、「あらぬ」というだけで、「違う」と

いう意味でした。だから「月やあらぬ」といったら、「月や」（月はどうかしら）と場面を設定して、その答えとして、「あらぬ」（違う）という。また「春や」（春はどうかしら）と場面を設定して、その答えとして「昔の春ならぬ」（昔の春ではない）という。つまり、月も春も違ってしまった、変わってしまった、その上で「私だけは昔の私です」とくるわけです。

丸谷　あ、なるほど。「月やあらぬ」は「昔の」というのにかけないわけですね。そのほうがわかります。

大野　みんな勝手に言葉をたして補い過ぎるんですよ。「あらぬ」の前になにか略されているとして、なんとかを補うんです。しかし、「あらぬ」はそれだけで「違う」なのです。

丸谷　補うと妙に複雑になって、語調の切迫した感じと合わなくなります。

大野　補いの言葉が多過ぎて、語調の切迫が解釈とバランスがとれないんです。そこが重要なポイントですね。

丸谷　『古今』のいちばん最初の歌、在原元方《ありわらのもとかた》の、

年の内に春は来にけりひととせを去年《こぞ》とやいはむ今年とやいはむ

この「や」は他人に対する質問とはっきり言い切るわけにはゆきませんね。どうも自分自身に対する疑問のような感じですね。

大野　それは「か」が古くなって来て、用法が非常に限定されてきたからでしょう。疑問の「か」が片寄り過ぎると、かわりの言葉を求めるわけです。平安時代になると「か」の代りとして「や」の使い方が非常に広くなって来て、「か」の領域にまで入りこむんです。

丸谷　たとえば、『新古今』の、読人しらず——これは読人しらずといっても、『新古今』編集の都合上、後鳥羽院が自分で作って読人しらずにした歌なんですが、

おのがつま恋ひつつ鳴くやさ月やみ神なび山の山ほととぎす

これはだれかそばにいる人に聞いているんでもないし、まして山ほととぎすにたずねているわけでもないし、自分自身で、あの山ほととぎすは自分の連れ合いを恋して鳴くんだろうかなあと、自問している気配が強いんですね。

大野　質問とだけじゃとてもおさまらないですね。むしろ切字の「や」に近く、場を設定して、それを投げ出している風がありますね。

丸谷　なるほど、それはありがたい（笑）。たしかに、和歌でありながら一種俳諧的な

味があります。『新古今』時代は連歌が盛んになった時代で、後鳥羽院の宮廷では連歌が遊びとしてしきりにおこなわれました。その連歌の影響を受けて和歌が上の句と下の句を衝突させる詠み方になりがちだったことはよく指摘されることですが、そういう点でもこの時代は俳諧を準備していた。ですからこのころの和歌が切字の「や」に近い「や」を使ったというのは納得のゆくことです。

そしておもしろいのは、この和歌を読人しらずとして後鳥羽院に詠ませたのは藤原定家なんですが、その定家が日記の『明月記』のなかで絶讃していることですね。彼は和歌の言葉づかいは古くなくちゃいけないと考えていた歌論家ですが、その方法論に背いていないと思ったわけです。定家にとってはこの「や」は許容し得るものだった。それだけじゃなく、古歌の贋作として十分に通用する新作和歌の「や」だったというわけです。

どうも発生的な意味合いからだんだんずれていっている。

大野　「や」は後になれば係結びで、「か」と同じように使われるようになります。ということは、「や」が質問から疑問へだんだん広がってきたということです。しかし一方では、質問という形が、別の形式で生きていて、相手に働きかける役目がまだ非常に濃厚だったということは、命令に「や」があるということです。『新古今』の後鳥羽院の歌に、

秋ふけぬ鳴けや霜夜のきりぎりすやや影さむしよもぎふの月

これは相手に働きかける意味合いがあるから出てくるわけですね。

丸谷　これは詠嘆の「や」とする解釈もありますが、命令の「や」にしたほうが話がはっきりするようです。

大野　質問と命令との共通に、相手にひっかかって行くという意味合いがあるんだとったほうがいいですね。

反語の「や」

丸谷　どうも反語の「や」は難しいですね。

大野　難しいですね。反語の「や」は『万葉集』からして難しいんです。個々の例の判断に、しばしば諸説が出まして、反語ととるか、疑問ととるかで解釈が分れて、今もって決定できない歌がずいぶんあると思います。

丸谷　これはどうでしょうか。西行の、

津の国の難波の春は夢なれや芦の枯葉に風わたるなり

大野　疑問でとまっているのか、相手に突っ返して夢ではないのにというふうにはっきりいっているのかです。

丸谷　「夢なれや」、この「や」を詠嘆ととるのが、いまの『新古今』学者のかなり多くの説なんです。

大野　そうすると「なれ」が解けないですね。「なれ」の下になぜ詠嘆の「や」がついてくるのか、安定しないですね。私は、これは疑問か、反語のどちらかだと思いますね。『万葉集』でも反語ととれるのと、疑問でとまっているのとがまざっているんです。

丸谷　私が昔から困っているのが、例の赤人の、

ももしきの大宮人はいとまあれや桜かざして今日も暮しつ

これは『万葉』でいくと「梅をかざしてここにつどへる」ですね。「いとまあれや」の「あれや」が已然形《いぜんけい》プラス「や」なんですが、これがよくわからない。

大野　だいたい已然形というのが難しいんです。万葉時代の「や」は自分に一つの見込みのあるときに使いますから、これは直訳すれば、「大宮人は桜をかざして今日も暮し

ている。いとまがあるからなんだな」と解釈すればいちおう解けるんだけれども、これを「暇があるからか」ととるのはまことに無趣味な話で、それを一歩踏み込むと、いとまもあるはずもないのにという意味になる。そうすると、いとまもあるはずもないのに桜をかざして今日は遊んでいるというような意味になってしまうわけです。

丸谷　ずいぶんたちの悪い読み方ですね(笑)。

大野　そうとるとどうも歌柄が変で、よくないと思うんです。ですから「大宮人は暇があるんだな」くらいにとるほうがいい。「や」には、自分の見込、推定が含まれていると思うんです。

丸谷　次が「やも」「やは」ですが、『万葉』の人麻呂の、

ささなみの志賀の大わだよどむとも昔の人にまたも逢はめやも

これは昔の人にまた逢うことはないというわけですね。

大野　これは反語のようですね。「逢はめやも」が、その上にある「も」と一緒になって、「ふたたびも逢うだろうか、いやそんなことはないでしょう」といっているんだと思います。つまり反語だということになります。

丸谷　「やは」は「やも」に比べれば強いんですが、「は」は明確で、「も」は曖昧な感

じがしますね。「やは」の例をあげますと、これは『千載』ですが、

秋の夜は松を払はぬ風だにもかなしきことの音を立てずやは　藤原季通《ふじわらのすえみち》

「こと」は事と琴の両方にかけてあります。秋の夜の風はほんのそよ風でさえもじつに悲しい音を立てる。

大野　「は」は右と左に二つに分ける感じがしますね。この場合も反語でしょう。「音を立てないことはない」という意味になりましょうね。

『風立ちぬ』の誤訳

丸谷　ところで堀辰雄《ほりたつお》に『風立ちぬ』という小説があって、その巻頭にヴァレリーの“Le vent se lève, il faut tenter de vivre.”という詩が引いてあります。それが開巻しばらくしたところで、語り手がその文句をつぶやく。そこが「風立ちぬ、いざ生きめやも」となっている。「生きめやも」というのは、生きようか、いや、断じて生きない、死のうということになるわけですね。ところがヴァレリーの詩だと、生きようと努めな

ければならないというわけですね。つまりこれは結果的には誤訳なんです。「やも」の用法を堀辰雄は知らなかったんでしょう。

大野　僕は学生のころ、あの小説を読んだことがあって、「いざ生きめやも」というのは変な言葉だと思いました。こういう訳をするようでは堀さんは日本語の古典語の力はあまりなかったと思います。彼は『かげろふの日記』を書いているけれども、原文の肝心なところはきちんと読まないで、なにかの注釈書を頼りに読んで、それでお書きになったと思います。というのは、「いざ生きめやも」と誤訳する程度の力では、『かげろふ日記』の原文のこまかいところはとうてい読めないからです。「いざ生きめやも」の訳はおっしゃる通りまったくの間違いです。

丸谷　私はべつに堀辰雄に恨みがあるわけじゃない（笑）、なかなか優秀な小説家だと思っているんです。しかし『風立ちぬ』のせいで、「やも」が誤解されると困るから……（笑）。

大野　『風立ちぬ』はいい小説だと思うし、あの小説の「それらの夏の日々」というんではじまるところは、見事な日本語だと思うんですよ。「それ」というのは、すでになにかあるものを指す言葉でしょう。それなのに「それらの……」といきなりはじまるものだから、みんなぎょっとして、前になにかあるんだと思って、注意してずっと続けて読むわけですね。そのあたり、実に日本語のセンスのいい人だと僕も思っているんです。

それだけにあの誤訳ははなはだいただけませんね。

丸谷　『拾遺集』の人麻呂の歌、

長月の有明の月のありつつも君しきまさばわれ恋ひめやも

こういうふうに使うのが正しいわけですね。

大野　そうですよ。このままずっとあなたがかよって来てくださるなら、私はこんな恋しい心で苦しむことはないと。

丸谷　堀辰雄が、人麻呂に比べれば古代日本語の文法にくわしくなかったのはやむを得ないことですけどね（笑）。

大野　作家の古典語理解のことで思い出しましたけど、森鷗外《もりおうがい》の『即興詩人』は読むに耐えないですね。僕は何回か通読しようと努めたけど、いつも途中でいやになりました。原作より訳文が立派だとかいうけれど、あんな下手な擬古文ありゃしないですもの。それに比べて、樋口一葉《ひぐちいちよう》の文章は上手ですね。本居宣長《もとおりのりなが》の擬古文は間違いがなくてスラスラ読めるというだけで、巧みではないけど、樋口一葉はうまいですね、つやもあるし、間違っていないんです。

丸谷　僕は宣長の文体はどうも感心しないんですが、一葉は本当にいいですね。何しろあの人はもともと和歌のお師匠さんになって身を立てようとした人ですから、古文がしっかり身についているんでしょう。

大野　一葉という人は言語のセンスのいい人ですね。どのくらい古典を読んだのか知らないけれども、文章としてちゃんとリズムがとれているにかかわらず、古文の文法からまずはずれていないですね。

丸谷　僕は昔から『即興詩人』というのはなんだか気にいらない小説でした。困っていたんですが、これで援軍を得たような気がします（笑）。

「ぞける」の底にあるもの

本質を見抜く

丸谷　私たちが自然科学の本を読むと、どうもむずかしくてわかりにくい。そのいちばんいい解決策は、子どものために書かれた科学書を読むことだというのを、気象学の根本順吉《ねもとじゅんきち》さんに伺ったことがあります。これはいい知恵だと思って、ときどき実行しているんですが、こんど係結びのことを勉強しようと思って、それを応用して、中学生、高校生用の文法教科書を少し覗いてみました。ところが、自然科学の本と違って、文法の場合は、いよいよわけがわからなくなる（笑）。なぜこういうことになるのか考えたんですが、日本の自然科学の啓蒙書というのは、たいていネタ本がアメリカにあると思うんですよ。それを参考にして、子どもに自然科学を説明するにはどういうふうにすればいいかという手法を習って書いている。ところが、これは当り前の話ですけど、日本語の文法を子どもに説明するためのいい本がアメリカにあるはずはない。それで、中学生、高校生用の文法教科書はいいのがないみたいですね。結局、『岩波古語辞典』の巻末についている、大野さんのお書きになった「基本助動詞・助詞解説」を読んで、かなりわかってきたんです。大野さんは、中学生、高校生用の文法教科書をお書きになる気はないんですか。

大野　今、作っているところです。

それはともかく、自然科学の場合に、子ども向けのいい本があるというのはおっしゃるとおりだと思います。それは、アメリカなどでは、一つの現象があれば、その本質はなにかをすぐ問うわけですね。例をたくさん集めてきて、いろいろ調べて、そこに一貫する筋はこうだ、ということを考える。物事を本質的に把握しようとする。だから、大人向けの本のなかの、それこそ本質的なところを、やさしく子どものために語ることができるんでしょう。

日本は、明治時代以来、たとえばイギリスから機関車を買ってきて運転の仕方を習うとか、技師を連れてきて橋を架けるとかして、そのうちに見様見真似で、機関車をつくったり、橋を架けたりできるようになってきた。ところが、日本語の場合には、あいにく英語やフランス語、ドイツ語と、言語の構造が本質的に違うんです。だから、自分の目で母国語と外国語とを見くらべ、その現象を通して本質的に違うところを見抜くことが必要なんです。しかし、日本人は、この現象の本質を見抜くことをきらうんですね。

「こういうことがありました。次にこういうことがありました、そしてこうなりました」という、「ありました」形態で事を続けていくのが好きなんです。

丸谷　横へ横へと並列的に並べるだけで、本質をつきつめようとはしない……。

大野　ですから、係結びという場合でも、「ぞ」「なむ」「や」「か」がきたら連体形で結ぶ、「こそ」がきたら已然形で結ぶという、現象をのべるだけなんです。

丸谷　むかしの日本人は係結びなんてことをむずかしく考えなかった。「ぞたる」「こそたれ」、「ぞける」「こそけれ」、「ぞる」「こそれ」と、それだけ知っていれば係結びの規則はマスターできたと思っていたそうですね。それで間にあっていたわけです。むかしの人は係結び的世界に、いまの日本人に比べればずっと深くひたっていたから、それでわかったのかもしれませんが……。

大野　それから、擬古文をつくっていましたから、その作文技術として理解すればよかったんです。しかしいまは、擬古文をつくることはないから、どうしてこういう係結びという現象が起こったのか、その由来というか、本質を知りたいということになると思うんです。

丸谷　それを通して、古代日本人のものの考え方の構造に近づきたいと思う……。でも、いまのわれわれの生活では係結びがまったくなくなったから、係結びというものを考えるとなると、根本のところにさかのぼらないとわからないわけですね。

ところで、係結びを、私は三つに分けてみました。第一のファミリーが「ぞ」「か」「や」「なむ」で、第二のファミリーが「こそ」で、第三のファミリーが「は」「も」です。別格として「だに」を入れるか入れないか、これはどうしましょう。

大野　入れていいと思います。「だに」は途中で変質していくんですね。

丸谷　三つの分類のどこに入れますか。

大野　第三の「は」「も」の仲間です。つまり、「だに」がくれば、下が、否定、推量、疑問、反語という不確定性表現と呼応するんです。

丸谷　そうすると、「も」に近いんですね。

大野　そうです、「も」より度がきつい。

終助詞「ぞ」

丸谷　第一のファミリーの「ぞ」「か」「や」「なむ」の「ぞ」からはじめましょう。「ぞ」は以前は「そ」と言ったんですね。

大野　そうです。万葉仮名をみると、「そ」や「ぞ」にあててある字がいくつかありますが、そのなかで、もとの中国の字音から考えたとき、日本語の「そ」にあてただろうと思われるものと、「ぞ」という濁音にあてたとみるほうがいいと思われるものと、二種類あります。そして清音の「そ」と思われる万葉仮名で書いた「そ」を使った例が圧倒的に多いんです。
丸谷　「曽」という字ですね。
大野　「曽」が代表的ですけれども、「諸」「則」「所」「層」など、たくさん使われています。「ぞ」のほうは「序」とか「叙」とか、そのほか「茹」「鋤」「鐏」などです。
丸谷　「衣」は「そ」なんですか。
大野　あれは訓仮名です。着物の「そ」（「そで」「すそ」の「そ」）という言葉がある、それを使っているので、「衣」は音仮名ではなく、別です。
丸谷　なるほど。どうも変だと思っていた。
大野　奈良時代が、清音の「そ」から濁音の「ぞ」へ移りはじめる時期だったらしいんですが、平安時代になっても、濁らないで「そ」と言った例があります。古い仏教の歌い物のなかで、「今日ぞ我がする」という場合に、「そ」のところに、わざわざ澄むという○印がついていることがあるんです。ですから、平安時代になっても、お寺関係では、ある特定の歌をみんなでとなえてうたうときには、「そ」と言っていたんですね。
丸谷　それは「そ」と読んだほうが、昔ふうで、威厳がつくからでしょう。
大野　そう、古い伝承としてですね。単語のなかでも、今日まで古い「そ」がそのまま残っているのがあります。たとえば「たそがれ」。これはもともと「誰《た》そ彼《かれ》」——「誰だあれは」と見とがめる夕暮の意味ですから。この「たそがれ」の清音「そ」は、古い時代に「そ」だったということの化石的名残りなんですね。

この「そ」は、ひじょうに古い時代には、「……である」「……だ」という意味を表わす、文のいちばんおしまいにくる言葉だったんです。

丸谷　つまり終助詞、強く指示する意味の終助詞「そ」というわけですね。

大野　そうです。それから、人に教えるときに「……そ」という。教示、つまり人が知らないと思われるときに強く教えてやるという場合です。

丸谷　江戸の抄物《しょうもの》などで「……は……ぞ」という、あれですね。

大野　そうそう。「此ノ篇ハ十五段デアルゾ」「薄暮ハカイクラミトモ云フゾ」のように、先生が弟子に講釈するときに「……ぞ」と言うんで、これは「そ」の古い伝統をひいているものですね。

丸谷　あれは「……である」「……だ」という感じですね。

「そ」のいちばん有名な例は、『万葉集』の大伴家持の、

　　石麿《いはまろ》にわれもの申す夏やせによしといふ物そ（曽）鰻《むなぎ》とりめせ

大野　よいというものである。鰻を食べなさい、と。それから、

逢はむ日の形見にせよと手弱女《たわやめ》の思ひ乱れて縫へる衣そ。（曽）
狭野弟上娘女《さののおとがみのおとめ》

恋人が罪で流されるときに、女の人が着物を縫って、再び逢える日までの形見として渡したんですね。このように、「そ」というのは、名詞を受けて「……である」と言うのに使ったんです。

丸谷　これはなかなかいい歌ですね。家持の、

漢人《からひと》も栰《ふね》を浮べて遊ぶとふ今日そ。（曽）わが背子花かづらせよ

これもそうですが、この「そ」の例を抜いていると、家持およびその付近の歌が多いんですね。

大野　家持関係は『万葉集』全体でも多いですし、一字一音で書いた巻々は家持の歌ノートが中心なので家持の作が多いんです。材料にしやすいのは一字一音の歌ですから、家持関係に「そ」が多いということになるでしょう。

丸谷　そうですか。じゃあ、気にしなくていいんですね。それで終助詞「そ」が「ぞ」

に変わるのは……。

濁音化の傾向

大野 日本語の発音はみんな「子音・母音、子音・母音」と声をつづけるから、下にくっつく言葉は直前の母音にひかれてs↓z、t↓dのように濁音化する傾向があるんです。たとえば「たけ」という言葉は助詞としては「……だけ」になり、「はかり」は「……ばかり」となるでしょう。いつも尻尾につくようになった言葉のはじめの音は濁音化する傾向があるので、「そ」も「ぞ」と濁音化してきたんです。

丸谷 澄んでいると、伝達に不便だったわけですね。

大野 直前が有声音（母音）だから有声音にしたほうが、発音するのに楽だということです。

丸谷 それで、『万葉』の、

近江の海沖べこぐ船碇《いかり》おろしかくれて君が言待つわれぞ。（序）

も、「言待つわれそ」でもさしつかえありませんね。時代的には「ぞ」が「そ」より新しいのですが、両方が入りまじっている時期があったわけでしょう。

大野　そうです。『万葉集』のころから濁音化しはじめて、『古今集』あたりではおそらくまだ揺れていたんではないでしょうか。それ以後になると、お寺関係の特別のとき以外、もうみんな「ぞ」となりました。

丸谷　『古今集』のいい例はみつからなかったんですが、『拾遺集』の読人しらず、

見る夢のうつつになるは世の常ぞ現《うつ》つの夢になるぞ悲しき

いま問題にしているのは、「世の常ぞ」のほうです。夢解きが的中して、夢見が現実のことになるのは世間の常のことである。しかし、この仕合せな現実が、いつかははかない夢になってしまうと思うと悲しい。それからもう一つ、三奏本の『金葉集《きんようしゅう》』の、

桜花また見むことも定めなき齢《よはひ》ぞ風よ心して吹け

これはおじいさんでしょうね。来年はもう桜の花を見ることができるかどうかわからない年なんだ、と。この「ぞ」は「である」とはっきりしていますね。こういう「ぞ」は、『新古今集』には少ないいんですが、後白河院の、

惜しめども散り果てぬれば桜花いまは梢《こずゑ》をながむばかりぞ。

これは読んですぐわかる、それだけの歌ですが、後白河院は歌道に不熱心でしたから、そういう人が歌を詠まなければならなくなって詠むと、こういう大味な言い方がでてくるんですね。しかし、後白河院は今様の作者でして、ものの見方が詩的で、詩情がありますね。

大野　こういう「いまは梢をながむばかりぞ」などという言い方は、やはり帝王の位にいないとできないんですね。

丸谷　ええ、大味なよさというのは帝王調の特徴ですね。

倒置による強調表現

丸谷　「そ」の位置がひっくり返るところを説明してください。

大野　たとえば、『万葉集』にある「うまし国そ（曽）あきづ島大和の国は」というのが、倒置表現なんです。ふつうは「あきづ島大和の国はうまし国そ」と言うんです。では、倒置がなぜ強調になるのか。たとえば、「私は大野です」と言いますね。そのとき、

「は」は問題を提示して、その答えを要求する意味をもっています。「私は」と言うと、それは問題の提起なので、「答えはなんだろう」と思う、その答えとして「大野です」がくるわけです。ですから、この場合、わからないとして扱われているのは「大野です」の部分なんですね。それを倒置して「大野です、私は」と言うと、本来の表現形では不明のはずの答えがいきなりはじめに投げ出される。聞き手は「大野です」と聞いて「いったいそれは何のことなんだろう」と一瞬ひきつけられる。そしてその後で「私は」という問題が表現される。それで聞き手は安心する。これが倒置表現というものでしょう。この倒置表現が「ぞ」の係結びの起源なんです。つまり、倒置とは、未知の部分、答えの部分を最初にもってきて、問は後で言うことによって、相手の注意をひくことです。それが強調表現であるわけです。「還り来む日相飲まむ酒《き》そ‖（曽）この豊御酒《とよみき》は」なんかもそうですね。「この豊御酒は……相飲まむ酒そ」といえば、日本語のふつうの言い方です。それを、倒置することによって、強調表現にするわけです。

連体形終止の係結び

大野　こんどは、たとえば『万葉集』の、

わが門の榎《え》の実もり喫《は》む百千鳥《ももちどり》千鳥は来れど君そ（曽）来まさぬ

でも、ふつうの言い方は「千鳥は来れど来まさぬ（は）君そ」です。わたしの家の門のところに植えてある榎の木の実をつまんで食べにいろいろな鳥は来るけれども、来ないのはあなただ、というわけですが、それを「君そ来まさぬ」、あなたですよ、来ないのは——という倒置の言い方にすれば、強調になるわけです。

ところで、さきほどの「うまし国そあきづ島大和の国は」の場合、「うまし国そ」と呼応して下にくる問題は「人和の国」と、名詞になっています。しかし、この「君そ来まさぬ」という場合には、下にくるのは「来まさぬ」という連体形です。それは本来、「君そ来まさぬ」は、「来まさぬ（人は）君そ」の倒置で、「来まさぬ」は「人」にかかるのだから連体形になっていたんです。それが倒置されれば、その連体形が下にくることになる。こうして、連体形で終る形の係結びが成立したんですね。『万葉集』の、

わが欲《ほ》りし野島は見せつ底深き阿胡根《あこね》の浦の玉そ（曽）拾《ひり》はぬ

私が見せたいと思った野島は見せた、阿胡根の浦の玉である、まだ拾わないものは——。これも「玉そ拾はぬ」と、連体形で終っています。それは「拾はぬ（は）玉そ」

の倒置なんです。

どうして係結びでは連体形で終るのかについて、事の本質を見抜こうという立場から考えれば、これが強調のための倒置表現からはじまったんだととらえることができるでしょう。もともと日本語にはちゃんと終止形という形があるのですから、なぜ連体形で終るのかということを説明しなくてはいけないんです。ところが従来の学者たちは、そういう問の出し方をしないんですね。連体形終止はどうして起ったのか、その本質はなんなのか、そして倒置がなぜ強調になるのか、そういうことを考えたときに、未知の情報を先に投げ出すから、みんながそこに注意を集中させられて、その問題はなんだろうと新鮮な強い刺戟をうける、そこへ答えが後からくる——こうした倒置表現による強調が、「ぞ」の係結びのいちばん古い形だろうと思うんです。

夕されば君来まさむと待ちし夜のなごりそ（衣）今も寝《い》ねがてにする

この人は恋人を待って一晩中起きていた。朝になっても眠れないんですね。いまになってもまだ寝られないのは、夕方になったらあなたが来るだろうと、昨夜から一晩中待っていた、その夜のなごりです、というわけです。

丸谷　この歌はいい歌ですね。時間の展開が実にすなおに入っているでしょう。でも、この時間の展開は、倒置法のせいでうまくいっているんですね。倒置法がなければ、こんなにうまくゆきませんよ。

大野　「今も寝ねがてにする」――いまも私は眠れないでいるわけは、とひじょうに強く男に訴えているわけです。ですから、これがふつうの言い方だったらだめなんですね。

丸谷　そうなんです。ですから、この係結びができたとき、『万葉』の歌の詠み方の構造はすごく発達したと思うんですよ。倒置法を使うことによって、日本人のもののとらえ方が、うんと複雑になったんですね。

係結びの発達

大野　倒置表現というのは、要するに答えを先に投げつけて、問題を後で言う、あるいは時間の順序をひっくり返して、前のことを後で言う、そういうことです。最初はそうだったんですが、その倒置法がくり返しくり返し何百年も使われているうちに、使い方の幅がひじょうに広くなってきて、簡単に倒置だということだけでは解けないくらいに、言葉遣いがさまざまに展開してきたのが、つまり係助詞の発達ということですね。たとえば、

水鳥の発《た》ちの急《いそ》ぎに父母に物言《ものは》ず来《け》にて今ぞ（叙）悔しき
有度部牛麿《うとべのうしまろ》

丸谷　これは防人の歌ですね。

大野　そうです。防人というのは召集令状がくると容赦なく連れていかれたんですね。ここでも「水鳥の発ちの急き」と言っているでしょう。水鳥がバシャバシャッと水から逃げるみたいに、大慌てして出発するわけです。それで、急いで来たから、「父母に物言ず来にて今ぞ悔しき」というんですが、倒置法ということで言えば、「悔しき（は）今ぞ」なんですね。けれども、「悔しきは今ぞ」では、理に落ちてしまうわけです。「ぞ」というのは起源的にはたしかに「……である」「……だ」なんですけれども、上に「ぞ」がきて下は連体形で終止するという、一般的に出来あがった形式のなかで工夫が重ねられてきて、「ぞ」というのは、連体形終止と呼応して、全体として強調になるという使われ方がだんだん出来てくるんです。

丸谷　そうですね。悔しいのは今です、というのでは、ふつうの言葉としてあまり意味をなさないでしょう。「今ぞ悔しき」という成句が当時あって、それをこの歌のなかに入れたんだろうという気がします。

大野　なるほどね。その読みはいいですね。「今ぞ悔しき」という言い方はいろいろあるんですよ。それをこの人も覚えていて使ったのかもしれません。そうみるほうが歌の心をとっていますね。

安倍広庭《あべのひろにわ》の、

斯《か》くしつつ在《あ》らくを好《よ》みぞ（叙）たまきはる短き命を長く欲《ほ》りする

などもも理屈をいえば、短い命を長く欲するということは、こうしているのがとてもいい気持だからです、ということになります。

丸谷　この手のものは、訳すとばかばかしくなるんですよね。

大野　そうです。でも、そういう倒置表現から係助詞「ぞ」がでてきて、『古今』あたりになると、ひじょうにたくさん使われています。たとえば、

さつき待つ花たちばなの香をかげば昔の人の袖の香ぞする

丸谷　これなんかも、直訳ふうに訳すと、間の抜けた感じになるでしょう。するのは昔の人の袖の香である、なんて。ところが、訳さずに、もとのままに読むと、ひどく心に訴えてくるんですよ。

大野　係助詞というものがひじょうに多く使われ、使い方が熟してきたということでもあるんです。

丸谷　そうですね。ですから、『古今』になると、この「ぞ」を使った有名な歌が多くなりましてね。

紫のひともとゆゑに武蔵野の草はみながらあはれとぞ見る　　読人しらず

見わたせば柳さくらをこきまぜて都ぞ春の錦なりける　　素性法師《そせいほうし》

どちらも、誰でも知っている有名な歌で、とにかく『古今』時代になると、「ぞ」を使うことと名歌を詠むことが一致するのが、かなり多くなるんですね。

大野　つまり、倒置から発足して何百年もたち、この時代になると、「ぞ」が本来「……である」「……だ」という言葉だった、それの倒置だということは忘れられてしまったんです。

いったい「ぞ」という言葉は、奈良時代、あるいはそれ以前には、「……である」ということを表わすための、たった一つの言葉だったんですね。この「ぞ」は、「よしといふ物ぞ。」とか、「縫へる衣ぞ。」と使いますね。ところが、これを否定形にしようとしても、できないんです。「衣ぞず。」というのはないんです。推量形にしようとしても、できません。「衣ぞむ。」などとも言えませんね。つまり日本人は、「……は……である」という形式は少ししか使われなかったもんですから、それを否定や推量にする形をもたなかった。ところが、動詞で「……する」「……なる」という言い方については、否定も推量もすでに可能になっていました。つまり、時間に関係ない判断、「AはBである」という言い方は、あまり発達しなかったので、「AはBではない」とか、「AはBであろう」とか、そういう言語形式はなかったんです。

ところが、奈良時代になって、漢文の翻訳などで、存在について否定や推量の表現をすることが必要になってくると、「ぞ」だけではだめなんですね。そこで困ってしまって、存在するという言い方の「あり」を入れて、「衣にあらず」「衣にあらば」という形で、否定とか、推量とかを言い表わすようになったんです。こうして、「にあり」という言葉が出来て、それが niari → nari の変化で、「なり」になるわけです。この「なり」という言葉が確立したのは奈良時代。つまり奈良時代になって、日本人ははじめて「……である」という判断の形式を、自由に否定にしたり推量にしたりすることができる言語形式を獲得したわけです。すると、「なり」というのはたいへん便利ですから、たちまちにして広まって、「……である」というときには必ず「なり」という言葉を使うようになって、本来、「……である」という意味だった「ぞ」は、その用法がひじょうに限られてしまうことになったんです。先生が弟子に講釈するときに「……なるぞ」という使い方はするけれども、世間一般では「AはBぞ」という言い方はせず、「AはBなり」という言い方になってしまった。

そうすると、さきほどいいましたように、倒置表現としてはじまった「ぞ」については、本来の「……である」という意味がわからなくなってしまった。ただ「ぞ」がきたならば、終りは連体形でとじて、それらが呼応することによって、強い明確な表現をするんだというように意識されるようになってきたんです。そこで『古今集』の、

夕ぐれは雲のはたてに物ぞ思ふあまつ空なる人を恋ふとて

というような歌ができるんですね。思うことは物である、というのではなく、「物ぞ思ふ」で、「ぞ」が強めのために入ってきたら、連体形で終るという形式的な使い方になったんですね。

丸谷　「物ぞ思ふ」というのは、痛切にものを思うときの、きまり文句の形になったんですね。これはいい歌だなあ。「雲のはたて」という言いまわしは、この一首のせいで日本語に残ってしまった。

『新古今』と係結び

丸谷　それが、『新古今』になるとどうなるか、というわけですが、『新古今』の特色は、句切れの多い歌が詠まれたことですね。初句切れ、二句切れ、三句切れ。たとえば、特徴的なのは、西行の、

今ぞしる思ひ出でよと契りしは忘れんとてのなさけなりけり

です。あなたが思い出してくださいと約束したのは、私を忘れようとしての心だったということが、いまになってわかる、という意味です。それで、最初に「今ぞしる」と強くぶつける。こういう調子の句切れの多い詠み口は、実際的にいえば倒置が多いということになります。係結びというのは、そうした詩法に向いているわけです——もともと倒置なんですから。そのいちばん典型的な例は、藤原定家の、

桜色の庭の春風跡もなし訪はばぞ人の雪とだに見ん

ですね。桜色に吹いている庭の春風――なぜ桜色に吹いているかというと、花の風だからですが――その春風が跡もない、もし人が訪ねてきたならば、せめて雪が積っているというくらいには見えることでしょう、というわけです。それで、「訪はばぞ……見ん」の係結びで一つひっくり返り、「訪はばぞ人の」でもう一つひっくり返る。こういうふうに倒置を多く使うことによって、『新古今』特有の、まるで友禅模様みたいな構造が出てきます。言葉が方々にポンポンポンと並んでいて、その並んでいる模様を読者が眺めて、自分の意識でそれを配列しなおす。そして、うまく配列したり、配列しそこねたりする、そのとき綾のある構造が出てきます。そういうことができるために、この係結びというのはひどく具合がよかったんですね。

大野　この歌では、「訪はばぞ」という、助詞の「ば」を受ける「ぞ」が問題ですね。つまり、「ぞ」の使い方がひじょうに自由になってきているんです。「ぞ」は、「……である」という意味ですから、最初は名詞の下にだけくるものだった。ところが、「……である」という意味は「なり」のほうにゆずってしまって、「ぞ」は投げこむだけの、強めの助詞というようになってきました。ですから、「訪はば」というのを強めようと思えば、そこに「ぞ」を投げこめばいいというように、「ぞ」の使い方がひじょうに広くなってきたという、そういう言葉の歴史の背景があるわけです。

丸谷　ええ。この定家の歌は、語法の点でも、それから無を主題にして詠むとか、白い色をあつかうとか、いろいろな点でも、『新古今』の歌風を特徴的に示した歌です。

大野　そうでしょうね。たとえば、崇徳院の、

いつしかと荻の葉向けのかたよりにそそや秋とぞ風も聞ゆる

という歌も、「ぞ」をもとどおりに解して、しいて解釈すれば、風の音も聞えるのは秋というわけだ、ということになるんですけれども、もうこの時代になると、「ぞ」に「……だ」という意味はなくなり、ただ強めに入ってきて、「秋とぞ風も聞ゆる」という、連体形と呼応して一つのまとまった表現になっています。「ぞ」がそういうふうに広く使われるようになったんですね。

丸谷　「ぞ」の本来の用法からいうと、ずいぶん崩れていますね。崩れることによって、『新古今』的な、微妙で曖昧な美をうまくかもしだしているわけです。

係結びの消滅

大野　それで、『新古今』までできましたから、日本語の歴史をもう少し先までたどりますと――、このように「ぞ」がひじょうに自由に広く使われるようになって、「ぞ」が

くれば下は連体形でとじるというだけの形になってきました。日本語では、ふつう言いとじるには終止形を使うわけです。たとえば「聞ゆ」という動詞は、「聞ゆ」が終止形です。ところが、「秋とぞ風も聞ゆる」という場合には、「聞ゆる」でとじてある。つまり「聞ゆ」と「聞ゆる」と、二つの終止形が出来てしまったわけです。そしてその表現に馴れてしまった人たちにしてみれば、どちらが明確な結末を言う表現か考えると、「聞ゆる」のほうが強くて、印象が鮮明だったんですね。そうなると、終止形で終る言い方と、連体形で終る言い方のうち、だんだんと——といっても、鎌倉時代から室町時代という、およそ三百年もかかってのことですけれども——、古い終止形で終るほうが劣勢になって、新しく勢力を得てきた連体形で言いとじる言い方が一般化してきたんです。その結果、どういうことが起ったか——今日、私たちが習う口語文法では、聞え、聞える（終止形）、聞える（連体形）、聞えれば、聞えろ、と終止形と連体形とが同じでしょう。これは、文語で「聞ゆる」という形が終止と連体両方の機能を果す形として確立し、その後で「ゆ」が「え」に変った結果なんですね。ですから、今日われわれがもっている終止形というのは、古い時代の文法と比べてみると、連体形の系譜をひいていて、もとの終止形は消滅したということになるんです。

丸谷　つまり、係結びのせいで、現在の口語の終止形が出来たということですね。

大野　そうなんです。係結びというのはひじょうに勢力があって、その影響で古典語と現代語で動詞の活用の終止形が変るという、大きな変化が起った。その結果、室町時代になると、こんどは係結び自身が滅びることになってしまったんです。なぜなら、「ぞ」「や」「か」「なむ」がきて連体形でとじるという形が、強調表現としての値うちをもちえたのは、終止形があって、それに対立する連体形終止を使うことが強めの形なんだと意識されていたからなのに、その連体形終止ばかり使うようになって、古い終止形が消えてしまえば、対立の相手がなくなるから、上に「ぞ」がきても「ぞ」は単なる強調というふうことになり、係結びだという値打ちがなくなってしまうわけです。自分があまり勢力を拡張しすぎて、対抗馬をつぶしてしまったから、自分自身の特殊性の主張ができなくなってしまったんですね。

丸谷　係結びが無意味なものになってしまったわけですね。

「か」と「や」と「なむ」

現代短歌と係結び

丸谷　係結びについていろいろ考えていたら、変なことに気がつきました。現代短歌では係結びがほとんど使われないということなんです。もちろん絶無ではありませんが、王朝和歌にくらべると、決定的に少ない。その理由を考えてみますと、第一に、現代歌人が古い語法に不慣れだから使いたがらないということ、第二に、自分たちは王朝歌人とは違う、現代の詩人だという意識を出したいということがある。第三に、係結びは詩的技法で、いわば実体のない虚辞としての語法ですが、この虚辞というのは現代短歌には向かないということがあります。いったい現代短歌は、三十一音という少ない字数のなかに、あらゆることを入れなければならなくなった。そうしなければ現代詩やさらには小説に張り合えないと痛切に感じたのが、明治以後の歌人なわけで、ですから三十一音をむだに使いたくなかった。つまり実体としての言葉を求めたわけですが、そのせいで虚辞のいのちを忘れたんですね。虚辞という言葉を使ったのは山本健吉《やまもとけんきち》さんで、山本さんは、係結び、枕詞、歌枕などをみんな虚辞として考えているわけですが、そういう虚辞を用いることによって、かえって広い世界が出てくるというのが山本さんの説なんですね。歌枕はその典型です。たとえば「吉野」というのは単なる地名にすぎないけれど、その単なる地名を使うことによって、代々の歌人が吉野について詠んだ歌が全部、思い出され、さらにはその和歌に入ってきて、文学的内容がかえって広くなるわけです。ところが、現代短歌は、そういうことを忘れて、同じ地名でも、その歌人が直接生活した地名を選んだ。こっちのほうがもっと実体がある地名だと思ったわけですね。しかし、そのことによって文学的伝統のない地名が入ることになって、かえって意味が浅いものになった、という考え方です。

虚辞でないもの、直接的実用性の強い言葉ばかり三十一音を並べて詠む。現代短歌は、一方ではそういう実用主義的な風潮のせい、それから、他方では何しろ短詩形で短いから、係結びなんかが排撃されることになったんですね。このことをはっきり示しているものとして、昭和五年に出た、松岡静雄《まつおかしずお》の『歌学』という本があります。これは、現代の歌人が歌をどういうふうに詠むべきかをいろいろ論じている本でしてね。たとえば「風格」という章には、「調節、省語、いひかけ、連想、補意、風趣、語戯」を取上げ、「彩文《アヤ》」という章には、「語戯、謎、言掛け、縁語、口合《クチアヒ》、落《サゲ》」について述べ、ずっと先の章「修辞」には、「語、声音の美、語彙、古語と口語、言葉の雅俗、畸語、誤用、複合語と熟語、辞と詞、延約説、好奇」をあつかうという調子で、歌人が扱う言葉のことをいろいろ論じた本なんです。松岡静雄という人は、柳田国男の弟さんじゃないですか。

大野　ポリネシア語やミクロネシア語のことを研究した人ですね。

丸谷　この『歌学』で特徴的なことは、係結びのことを全然書いていないことです。鉄道を「くろがねの道」と言うのがいいか悪いかというように、古風なことばかり論じている本ですが、そういう本ですら係結びのことは書いてないんですね。そのくらい現代人にとって係結びは疎遠なものになっているわけです。ですから、逆に理論的にじっくりとつきあう必要がある、そうしないとわからないと思うんで、もう少しやることにしましょう。

起源は倒置表現

丸谷　今回はまず、係助詞「か」なんですが、それには、前にやった終助詞の「か」から始めなければならないわけです。『万葉集』の、

天の河川音《かはと》さやけし彦星の秋漕ぐ船の波のさわきか。（香）

苦しくも降り来る雨か。（可）神《みわ》が崎狭野《さの》の渡りに家もあらなくに

この「か」は前のが疑問の「か」で、後のほうが詠嘆の「か」ですが、こういう終助詞「か」から係助詞「か」が出てくるわけですね。

大野　前回の「ぞ」と同じように、倒置表現から始まるんですね。間人大浦《はしひとのおおうら》の、

倉橋の山を高みか。（可）夜ごもりに出で来る月の光ともしき

これは、ふつうの散文的表現なら「……月の光ともしき（は）倉橋の山を高みか（山が高いからか）」となるわけです。それを、倉橋の山が高いからか、とまず答のほうを先に言って、夜ごもりに出てくる月の光のなんとかすかなことは、と問題が後に出てくるわけですね。あるいは、

あしひきの山桜戸を開けおきてわが待つ君を誰かとどむる

も、「わが待つ君をとどむる（は）誰か」というのが普通の形です。

丸谷　係助詞でありながら、疑問の意をこめている点で、「か」は「や」と別ですね。この「山桜戸」の歌、これはわかりやすいし、きれいな歌だなあ。それに例としてもいいですね。

大野　恋人が来てくれないのは、誰かが邪魔しているんだろうと言っているわけですね。おそらくこの相手には別にもう一人女の人がいるんですね。その女の人は誰だと、男にちょっとにじり寄っている感じですね。

丸谷　どこかのおじいさんが邪魔しているとは思ってはいない（笑）。

係助詞「か」を使った『万葉集』の歌では、市原王《いちはらおう》の歌がいい歌ですね。

一つ松幾代か（可）へぬる吹く風の音の清きは年深みかも

大野　一つ松が「へぬる（は）幾代か」の倒置です。一つ松よ、おまえさんがへてきたのは幾代なんだ、そのおまえさんのところへ吹いてきて鳴る風の音の清く澄んで聞えるのは、年長くここに立っているからか、という意味で、いい歌ですね。

丸谷　なにか空気の澄んでくるような感じのする歌ですね。これは賀の歌、祝の気持の歌なんでしょうけれども、その賀の歌の背後になにか猛烈な悲しみがあるという、二つの感情が錯綜しているのがうまく出ていますね。

大野　これは、自然にひたって行く日本人の歌らしい歌ですね。風の音でもって、何代かにわたる人の世の移りかわりというものを、後に見ている感じがします。

ちょっと話がそれるかもしれませんけれども、昨年インドに行きましたとき、私の通訳として助けてくれたインドの若い女の人に、川の水の流れをみて、われわれは「ゆく河の流れは絶えずして、しかも、もとの水にあらず。よどみに浮かぶうたかたは、かつ消え、かつ結びて、久しくとどまりたる例《ためし》なし」というと、言ったんですね。また中国では「ゆくものはかくのごときか昼夜をおかず」と孔子が言ったという話をしたんです。そうしたら彼女いわく、「水は流れて行くけれども、その本質においてなんの変りもない」と。これには私も驚きました。インドの人には、やはりサンスクリット的世界のとらえ方があって、時間によって物ごとが流動して行くことを詠嘆しない、事の本質はなにかというようにだけみるわけなんですね。いつか彼女に、この市原王の歌を訳してあげたら、「風の音は、本質において空気の振動である」と言うでしょうかねえ。

丸谷　これは「幾代へぬるか」といっても、意味はまったく同じですし、言葉のぐあいもさほど違うわけではないんですが、やはりだめなんですね。そこがおもしろいですね。

形式化する係結び

丸谷　『古今集』大江《おおえの》千里《ちさと》の、

　　鶯の谷よりいづる声なくは春くることを誰かしらまし

　鶯が谷から出て鳴く声がなければ春のくることが誰にわかるだろうか。平安朝の人々は、鶯が冬になると山や谷にこもっていて、それが春になると出て来ると思っていたんですね。

大野　「しらまし人は誰か」の倒置ですが、この時代になると、「誰か」ときたら、連体形で閉じるのだと形式的に受けとっていて、倒置だということをそれほど強く意識しないようになっていると思います。

丸谷　そうですね。「誰かしらまし」が、一つの決り文句になっていますね。『古今』には「誰かしらまし」がもう一つあります。坂上是則《さかのうえのこれのり》の「もみぢ葉の流れざりせば立田川水の秋をば誰かしらまし」ですが、このほかにもあの頃たくさん使われていたでしょう。同じ『古今集』の、凡河内《おおしこうちの》躬恒《みつね》の、

雪とのみふるだにあるを桜花いかにちれとか風の吹くらむ

まるで雪のように桜の花が降っているのに、つまりこれだけでも十分なのに、これ以上どんなふうに散れといって風が吹くのだろうか。

大野　係結びが倒置表現だというのは、起源的な形でそうだということで、すでに『万葉集』の頃でも相当複雑な技法が使われているんで、ましてや『古今集』の時代になると、倒置だという認識はもうなかったとみていいと思います。そうでないとこういう歌はできないでしょう。

丸谷　この「か」に「は」が入る形、

君だにも思ひ出でける宵々を待つはいかなる心地かはする

読人しらず

これは「か」と同じですね。

大野　そうです。「は」が入れば、はっきり取りたてて答を要求しますから、もっと明確になります。

丸谷　あなたのような人でさえも思い出しなすった宵々を待っているのはどんな心地でしょうかという意味なんですが、これは藤原実頼《ふじわらのさねより》の、

宵々に君をあはれと思ひつつ人にはいはで音をのみぞ泣く

に対する返歌なんです。これはどうも女の人の歌のほうがうまいですね。

大野　ええ。この男は、この前にもう一つ何かあって、言い訳を言ったんですね。夜ごとにあなたをあわれと思いながら、口に出すことができないで自分だけで泣いているんですよ、と言い訳を言っているわけです。そうしたら、女のほうが「宵々」という言葉をとって、あなたですら思い出したとおっしゃる宵々を、女として待っている身はどんな心地がすると思いますか、というのですね。

丸谷　勅撰集の歌が二つペアになって出てくる場合には、最初の贈る歌がよくてとられる場合と、返しの歌がよくてとられる場合と、両方がいい場合と、三通りあって、両方ともいいのは少ない（笑）。これは第二の返しがよくてとられたケースですね。

大野　ここで「思ひ出でける」と言っているところに、男に対する不信があるんです。「ける」は気付きの助動詞ですが、一つには物語の「男ありけり」のように、伝聞とか伝承のときに「けり」を使います。ですから、この場合でも、「君だにも思ひ出でつる」

とあれば、あなたが確かに思い出したと認めたことになるんですけれども、それを「思ひ出でける」と言っているのは、本当かどうかとやや疑っていることが表われています。

丸谷　この「だに」がひどいですね。

大野　あまり誠実だと思っていないあなたですらも思い出したとおっしゃっている宵々というんだから、これは相当な怨みがこもっていますね。

丸谷　怨みを示すことによって、たいへん遊戯性が出てくる、そういう感じですね。

大野　本当の怨みというのは言葉には言わないもので、このように歌に出して恨むというのは、演じているわけですね。演ずるというのは形に示しているんだから、それだけ甘えていることでもあるんですね。

強すぎる「か」

丸谷　『新古今集』になると、典型的な「か」の例はなかなかないんです。

大野　「か」ははっきりしすぎていて、『新古今』独特の、句と句の間が切れているようでつながっていくという気持を、「か」は切ってしまうんですね。

丸谷　「かは」のほうにはいい歌があります。式子内親王《しきしないしんのう》の、

逢ふことを今日松が枝の手向草幾よしをるる袖とかは知る

これはなかなかうまい歌ですが、これには「白波の浜松が枝の手向草幾世までにか年のへぬらむ」という本歌があって、その本歌どりです。「……手向草」までが序で、本歌の「世」を、こちらのほうは「夜」に直して、幾夜涙のせいでしおれている袖と知らないでしょうというんですね。内容はたいしたことのない歌ですけれども、構えが大きくてりっぱですね。

大野　式子内親王はついに誰とも結婚しないんですか。

丸谷　そうです。定家の愛人だったと私は思うんですがね……。これまで定家との関係を否定する人の重大な論拠は、定家より十歳上だということにあるんですが、そう考える人は男女の仲に疎い人だと思いますが……。

大野　あの時代の男の人で才能を多少とももっていた人なら誰にしても、この内親王の才能に魅力を感じなかった人はいなかったでしょうね。

丸谷　これだけの歌を詠まれたら絶対に惹かれると思うんですよ。あの頃は、和歌というのがいわばブロマイドみたいなもので、現代人が写真を見て惚れるのよりももっと強い感情で和歌を見て惚れたわけでしょう。式子内親王の歌のなかで、この歌は別にどうってことのない歌ですが、その歌でもこれくらいすごいんだから、みんな夢中になったろうと思います。まして定家みたいに、歌の読解力、鑑賞力の秀れた人だったら必ず夢中になったでしょう。その人が何日も何日も行っているんですから、何かあったと見るのが普通だと、私は思いますけどね。

大野　例の「玉の緒よ絶えなば絶えねながらへば忍ぶることの弱りもぞする」も、人目にたってはならない恋を感じている歌でしょう。誰か相手がいただろうと思いますね。空想でこれだけの歌をつくるのは骨折れるだろうなあ、つくれないでしょうね。

丸谷　ええ、ですから私は、定家かどうかはともかく、恋人は誰かいたと思うんですよ。

大野　この歌は、「絶えなば絶えね」とか、「ながらへば忍ぶる」とか、文法のうえでもたくさん問題があるので、試験問題としてもいい歌だと思っていたところ、調べてみたら学習院では何回も出しているんですね（笑）。以後、気をつけて出さないようにしているんですが、試験問題にもいい歌なんです。

丸谷　その「絶えなば絶えね」と「ながらへば忍ぶる」について文法的に説明していただけませんか。

大野　学校文法風にまず言えば、「絶えなば」の「な」は完了の「ぬ」の未然形です。だから、「たしかに命絶えてしまうならば」ということでしょう。「ながらへば」は「命永らえるならば」ですね。「忍ぶる」とは、隠すこと、人にこの恋を知られまいとつつみかくす心です。シノブという動詞は、つつみ隠すという意味の時は、シノビ、シノブ、シノブル、シノブレと活用するのが本筋です。内親王という身分は、たやすく位の低い臣下などと結婚することはできない身ですから、もし誰かと関係を持ったりすれば大変なことになります。そこで、恋に苦しむ女の身として、いっそ命が絶えてしまってくれるようにと思うというんです。逢いたい人に逢うには命永らえなければならないけれど、生きていると、もう、この恋の苦しみを人々の前でかくす力も弱りはててしまうかもしれないからというのです。「弱りもぞする」の「もぞ」は、懸念、危惧を表わす言葉です。

丸谷　『新古今』の、

水茎の岡の木の葉を吹き返したれかは君を恋ひんと思ひし
読人しらず

「水茎の」は枕詞で、岡の木の葉を吹き返す風が吹いているが、吹き返すようにくり返して恋しく思うのは誰だろうか、つまり自分だというんですね。

「か」に代る「や」

丸谷　係助詞「や」にいきましょう。『万葉集』で、その例といえば、これがいちばん有名なものでしょう。

　神風の伊勢の浜荻折り伏せて旅寝や（也）すらむ荒き浜辺に

　これは碁檀越《ごのだんおち》の妻が詠んだ歌で、この人はたぶん碁の名人だったろうという説がありますが、あの頃に碁はあったんですか。

大野　碁はありましたよ。

丸谷　そうなんですか。ずいぶん古いんですね。

　これ以前に「や」による係結びの形がいろいろあって、そのせいで「旅寝やすらむ」と言えるようになったんですね。

大野　そうです。「や」は本来は間投助詞ですから、どこにでも放り込めるものだったんですが、「か」がだんだん古めかしくなってきて使い方が限られるにつれて、その位置に「や」が入ってくるんです。

「や」は奈良時代には、見込みのあることに使いましたから、この歌は「あなたは浪風の荒い浜辺に旅寝をしておいでてでしょうね」ということになります。『万葉集』の、

慰もる心はなしにかくのみし恋ひや（也）わたらむ月に日にけに

の「恋ひやわたらむ」というのは「慰む気持もなく、こんな風に恋に苦しみつづけることでしょう」ということです。

丸谷　「恋ひやわたらむ」はみんながさんざん使った言葉でしょうね。

大野　『古今集』になると「や」の使い方が少し広くなって来て、疑いや、不明のことに使うようになって来ました。紀友則《きのとものり》の、

夜や。くらき道や。まどへる郭公《ほととぎす》わが宿をしもすぎがてに鳴く

郭公がわが宿をすぎにくくてわが宿で鳴いている、おまえさん、夜が暗いのかい、道を間違えて迷っているのかい、と聞いているわけです。この「夜やくらき道やまどへる」というのは、形としては倒置ですけれども、倒置として直訳すると、もう通じないような形になっていますよね。

丸谷　文法学者の本を読んでいたら、文法は大事なものであるというところにこの歌が引いてありました。これが係結びだということがわかっていないと、「くらき道」と読んでしまうというんです。

夏と秋とゆきかふ空のかよひ路はかたへ涼しき風やふくらむ
凡河内躬恒

これが、文法的な例としては形が決まっていていいんじゃないですか。訳をつける必要はありませんね。

大野　「かたへ涼しき風や吹くらむ」とは「片方は涼しい風が吹くだろうな」と、一つの見込みのあることを言っていますね。

丸谷　それから、これも『古今』ですが、

我のみや世をうぐひすとなきわびむ人の心の花とちりなば
読人しらず

大野　あなたの心が花のように散ってしまって、私への思いを捨ててしまったならば、

私だけは、世の中がつらいと泣いて力を落すでしょうね。

丸谷　この歌でひとつの質問があるんです。「世をうぐひす」というのは「憂し」にかかるわけですが、「うぐひす」の「う」だけにかかるんですか。といいますのは、いつだったか、大野さんに質問したことがあると思うんです。「世をうぢ山と人はいふなり」という場合、「うぢ山」は「ち」で、「うし」は「し」なのに、どうして「うぢ山」に「うし」がかかるのかと。そうしたら大野さんは、これは語幹の「う」だけでかかるとおっしゃったんですよ。

大野　この場合は「世をうく」でしょう。

丸谷　そうすると、語幹だけでかかる場合と、もっと先までかかる場合と両方あるわけですね。

大野　そう思います。この場合は、長くかかると見たほうが自然だからそう言うだけで、「う」だけでいいと思います。それは「うむ」という動詞と同根ですから。

丸谷　その語幹の部分の強さというのはずいぶん強いものですね。別の言い方をすれば、「うし」の語幹「う」ではなくて、もっと元の、前にさかのぼっての、「う」を使っているわけですね。

大野　そういうことです。ク活用の形容詞の前の部分は名詞なんです。「赤く」の「赤」、「黒く」の「黒」、「高く」の「高」などです。「うし」は「憂し」ですが、「倦む」の

「う」でもあるわけです。

丸谷　なるほど、そういうふうに考えればいいんですね。「や」で、『新古今』のいちばんいい歌は、

またや見ん交野《かたの》のみ野の桜がり花の雪散る春のあけぼの　藤原俊成《ふじわらのとしなり》

これは俊成一代の絶唱ですね。当人も得意だったようです。しかし、これは「見ん（は）またや」かな？

大野　それはだめでしょう（笑）。さきほど言いましたように、「や」は見込みのある質問をする言葉なので係結びの「や」は、倒置だけという「ぞ」や「か」と少しちがうんです。「ぞ」や「か」の場合は、古くからの伝統があるので、ひっくり返してみるとちゃんと元へもどる形の例をもっているんですが、「や」は、係結びが相当発達したあとで、疑問の「か」の位置を占めたから、どうも古い形をもっていないんです。

丸谷　はっきりと「またや見ん」なんですね。この歌の「交野《かたの》」に「かたし（難しい）」をかける説と、かけない説とがありますが、私は、かけたい人はかけてもいいし、かけたくない人はかけなくてもいいという、ずぼらな考え方なんです。

大野　そういうことをあまり窮屈に考えるとかえってまずいですね。

丸谷　ええ、そういうものだと思います。落花を詠った歌のなかで、これほどの歌はほかにもうないんじゃないでしょうかね。

大野　桜に関するさまざまな言葉がみんな使われています。「あけぼの」まで……。

丸谷　古典的な美の小道具が全部入っているんですね。それが、事々しい感じではなく、さりげなく入っています。俊成という人の歌のうまさというのは、そういうものなんですね。

口語的な「なむ」

丸谷　次は「なむ」です。大野さんの本で知ったことですが、係助詞「なむ」は、口語的なもので、和歌では使われないんですね。ただ、詞書には「なむ（なん）」が入っています。たとえば、『千載集』の詞書、これはおそらく藤原俊成が書いたのだろうと思いますが、

うるまの島の人のここに放たれ来てここの人の物言ふを聞きも知らでなんあるといふ頃返事せぬ女に遣しける

おぼつかなうるまの島の人なれやわが言の葉を知らず顔なる
藤原公任《ふじわらのきんとう》

詞書の訳をつけますと、「朝鮮の鬱陵島の人が日本に漂流してきて、日本人の言葉を聞いてもわからないでいるという評判の頃に、返歌をしない女に送った歌」ということです。歌のほうの訳は、心もとないことだ、鬱陵島の人だからだろうか、わたしの贈った和歌に知らぬ顔をしているのは、というわけです。この詞書に「なむ（なん）」が出てくる。『千載集』全部を探しても、歌のほうには「なむ」はありません。そのくらいに「なむ」という言葉は位相が違うんですね。

大野　「なむ」のいちばん古い形は「なも」ですが、それがいちばんよく出てくるのは宣命《せんみょう》なんです。奈良時代の宣命で、帝《みかど》が入念に言うときに、「なもある」「なも思ふ」というように「なも」が入ってくるんです。口言葉の場合に「なも」というんです。そして、「私は聞いている」「私は内心思ってる」という意味を表わしました。

それで、この歌を読むときに、「言葉」という言葉と、「言の葉」という言葉の区別を覚えておく必要があるんです。一般に、「言の葉」というのは古い言い方で、意味は「言葉」と同じだと考えられていると思いますが、よく調べると、「言葉」という表現は、散文とか、口先の言葉とか、嘘とかいう意味だったんで、歌のなかには出てきません。

歌を指す場合は、この歌に使われているように、「言の葉」というんですね。韻文のきちんとした上品な言い方、美しい言い方という意味なんです。平安朝時代では、「言葉」と「言の葉」とは、はっきり使い分けていました。「言葉にて……とあり」といえば「手紙文、散文で、これこれと言ってきた」ということで、「言の葉にて……とあり」とあれば歌をよこしたということです。そのように、散文と歌の表現は別のものと考えられていたんです。散文でというのは、普通の会話で使う表現ということで、そういう場合には「なも」や「なん」が出てきます。天皇が臣民にたいへん心を使ってものを言われる言い方のときに「なも」が出てくる。その「なも」が「なむ」になったんですね。ですから「なむ」は『万葉集』に一つ、それも分りにくい表現で、平安朝の歌のなかにはほとんど例がないんです。「なむ」が出てくるのは、『古今集』の、

　　たもとよりはなれて玉を包まめやこれなむそれとうつせみむかし

ですが、実はこれは、「これなむそれ」というところが、「　」になるんです。つまり会話の言葉を歌のなかに引用しているんです。

丸谷　袖以外のもので玉を包めるだろうか。「これがそれです」といって、玉をわたしの袖に移して下さい。わたしもよく見ますから。物名歌で、第五句に「うつせみ」がは

いっています。というより、入れなくちゃならなかった。

大野　源頼光《みなもとのよりみつ》の、

　かくなんとあまの漁火《いさりび》ほのめかせ磯辺の波の折もよからば

もやはりそうで、「かくなん」は「　」のなかに入るわけです。

丸谷　この歌の詞書に「女をかたらはんとてめのとのもとにつかはしける」とあって、つまり、お姫様を誘惑するために、お姫様の乳母に贈った歌ですが、その乳母が「こんなです」と言うせりふが「かくなん」ですね。

大野　お姫様に接近するのにいい折があったら、ここです、と漁火をほのめかせ、というわけですね。これも「かくなん」というのは一種の会話として、歌のなかに取りこまれているんです。

丸谷　ざっと見たところ、係助詞の「なむ」はあるけれど、結びはないという状態でしか、歌には入れられないみたいですね。

鎌倉時代初めに消滅

大野　「なむ」は「内心でそう思う」という意味なので、いわば謙譲語にあたるんですね。ですから、『源氏物語』などで、いちばん文末に出てくる「なむ」は、大抵「うれしうなむ」とか、感情を表わす言葉を承けますし、「かくなむ」とか「さなむ」とか使うと下男や女房が主人に返事するときに使います。「左様に存じます」ということになるようですね。およそ「はべり」で置き換えるとほとんど解けるくらいです。それで、この謙譲語の「なむ」は、だいたい平安朝時代で寿命が尽きて、鎌倉時代に入るとあまり使われなかったようです。それはどういう面から言えるかというと——藤原定家の写した系統のいわゆる青表紙本の『源氏物語』に対して、鎌倉時代の初めに、源《みなもとの》光行《みつゆき》や親行《ちかゆき》らが写した河内本の『源氏物語』がありますね。今日、いろいろ調べてみると、この河内本は、青表紙本のむずかしいところがあると、それを自分たちでわかる言葉に変えてしまったところが多いものなんです。そのなかで、おもしろいことに、「ぞ」や「や」や「か」については写し誤りは少ないんですが、「なむ」だけは読み違えて——完了の「ぬ」の未然形に「む」がついた「なむ」と取り違えたり、「など」という意味の「なんど」と間違えたり、この「なむ」については、そういう写し違えがたくさんあるんですね。

丸谷　おもしろいもんですね。

大野　これは、学習院の大学院学生の川越園子さんが、「河内本における係結びの研究」ではっきりさせたことなんですが、係結びのところだけを照しあわせてみると、ほかはそれほど違っていないのに、「なむ」に関しては、間違った例がいっぱいある。つまり光行や親行は、係助詞の「なむ」がよくわかっていない人だったということがわかったわけです。こういう点からも、河内本の系統はどうもよくない本文だという説が裏づけられるんですが、それはともかく、鎌倉時代の初めには「なむ」はだいたい滅びていたと言えるでしょう。

丸谷　大野さんのところの学生は、御指導がよろしいからでしょうけれど、優秀ですねえ。

大野　みんな自分でやっているんで、私はべつに教えないんですよ。『日本語の成立』（中央公論社刊『日本語の世界』1）についても、学生の研究を数々引用したものですから、国語学者の友人たちから手紙をもらいまして、あなたの弟子がやっていることは、質高く、量も多いが、それはあなたが一所懸命に教えているからだろうとあったんですけれども、私は、ただやりたいことをやれと言って放ってあるだけなんです。

丸谷　いちばんいいことを教わったわけですね。基本はそれですもの。

さて、そういうわけで、「なむ」は口語的表現であって、歌には入れられなかったわけですが、『万葉集』の、

何時はなも（奈毛）恋ひずありとはあらねどもうたてこのころ恋し繁しも

はどうですか。

大野　これが、どうもよくわからないんです。「はなも」と続いていますが、「はなも」という例は他にないんです。

丸谷　『万葉』で「なも」が入っているのはこれだけだと、大野さん校訂の本に書いてあったので、取りあげたんですが、この歌はなんだかぴんとこないですね。

大野　この「なも」は、それこそ歌の字数をそろえるために入ったんですね。「何時は恋ひずありとはあらねども」でいいんです。或る特定のときは恋しいとは思わないということはないけれども、なんだかこの頃とても恋しい、というんですね。

已然形とは何か

活用形の名と体

丸谷　係助詞の「こそ」を、今回と次回とでとりあげたいんですが、「こそ」の話で大事なのは、動詞の已然形《いぜんけい》とはどういうものかということでしょうね。已然形というのは、動詞のほかの活用形に比べていちばんわかりにくくてむずかしいみたいです。だいいち、已という字がむずかしい（笑）。だらしなく書くと、ついうっかり間違ってしまうんですよ。

子供のころ覚えた物覚え歌というのがあって、その一つに「み（巳）は上におのれつちのと（己）下につきすでにやむのみ（已）なかばなりけり」というのがありました。物覚え歌というのは、「せりなづな御形《ごぎやう》はこべら仏の座すずなすずしろ春の七草」というたぐいのもので、これは幸田露伴《こうだろはん》風に言うと「圏外の歌」です。最近、西村亨《にしむらとおる》さんがお書きになっているおもしろい連載があって、それでは「末流の歌」として、ことわざとか、こういう物覚え歌とかが、あつかわれてましたが、日本人はそういう実用的な性格のものとしても歌を使ってきたわけです。その物覚え歌の法則でいくと、已然形の已というのは、「すでにやむのみ」だから、「なかば」、つまり真中にくるわけです。この活用形の名称は、ほかにもあるんですか。未然形の場合は将然形なんて言う人もいますね。

大野　既然形といったこともあったと思います。

丸谷　未然形の場合なら、未だ然らざる形というふうに考えます。已然形の場合には、なんとなくすでに然る形というふうに考えがちなんです。でも、已に然れどもとか、已に然ればとか考えるほうが、わかりやすいんじゃないですか。

大野　そうですね。已然形が、いちばんむずかしいですね。終止形はそこで終る形だから、これはわかりやすい、連体形も体言に続く形だからわかりやすい。それからもう一つは命令形です。命令するというのは相手に命令するんだけれども、そのまま放ったらかして、勝手にしろみたいな場合も命令です。たとえば、「飲みたいなら勝手に飲め」みたいなのは、放り出した形で、こういう命令形もわかるでしょうね。あと残るのが連用形です。これは用言に連なる形というふうに書いてあるけれども、実際上は連用名詞形といって、たとえば「行く」という動詞の場合に、「行き」と使うと、「君が行き日《け》長くなりぬ」みたいに、「旅行」という意味の名詞になることがあります。つまり連用形とは、ただ用言に続くだけじゃなくて、名詞にするときに使うことがあります。そういう点では、連用形という用言に連なるという名前とピッタリ合わないところがありますね。だいたい活用形の名前は、多かれ少なかれ実際と合わないんですが、未然形という言い方も本当は実際と合わないんです。たとえば「行かす」とか、「取らす」とか、「す」を付ける場合、それから「受けらる」とか、「らる」が付く場合、これなどはやっぱり未然形に付くのです。だから活用形の名前は、その活用形が果す役目の一部分をとって名前としたものなんです。

已然形のむずかしさ

大野　そこで問題の已然形ですが、だいたい已然形というのは、平安時代からあとの文法を中心にして考えると、たとえば「雨降りぬれば、行かざりき」、雨が降ってしまったから行かなかったとなります。これが、もし「雨降らば」となると、「雨降らば行かじ」となるわけですね。もし雨が降ったら行かないつもりですということです。これを「雨降りなば行かじ」と言ってもいいわけです。雨が確かに降ったらもう行かないんだ、ということです。その違いに目をつけて、「雨降りぬれば行かざりき」という場合の「ぬれ」というのは、確実に降っているから、という意味だということで、已然形という名前がついているわけです。

この已然形について、普通に学校で教える古文の場合に、まずいことが一つあるんです。已然形という形は、平安時代からあとになると、「こそ」の結びになった場合のほかは、全部「ば」とか、「ど」「ども」とか、なにかがつくんです。「雨降りぬれど」「雨降りぬれば」とか。「ば」がつけば「……であったから」、「ど」がつけば「……であったけれど」ということになりますね。

ところが、もっと古い『万葉集』などの用例を見ると、下に「ば」とか「ど」とかをつけないで、使った例がいくつもあるんです。たとえば、いつも引く例ですが、妻と別れてきた柿本人麻呂が妻のいる方を振り向くと、

天づたふ入日さしぬれ大夫《ますらを》と思へる吾も敷妙《しきたへ》の衣の袖は通りて沾《ぬ》れぬ

俺は一人前の男だと思っている私も、入日がさしたから、涙がこぼれて衣の袖が濡れてしまった、という長歌の終りのところですね。この「天づたふ入日さしぬれ」というのは、のちの時代の言い方で言えば、「さしぬれば」にあたります。その「ば」がなくて、「さしぬれ」だけで夕日がさしたからという意味を表わしたんですね。もう一つ代表的な例があります。

大船を荒海《あるみ》に漕ぎ出弥船《でやふね》たけわが見し児らが目見《まみ》は著《しる》しも

これは「たく」という動詞がわかりにくいので、ちょっとむずかしい歌ですが、「たく」というのは、手を働かせることをいいます。手でもって手綱をとったり、櫓を漕いだり、それから髪の毛を櫛ですいたりするのを、みな「たく」という動詞で言うんです。ですから、「いよいよ船を漕ぐけれど、私が会ったあの女の子の顔つきが目の前をちらついて消えない」という歌なんですね。

丸谷　これはなかなかいい歌ですね。

大野　いい歌です。「大船を荒海に漕ぎ出弥船《でやふね》たけ」は、いよいよ船を漕ぐけれどというわけで、「たけ」は「たく」という動詞の已然形なんです。ですから已然形というのは、「ど」とか「ば」とかがつかないでも、すでに「……したから」、あるいは「……したけれど」という意味を表わせるものだったということを覚えておく必要があるんです。

そうするとこういう歌があるんですね。

われこそは憎くもあらめわが宿の花たちばなを見には来じとや

これは女の人の歌です。男と女が喧嘩したんです。そしておまえなんかもう嫌いだ、もうここへは来るもんかと言って、男が女の家から怒って帰ったんです。女は夜一人になって淋しくなり、男に挨拶の歌を送ったんです。「われこそは憎くもあらめ」とは、「私こそは憎いでしょうけれど」なんです。だから私には会いにこなくてもいい。けれど、私の家の花たちばながきれいに咲きました。その花を見には来ないというわけですかと男を誘っている歌です。いい歌ですね。この頃の女の人に、こういう才覚はあるでしょうかね。

丸谷　次の歌の「あらめ」もそうじゃないでしょうか。

大夫《ますらを》は友の騒きに慰もる心もあらめわれそ苦しき

これは男が友達といっしょにマージャンばかりやっていると……(笑)。

大野　男は友達とさわいで慰む気持になることが出来るでしょうけれど、私はたった一人で淋しく待っているから、もう胸がいっぱいだというわけですね。こういうのが「こそ」の係結びのひと足前にある古い形で、「こそ」の係結びの根本はこれと同じなんです。「……だけれど」という形がよくわかれば、あとはみな解けてしまいます。

ひさかたの天つみ空に照る月の失せなむ日こそわが恋ひやまめ。

ひさかたの天つみ空に照る月が確かになくなってしまう日があったら、その日にこそ、私の恋はやむでしょうけれど、という歌ですね。考えてみれば、天つみ空に照る月がなくなるなんていうことはない。だから私の恋はいつまでもやまないということになります。

丸谷　已然形というのを考えてみますと、サブジャンクティヴのつくり方に非常に似ているという気がします。橋本進吉《はしもとしんきち》先生の文法の本を読んでいたら、既定の事実を条件としてあげるということが書いてありまして、その既定の事実というほうを主にして命名したから已然形ということになるんですが、むしろ条件として言われるというほうが、機能としては大事じゃないかと思いました。ですから、たとえば条件形とか、そんなふうに命名していたら、もっとわかりやすかったという感じがするんです。

大野　活用形の名前については、第一活用形、第二活用形、第三活用形みたいな命名でもよかったんですね。未然、連用、終止、連体というふうにそれぞれに命名して通用していますから、さっき申しましたように、名前によってそれぞれの活用形の働きがだいたい見当がついて、理解しやすい点もあるんですが、已然形とか未然形とかいうのはわかりにくいほうですね。だから、場合によっては、第一活用、第二活用というようにしておいて、第何活用はこういう内容をもっているんだと教えたほうが、わかりやすかったんじゃないか、という気もします。

丸谷　『大言海』の、大槻文彦《おおつきふみひこ》の文法は、たしかそういう分類ですね。

ひねりの「なれや」

大野　柿本人麻呂の、

山の際《ま》ゆ出雲の子らは霧なれや吉野の山の嶺にたなびく

　これは恋人が死んで、吉野の山で火葬にして、その火葬の煙がたなびいているという歌です。それで、出雲の子らは霧であるんですね、と相手に聞く形で、そんなはずはないとそれを否定しています。「なれ」という已然形が「あるので」という部分までを含んでいます。

　已然形はそのままで、「……であるので」「……であるけれど」の両方の意味に使ったんで、どちらも、すでに事態はそうなっていますよ、ということを表わしました。「ば」の意味も「ど」の意味も含んで表わしうる形だったということです。ところが、平安時代になると、「ば」か「ど」をつけて、「ば」の場合と、「ど」の場合とをはっきり示すようになりました。この句ならば「霧なればや」というふうに、平安時代ならば表現したでしょう。

已然形について普通には、さっき申しましたように、学校で「ば」とか「ど」とかをつけて使うというところから習うんです。

たとえば、『万葉集』の、

石根《いはね》踏《ふ》み夜道行かじと思へれど妹によりては忍びかねつも

夜道を行ったりはすまいと思っているけれど、恋しい妹によっては、辛抱できずに出かけて行きますという歌ですけど、この「思へれど」は古い時代なら「思へれ」とだけ言ってもよかったんです。

丸谷　つまり、「ど」をはずすと歌の柄が古びてきますね。

大野　そうなんです。『古今集』の、

風吹けば波打つ岸の松なれやねにあらはれて泣きぬべらなり

これは、風が吹けば波が打つ岸の松であるんですね、（いや松ではないけれど）松のネ（根）が波に洗われて見えるように、自分はネ（泣声）をあらわに立てて泣きそうな気持ですというんですよ。

丸谷　なるほど。この「なれや」の形が、以前からわからなかったんですよ。

大野　単純に「……あるからか」と疑問を表わす場合にも使うように見えます。しかし、間違っていないことがはっきり分っているような場合に、「間違いないんですね？」と言い返すとどうなりますか。はっきりと「ちがっていないじゃありませんか」と相手に念を押すことになります。つまりひねっていうことになるわけです。そうなると、形は同じだけれども、現代語として訳をつけるときは、かなりむずかしくなってくるんです。それこそサブジャンクティヴになるんです。『古今集』の、

たがために引きてさらせる布なれや世をへて見れど取る人もなき

誰のために引いてさらしたこの布であるんだろう。誰ひとりこれを自分のものとして取る人もない。これは吉野川の、宮滝という所の白い激流を、布に見立てたものですね。世を経てそれを見ても、相変らず白い激流のままで、誰も取って行く人もないということでしょう。この歌は平安朝に入ってからの歌という形をしていますね。奈良朝だと

「や」は、上に「誰」というような不定詞はとらないんです。次の同じく『古今』の「幾代の宿なれや」というのも、平安朝風なんです。

荒れにけりあはれ幾代の宿なれや住みけむ人のおとづれもせぬ

昔住んだという人はもう訪れもしない。来て見ると宿は荒れ果てているなあ、ああ、幾代も経た宿であるんだろうか、（そうじゃないのに）ということでしょう。

丸谷　これは典型的なサブジャンクティヴですね。

大野　そうです。だから If it were……というふうにくるわけで事態を想像の中でくるくると回してみることでしょうか。

丸谷　そういうくるくる引っ繰り返るようなものの考え方が、現代日本人にはなくなってきたんですね。だから已然形がわれわれにピンとこないのです。

「あれや」と「あれな」

大野　今度は『新古今』の例でいきましょうか。

雨ふれば小田のますらを暇《いとま》あれや苗代水を空にまかせて

『新古今』の時代に、「暇あれや」というのは、暇があるんだなあという意味で受け取られるようになっている。古い形なら「暇あればや」という意味になるわけだから、「暇があるからか」に近いわけだけれど。『新古今』の時代には古い形の「暇あれや」が一つのイディオムとしてひとかたまりで受け取られて、意味がずれて取られるようになったんです。前に反語の「や」のところで引いた、赤人の、

ももしきの大宮人はいとまあれや桜かざして今日も暮しつ

これは『万葉集』からの引き歌で、『万葉集』でもやっぱり「暇あれや」と言っているから、暇があるからなんだなというのが古い形で、それなら疑いでもあるし、場合によると話し手の見込みでもあって反語にもなるわけです。

丸谷　あるからと、理由を入れると非常にはっきりしますね。

大野　自分の見込んでいる理由を入れる言い方は、『万葉』『古今』『新古今』では、『万葉』の場合がいちばんはっきりしていて、だんだんに薄れていきます。だから『新古今』を読み慣れていらっしゃる方は、これを気分で受け取ろうとすると思うんです。

丸谷　そうなんです。だいたい現在の『新古今』解釈は、そのへんが弱いと私は前から思っていました。なにか情に流れた解釈が多くて、はっきりした文法的説明が、注釈書にはあまり書いてないんです。

大野　歌を作った人がその言葉に何を託したか、ことに助詞や助動詞で何を言おうとしてそれを使ったのかを正確に受けとりたいですね。私なんかが読むと、古い方の『万葉』『古今』の語法に引きつけて理解しがちなんですが、いつも『新古今』を読んでいる人だと、『古今』のままの語法とは、何となく違うことは分る。そこで工夫して、そのひねりの具合がどの程度かを測定しなきゃいけないわけですね。

丸谷　西行の、

さびしさに堪へたる人のまたもあれな庵ならべん冬の山里

の「あれな」はどうなんでしょうか。

大野　私なんかは、まず最初には命令形だと受け取ります。

丸谷　私も最初は命令形だと思っていたんですが、そのうちに、これは已然形かもしれないぞという気がして迷っていたんです。

大野　私はこれは命令形だと思います。でも、これは単純な命令ではないんです。なぜなら、上に「またも」と「も」がついているからです。「も」があると判断が非常に弱くなってくるんです。「も」は不確実を表わす助詞だから、「またもあれな」という言い方は、「もしかしてまたもあるならばあってほしい」といった微妙さを表わしますね。この表現を何か別の言葉に言い換えれば、この表現のもっているかすかな意味合いが崩れてしまうわけでしょう。

丸谷　已然形に「な」がつかないというのは鉄則ですか。

大野　古い形ではまずつかないでしょうね。

丸谷　私としてはそこが困ったんですよ。でも、命令形と見るにはなんだかもやもやした感じがありましてね。

大野　そのへんが、西行先生の新工夫であり新語法なんですね。当時の人でも、人によっては聞きとがめたろうし、人によっては、これはいい表現だと言ったんじゃないですかね。

丸谷　私は「あれな」という言い回しは、西行以外の『新古今』歌人ではまだ出会ったことはないんですね。出会ったことがあるのは俳諧で、これは明らかに西行のもじりです。

分けてやる隣もあれなおこり炭　一茶《いっさ》

このおくに知る人あ。れ。な。山清水　成《せい》美《び》

私はこの二句を読んでいると、どうも命令形らしいなあという気がしたんです。

大野　西行の「あれな」をあっさり命令形ととると意味がはっきりしすぎるでしょう。

丸谷　そうなんですね。幽玄美が薄れる。余情《よせい》がとぼしくなるんですね。余情妖艶の姿というのは『新古今』の美学では非常に大事ですから、どうも具合が悪いんですよ。

大野　西行はちゃんとそれを意識して、ちょうど中間あたりをねらってこの言葉を使っているると思いますね。だから、当時から耳に立った表現でしょうね。「またもあれな」という「またも」の「も」がそこでは大事なのです。

丸谷　「も」で最初に一はけ絵の具を塗っておいて、曖昧にしてしまうわけですね。

大野　そうです。もし「またあれな」とやってみれば分りますが、それではなんでもない歌になってしまう。「も」があるので、そのへんが縹渺《ひょうびょう》としてくるわけだから、命令形なんだけれどもやわらかいわけです。

丸谷　なるほど、大変よくわかりました。

甲類、乙類の「け」「へ」「め」

丸谷　少し話が飛びますが、橋本進吉先生の本を読んでいましたら、動詞の已然形と命令形の場合、万葉仮名の使い方が、甲類、乙類で当時は違っていたということを読みました。もちろん平安以後の字の書き方に直せば同じなんですけど。そうすると古代日本語では已然形と命令形の違いは、われわれよりもずっと強く意識されていたわけですね。

大野　それは四段活用のときのことなんですね。「え・け・せ・て・ね・へ・め・え・れ・ゑ」のなかで、「け」と「へ」と「め」の三つの音だけですけど、その三つの音が、甲類と乙類とに分かれているということを橋本先生が明確になさったんです。

　それを具体的な例でいうと、「あらめ」と言った場合、「め」は「む」の已然形。「む・む・め」と活用するとき、「め」は已然形なわけです。こういう、四段活用型で活用する場合の已然形の「け・へ・め」は、すべて乙類の仮名で出てくる。

　この「け・へ・め」の「け」は普通「気」、「へ」は「閉」、「め」は「米」という字が書いてありますが、これは乙類の「け・へ・め」です。たとえば、「行けど」「思へど」、それから「あらめど」みたいな、そういう場合の「け・へ・め」、つまり「ど」にかかる形は已然形です。その場合には、「気」「閉」「米」という字が出てくるんです。

ところが、命令の気持で「行け」「思へ」「歩め」といった場合には、そこに出てくる万葉仮名は、「け」は「家」、「へ」は「敝」、「め」は「売」という字で、これは甲類として区別されている万葉仮名です。

　奈良時代の万葉仮名の使い方を一語一語調べた結果では、「気」の字に代表されるグループと「家」の字に代表されるグループとがあって、言葉によって、どちらの「け」を書くかが決まっていたことが発見されたんです。つまり「け」に、甲類、乙類の区別があって、それぞれ違う音を表わしていました。言葉によって「け」の甲類か乙類かのどちらかに決まっていて、混線がないんです。「へ」の場合も、「め」の場合も、甲類、乙類があって、言葉によってどちらを使うと決まっていて混線しないのです。われわれは、「か」と「き」と「く」とをそれぞれ別の音だと思って区別を疑わないでしょう。当時の人は「け」の甲類と乙類、「へ」の甲類と乙類、「め」の甲類と乙類を別々の音だと思って耳でちゃんと区別していたんです。

丸谷　それらは全然違う音なわけですね。

大野　そうです。だから書くうえでも書き違えない。已然形の場合には乙類で書いてある。それから「行け」とか「歩め」とかいう命令の場合には甲類で書いてある。已然形の「行け」と、命令形の「行け」とでは「け」の音が違っていたんです。

　そこまではいいのですが、困ることが一つあります。「花咲けり」とか「人歩めり」

という言葉づかいがありますね。この「り」についていう場合、その上の「行け」「歩め」の活用形は、已然形だというふうにずっと学校で習って来たわけです。ところが万葉仮名をよく調べてみると、『万葉集』では、この場合の「り」の上にくる「け・へ・め」は甲類で、例外がない。

たとえば「佐家理《さけり》」（咲けり）とある。この「家《け》」は甲類の「け」です。また、命令して「花咲け！」と言った場合も、万葉仮名では「佐家」と書いている。つまり、命令形の「け」と、「さけり」の「け」とは共に家（ケ甲類）で同じだということが分った。已然形なら「佐気」とあるべきで、「け」が乙類になる。その結果、橋本先生は「り」は命令形につくと考えるべきであるとおっしゃったわけです。ところが世間一般の人の受け取り方では、命令の下に「り」がつくのはおかしいじゃないかと考える。そこでみんな困ったんです。

丸谷　それは困りますね。どうしましたか。

「あ」と「よ」の区別

大野　ところがね、これは非常に簡単なことなんです。「花咲けり」という形は「花咲きあり」というのがつまって出来た形なんです。ローマ字で書きますと、sakiari となります。この中のiとaがくっつきますとeになって、sakiari→sakeriとなる。
　古代の日本語では、母音が二つ続くのは大変嫌いました。それを避けるために、母音が二つ続くときには、どちらかを落すとか、二つの母音の間に何かを挟むとかいたします。たとえば、「春」(haru)と「雨」(ame)が一語になると「春雨」(haruame)となって母音が続くので困るから、harusame(春雨《はるさめ》)となってsを入れた。
　それからもう一つは、融合して別の母音をつくることがあります。「イア」という連続ならば、それは「エ」の甲類にかわりました。「咲きあり」はsakeriとなる。ところが実例を調べると、命令の場合も「咲け」(sake)で、偶然、サケリのサケと命令のサケという部分が一致した形になっちゃった。
　だから元来サケリの「サケ」は、命令のサケとは意味上関係がないのです。ただ、命令形と形が一致したということなんです。つまり、命令という機能の上に「り」をつけたのではなくて、形がたまたま同じになっただけということなんです。
丸谷　よかったですね(笑)。
大野　それでは命令の「エ」の甲類[e]はなぜ出てきたのか、それを私は説明したことがあるんです。
丸谷　そんなことができるんですか(笑)。
大野　それをやったことがあるんです。それは、命令形はどうして出来たものかということを考えたんです。命令形という形は、相手に命令するんでしょう。命令するときは何か感動詞を加えていうんですね。たとえば「起きイ」とか「起きロ」とか。昔は何を加えたかというと、ヨという感動詞と、アという感動詞を使ったろうと見るんです。「咲け」という命令形は sake という、ケの甲類で書く言葉です。ところが、「咲ケリ」の変化のところで sakiari → sakeri と変化したんだと考えたわけですから、命令形の sake も語形としては sakia から変わったんじゃないかと推測してみる。

そうすると、saki の i は名詞を作る語尾だから、saki は、「咲クコト」にあたる。その後ろについた a は感動詞の a と考える。すると saki（咲クコト）プラス a（感動詞）で、いわば「咲クコトヨ！」という意味になって、命令の気持をあらわすことになる。形の上では sakia → sake という変化です。こうして命令形サケが成立したことになるでしょう。

「咲ケリ」の場合は saki ari という形でしたから、a は「有リ」の頭の a の音でした。「咲ケ」の場合は saki a という形で、この a は感動詞でした。だいたい四段活用の場合は、古来、行ケ、咲ケ、食へと言って、起キヨ、受ケロのようなヨやロはつけないでしょう。なぜかといえば、咲ケ、書ケ、食へという形の中に、今お話ししたように、すでに a という命令の意味の感動詞が含まれている。だから四段活用ではヨとかロとかをつけないんだというのが大野珍説です。

丸谷　それは発表なさったんですか。

大野　発表しました。「日本語の動詞の活用形の起源」といういかめしい題の論文があるんです。それを書いたのは昭和二十八年です。

今お話ししたような形は、四段活用とラ行変格とだけで、「起きよ」だとか「受けよ」とかいう二段活用のほうは、「起き」とか「受け」とかいう連用形は乙類の音なんですが、乙類の後には「あ」はつかないで、「よ」がついて命令を表わしたと考えたわけです。

このように考えると命令形の成立事情は非常に綺麗に解けるのですが、私の困るのは、いま問題になっている未然形や已然形が、私の動詞の活用起源論ではいちばんむずかしく、今でもうまく解けないんです。

丸谷　そういう意味だったんですか。私が前から、已然形はむずかしいと言うと、大野さんもむずかしいとおっしゃる。私のむずかしさと大野さんのむずかしさは違うはずだと思っていたんですけれど、これで納得がゆきました。

大野　学問というのは実証主義だから、実際の証拠がないのはだめだということになり、私の考え方はきわめて空想的だということになります。しかし、私は古代の発音の研究から学問に入って行ったもんですから、古代の発音のことはかなり知っているつもりです。その発音上のさまざまの事実を上代国語のいろんな現象に持ち込んでみて、エ列の甲類［e］の音があれば、それは［ia］という形から転化してきたというふうに置き換えてみる。また、エ列乙類があるときには、それは［ai］→［ë］という変化からきたんだというふうに置き換えてみる。そういうふうにして、古代の動詞の活用形全体が組織立って説明できるかどうかを考えているわけです。

私はいまの場合、命令形のことでお話ししたんですけれど、実は終止形も連体形も、それから連用形も、みな同じ考え方で推理して説明をつけてみようとしたんです。

発音というものは人間の頭のなかで組織的に比較的簡単な形に組み立っているものだから、それが変化し移っていくときは、必ず一つの方向性がある、あるいはそれなりの同一性があるはずなんです。そういうことを考えに入れて、動詞の活用形の起源というものを考えてきました。

この活用形の起源の研究をやった結果、実は動詞の活用の七割を占めている四段活用は、子音・母音・子音が語根で、その後に母音が一つくっついて、二音節の言葉になって動詞が出来ているに違いないというように私は考えざるを得なかったんです。

ところが日本語は、みんな母音終りであるというのが鉄則ですね。それに対して私が推理した結果は、子音・母音・子音で語根が終っているわけで、子音終りということになり、世間一般の鉄則と違った結果が出てきてしまったんです。

そこで、私は非常に困ったんですが、自分の推理の命じるままに、昭和二十八年に論文を発表したんです。ところが実は、最近、タミル語と日本語の単語の中に対応語といえるものが四百語以上見つかって来た。

　そのタミル語の語根は、子音・母音・子音で成り立っているんです。その点で、日本語の語根を「子音・母音・子音」という三つの要素で成り立っていると見ることは、何も抵抗がない、むしろ都合よく一致するんですね。それが、今日、その学問の到達点なんです。つまり日本語の動詞の語根が、子音・母音・子音であるということと、そのタミル語の語根の形が、子音・母音・子音であることとはつながりそうに思えるんです。これはまたこれで、もっと詳しくお話ししなくてはいけませんが。

　このごろ思うんですけれど、若いころ推理した結果は、決しておろそかにすべきものではなく、それを証拠立てることがすぐできなくても、全体を統一的にとらえている推理の結果は、後に多くの資料をつき合わせていくと当たる場合があるんだなということです。

「こそ」の移り変り

連体形で結ぶ「こそ」

丸谷　係結びの「こそ」は已然形で結ぶことになってますが、上代では形容詞の場合、連体形で結ぶことがありますね。あれはどう考えたらいいんでしょうか。

大野　已然形というのは、この前お話ししましたように、すでにそういう事態になっているからというのと、なっているけれどというのと、二つが使い方の主なものでしょう。このように已然形とは、すでになっているということをいう形だから、已然形には時間的な認識がまつわりついているんですね。

　ところが、形容詞は「美し」とか、「長し」とか、「高し」のように、時間に関係なく、物について言う言葉なんです。それに対して動詞の根本的性格は時間という場において物事がおこなわれている、進行する、あるいはなされることを表現するところにあります。

つまり形容詞は、時間の場は捨象して、全く無時間的に物をとらえる。たとえば「花美し」といった場合には、目の前の花が美しい場合でも、「この花は」「美しいという属性をもっている」という言い方です。その属性は時間に関係なくとらえられていて、「美しいという性質のものである」と言っているんです。時間にともなって変化することとしてはとらえていない。時間に関係がないとしてとらえている。だから、形容詞には、美しい、美しく咲く（連用形）、美し（終止形）、美しき花（連体形）のような三つの使い方はあったけれども、時間的に変化することによって成就する命令とか、已にそうなっていることを示す已然形とかは、はじめ形容詞には無縁だったんです。「美しくあれ」のようにものの性質に命令するということは非常にまれなことですから、命令形はなかった。それから已然形ですが、已然形は、さっき言ったとおり、時間的にすでに成立しているということを示すのですから、時間の要素を最初から非常に濃くもった形です。だから、それは形容詞には本来はなかったんです。それで上に「こそ」という強調の言葉がきても、「こそ美しき」というように連体形で閉じる、ということになっていたわけです。

ところが、形容詞の使い方のうえで、「美しければ」とか、「悲しければ」というように、美しいので、悲しいのでと、形容詞をもっと複雑に使おうという心持が熟してきた。おそらく、漢文の翻訳、訓読などで必要が生じたんでしょうね。奈良朝から平安朝にかけて形容詞に已然形が作られはじめました。奈良朝にはまだじゅうぶんに発達していませんでしたが、平安時代になると、形容詞は已然形が広く発達して来て、「……だから」という形が一般化したんですね。

丸谷　形容詞の活用が未発達だったから、連体形を使ったわけですか。

大野　そういうことです。たとえば、『万葉集』の、

海《わた》の底おきを深めて生ふる藻のもとも今こそ恋はすべなき

これは、いまこそ私の恋の切なさはなんともするすべもないと言っているわけです。それから、

玉くしろ巻き寝る妹もあらばこそ（許増）夜の長けくも嬉しかるべき

これは、手で巻いて寝る妹でもあるのならばこそ、夜の長いのも嬉しくあるべきなんだけれど、自分一人で寝ているから夜の長いのはちっとも嬉しくないという意味です。この場合、のちの世ならば動詞風に「嬉しかるべけれ」となるところだけれども、まだ『万葉集』の時代には、こういう場合「べけれ」という形が発達していなかったから、

「嬉しかるべき」という連体形で応じているということですね。

丸谷　「こそ」の語源は、『あゆひ抄』では、「これ」「それ」をつづめたものとしているそうですが……。

大野　「こそ」の語源を強いてきめようと思ったら、「こ」は「此」、「そ」は「……ダ」という意味の「そ」と見る方がいいと思います。つまり「こそ」は「これだ」という意味だったと言いたいですね。「そ」は指定の「そ」です。途中で「……これだ」と強めるために投げ込んだ言葉だったと思いますね。

丸谷　それは説得力がありますね。あの強さの感じがよく出ていますね。

大野　「これそれ」じゃ、どんな話かわかりませんからね。

丸谷　『あゆひ抄』の「あゆひ」というのはどういう意味なんですか。

大野　「あ」は足ということで、「あゆひ」で脚に結うものということです。つまり人間の着物のなかで脚結《あゆい》というものは脚につけるんですから、いちばん下につけるものでしょう。助詞や助動詞は文の下の部分につく、だから下の方につくということです。

丸谷　『あゆひ抄』の「これそれ」という説は、なんだかピンとこなかったんですが、大野さんの説はとってもすっきりして、納得がいきますね。

大野　いや、「こそ」について「これだ」と見るのは一つの仮りの説にすぎませんでね。全体として見ると『あゆひ抄』の説明は、古い和語でつけてありますから、ちょっと見ではピンとこないことがあるんです。しかし、よくよく分ってから見ると、おそるべきことに、ぴたりと言いあてであって、余分の説明が一つもない。そういうのが多いんですよ。私のは、今の人には分りやすいかもしれません。しかし専門家はみんな、そっぽを向いているのが少なくないんです。私のは新説ではなくて、大野珍説かもしれません。珍説（tsinsetsu）というのは、タイムが流れてtが取れるとsinsetsu（新説）になる（笑）。

丸谷　そういうものですよ。最初はみんなびっくりするだけですからね。

大野　その次には、必ず反対しようとしますね。どうせ古いことなので、材料が少なくて反対されても仕方がないことがあるわけです。

丸谷　「こそ」の語源のこともそうですが、大野さんの係結びの説明は非常によくわかりますね。実はこの間から橋本進吉先生の文法の、係結び、已然形のところを読んでいるんですが、たいへん為になるけれど、なにか知識が断片的に並んでいるという感じでしてね。お話をうかがって、渇をいやされたような気がしました。

橋本文法への誤解

大野　これは言いにくいことだけれど、橋本先生の文法説が戦争中国定教科書に取り上げられ、いわゆる「文節」の概念が文法の基本となり、それがいまの中学校、高等学校の一般的な文典の基礎をなしていますね。

橋本先生は偉い先生だし、橋本文法の説ももちろん値打ちがあると私は思うけれど、橋本先生の文法研究は文を音声の面から見たらどうなるかという観点が中心です。

それは、その前にあった山田文法とか松下文法とかが、文はどうして成立するかということを、非常に論理学的に、また心理学的に突き詰めようと努力してあった。だから、別の観点から文法を見ようということで、音声の面からはこういうふうに見られますよということを明らかにされました。橋本先生は日本語の音声の歴史の研究家ですから、その立場から述べようとされたわけです。

ところが、その橋本先生の行き方だけをまるで金科玉条のように取り入れてみると、音声の面からだけでは、文法は決してとらえられないものなんです。心理学的に、論理学的に文はどうしたら成り立つかというようなことを扱う必要がある。「私が大野です」も「私は大野です」も、文節の見方からでは区別がつかない。こういう問題がごっそりと欠落した形で、いまの学校の文法教育がおこなわれているんですね。だから、音声の面から文をとらえた文節中心の文法では、文法なんかいくら習っても役に立たず、つまらないものだという観念にとらわれやすい。それは、つまり文の論理学的、心理学的な面の探求あるいは説明ということが、中学校、高等学校の文法の段階で、ちっとも無いことと関係が深いんです。これはなんらかの形でもっと改めなければいけないと思っています。

丸谷　なるほど、思い当るふしがありますね。

大野　だから橋本文法だけでやってはいけないんですね。これは非常に言いにくいことだけれど、やっぱり言っておいた方がいいと思います。

丸谷　松下大三郎という人は、大変りっぱな仕事をしているらしいですね。

大野　そうです。『標準日本文法』という本など、とりつきにくい本ですが、「は」や「が」の区別などもすでにちゃんと書いてあります。あの文法を抜け出すことは大変むずかしいことなんです。山田文法や松下文法をちゃんとやらなくてはいけないんだけれど、橋本文法から入ってしまうと、音声的な説明が基本になって論理的観点や心理的観点が落ちてしまう。橋本先生の文法は最初形式から入りながら、先生はずっと先までいろいろ考えて分っておられたんです。けれど、初歩のところだけでやめると文法が単なる形式だけで終ってしまい、毒にも薬にもならない文法になるんです。一面からいえば、それだから楽な文法でもあるんです。

丸谷　ぼくが中学で習った教科書も橋本文法じゃないかと思いますが、あれでゆくとなんだか全体の見とおしがうまくゆかないような気がします。

大野　文法は体系です。人間が心のなかに文法のシステムを心理的に、論理的にもっているんですから、それを目の前に見えるように言葉で表現しないといけないんです。それを橋本流では音の形式の面だけから見るから、大事な面が落ちてしまうおそれがあるんです。

丸谷　橋本文法も非常に鋭いものがあるんですけどね。

大野　もちろんです。そして、橋本先生は、山田文法、松下文法を見たうえでご自身の方法を書いているわけで、今日の普通の人は、そちらをそっちのけにしてしまって、橋本文法だけを見るからまずいのです。

恋歌のやりとり

丸谷　係結びの「こそ」をもういっぺんここでやりましょう。これを丁寧にやったほうが、読者にも私にも具合がいいと思うんですよ。『万葉集』の志斐嫗《しいのおうな》、

否と言へど語れ語れと詔《の》らせこそ志斐《しひ》いは奏《まを》せ強語《しひがたり》と詔《の》る

大野　「私に向って、話をしろ話をしろとおっしゃるからこそ、私、志斐嫗はお話を申し上げたのに、それを強語《しいがたり》とおっしゃるとは」というわけです。

丸谷　とは、なんという無茶なことではありませんかという、そこのところは、省略せずはっきりあるわけなんですね。

大野　それは、歌としてちゃんと言葉に出ている場合と、言葉に出ていない場合とあるけれども、その意味は、全部の場合にあるんですね。たとえば、

梓弓《あづさゆみ》末は寄り寝む現在《まさか》こそ人目を多み汝《な》を端に置けれ

いまのいまこそは人目が多いから、おまえを端っこに置いているけれど、将来はいっしょに寝ようという歌で、「梓弓末は寄り寝む」と、ちゃんと答がはじめに置いてあるわけです。しかし、これがない歌があります。たとえば、大伴家持の、

後瀬山《のちせやま》後も逢はむと思へこそ死ぬべきものを今日までも生けれ

後にでもお前に会おうと思うからこそ今日までも生きているのに（おまえは私を疑ってあれこれうるさいことを言う）。この場合は、言いたいことが、表現されずに言外にあるわけです。それから、

妹が名もわが名も立たば惜しみこそ富士《ふじ》の高嶺《たかね》の燃えつつ渡れ

これは、その頃富士山が煙をはいて燃えていたということを知らないと分らない歌ですね。恋人の噂も私の噂も、世間に広まったら惜しいからこそ、富士の高嶺のように、もやもやと煙をはきながら生き渡っているのにということです。「妹が名もわが名も」と言っているから、男の歌ですね。男が女のところへ行かなかったから女がすねたんです。どうして来てくれないのとうったえたわけです。それに対して男が、世間の評判の立つのを警戒して富士の高嶺の煙がもやもやしているように、おれがはきはきせずに辛抱して生き渡っている（のは、後ではっきりとお前と一緒になろうと思っているからだのに）。（おまえはおれの気持が分らないであれこれと言うんだね）と言っているわけです。同じような趣旨の歌がたくさんあります。

明日香川七瀬の淀に住む鳥も心あれこそ波立てざらめ

明日香川の淀瀬に住む鳥も、こうしようという意図があるからこそ、波を立てないでいるのだろうに（おまえは私の意図を察しないで、あれこれと言う。私も心があるからこそ、じっとして時を待っているのに）。おまえさんは分らないんだねと。

丸谷　藤原俊成が、のちに藤原定家の母になった女の人に宛てた恋歌がありますね。

よしさらば後の世とだに頼めおけつらさにたへぬ身ともこそなれ

大野　「よしさらば」は、よし、それならばせめてあの世（で一緒になろうと）だけでも頼みにさせておいておくれ、そのあなたの態度の辛さに耐えない身となってしまうといけないから、というんですね。「もこそ」とか「もぞ」とかは、「……になるといけないから」で、危惧、懸念を表わします。

丸谷　下が上に引っ繰り返るんですね。

大野　この場合はそうですね。これはずいぶん手のこんだ、見事な歌ですね。かなり切実に歌われているんですね。

丸谷　理屈の混み入り方と情の切迫とがうまく混じっているところがすごいんです。それに女の人がうまくあわせてますね。

頼めおかんたださばかりを契りにて憂き世の中の夢になしてよ

『新古今』巻第十三恋歌三のおしまいのところにこの二首が並んでいます。巻軸歌というのは巻頭歌についで格が高いんですが、『新古今』の恋歌の巻が五巻あるうち、巻頭巻末に男女の歌のやりとりがペアで並んでいるのは、これと、それから恋歌四の巻頭の二首とだけです。訳をつければ——後世《ごせ》を約束してあてにさせてあげます。それだけを縁にして、あきらめて下さい。これまでのことは現世のはかない夢と思って。

大野　これはまた大変な女の人だ。惚れますね（笑）。こういうことを言ってくれる女の人がいたら惚れるでしょうね。

丸谷　これは『新古今』の手法をちゃんとマスターしているわけですね。「頼めおかん」という初句切れをバーンとぶつける。こういう歌を詠む女の人が出たら恋心が増しますね。『新古今』の恋歌のやりとりのなかでは、この俊成の歌がいちばんいいんじゃないでしょうか。

大野　りっぱな歌ですねえ。

丸谷　普通、理屈が混み入ってくると、口調がたるんでくるでしょう。

大野　概して理屈が混み入ってくると、理屈に負けて歌としての流れ、切迫感が減ってくるんですが。

丸谷　論理性と情感の激しいほとばしりとが、うまく一致しているというのが俊成の歌で、しかも女のほうもそれに負けないで二首続いたというのがすごいですね。こういうのを読むと、遺伝というものを信じたくなるんですね。なるほど定家が生れるはずだと……（笑）。

「こそ」は感情的強調

大野　「こそ」でもう一つ大事なことは、感情的に強調することが多いということです。たとえば、こんな歌があります。女の人の歌ですが、『万葉集』の、

川上の根白高萱《ねじろたかがや》あやにあやにさねさねてこそことに出にしか

丸谷　この歌はむずかしいですね。

大野　「川上の根白高萱」までは、「あやにあやに」を引き出すための序ですね。「あやにあやにさねさねてこそ」とは、目もくらむようにいっしょに寝たからこそ、という意味です。「ことに出にしか」とは、噂に出たのに、ということで、こののにをつけないといけないんです。「川上の……」という序も単に音の上の序だけではなく、二人が人目を避けて逢った場所の記憶がからんでいるかもしれません。

丸谷　噂に立ったけれど、私の恋は揺らぐはずがないということですね。

大野　そうともとれますが、私は、これを男を恨んでいる歌だと思ってきました。つま

り男を知らなかったこの女は、男といっしょに寝たときに目がくるめいてしまって、なんのことかわからなかった。「そんな状態で逢う瀬を重ねてきたからこそ、噂に立つようになったのに、今になるとあなたはもう逢えないなどというとは」という歌でしょう。相手をとがめ、恨んでいる歌と私はとりました。「言《こと》に出にしか」とは「噂に立ったのに」という意味ですから。

丸谷　なるほど。そのほうがいいみたいですね。

大野　いずれにしても、「こそ」はただ事柄を強調しているだけではありませんね。たとえば、これも『万葉』の、

昨日見て今日こそへだて吾妹子《わぎもこ》がここだくつぎて見まくしほしも

「昨日見て今日こそへだて」とは、きのう会って今日たった一日隔たっているだけなのにということです。これを単に論理的にだけいうならば、「昨日見て今日へだつれど」といえばいいのです。けれど、一日へだてるということは、事柄としてはたった一日だけど、気持のうえでは、ひどく切迫しているわけでしょう。昨日会って、たった今日一日隔たっただけで、「吾妹了がここだくつぎて見まくしほしも」は、わが妹子をこんなに絶えまなく見たいと思うのは、自分でも変だと思うくらいだといっているんです。

こういうように、「こそ」がついてくると、物ごとがきわめて感情的になる。だから漢文の訓読には「こそ」が使われないんです。

丸谷 あ、そうですね。

大野 漢文の訓読では、主として事柄を論理的に運ぶように読むわけだから、そういうところへは「こそ」は入りようがないんですね。「こそ」は選抜した対象を感情的に強調して、下が逆接になるときに使います。次の歌などもそうです。

昔こそ難波田舎と言はれけめ今は京引《みやこ》き都びにけり

昔こそは難波は田舎だといわれたろうけれど、いまはもう都がそこへ移って、本当に都らしくなったなあと感慨をもよおしているわけです。

昨日こそ君は在りしか思はぬに浜松が上に雲とたなびく

たった昨日こそあなたは生きていらっしゃったのに、思いがけず（火葬にして）、今日は浜松の上にもう雲とたなびいてしまわれたということです。これも論理的強調というよりも、びっくりしたとか、悲しみにたえないとかいう感情で強調するということですね。

「ど型」「のに型」「ものを型」

大野　係結びの「こそ」とくると、下が「……だけれど」というふうになるということは繰り返し申し上げた通りです。そこから発展して、「……なのに」という形になる場合もある。それで、私はかりに「ど型」「のに型」「ものを型」と名前をつけました。つまり補うべき言葉として「ど」を使うものと、「のに」を補うものと、「ものを」を補うものというふうに考えたわけです。「ど」を補うものがいちばん古い形です。『万葉集』の歌は、ほとんど大部分が「ど型」なんです。「ど型」の次には「ものを型」「のに型」となるので、『万葉集』の「こそ」はこの三つでほとんど全部説明がつくんです。
「ど型」の例は、「已然形とは何か」のところであげた、

　われこそは憎くもあらめわが宿の花たちばなを見には来じとや

私こそは憎いでしょうけれどというわけです。それからさっきの、

川上の根白高萱あやにあやにさねさねてこそことに出にしか

これは「のに型」に入ると思うのです。ところが、『古今集』になると、「ど型」「のに型」が六割ぐらいで、あとは単なる強調になるんです。『古今集』の、

昨日こそさなへとりしかいつの間に稲葉そよぎて秋風の吹く

たった昨日こそ早苗をとったばかりなのに……。これは「のに型」ですね。ところが、

色よりも香こそあはれと思ほゆれたが袖ふれし宿の梅ぞも

これを、「色よりも香こそあわれと思われるのだが」ととったんじゃおかしいでしょう。これを「のに型」ととってもおかしいんですね。この場合は、色よりも香こそ本当にあわれだと思われるなあという、全くの強調だけになっているわけです。これはそういう例としては古いほうに属する歌ですね。

人しれぬ思ひをつねにするがなる富士の山こそわが身なりけれ

これは、人知れぬ思いをつねにするするがの国の富士の高嶺こそ、私そっくりだなあというので、富士山はいつも煙をはいてくすぶっていましたから、ちょうどわが身と同じだなあというふうに詠嘆調になっているわけです。

丸谷　あるのにとか、そういうことはないですね。

大野　ないですね。いまあげた二つは新しい使い方、つまり古いところでは「こそ……だけれど」「こそ……ものを」「こそ……なのに」といったようにかかるのが普通だったんだけれども、それが、「こそ」ときたら強調するんだという風に変わって来て、『古今集』になると、下のほうで「……ど」とか「……のに」と引っ繰り返らないで強調だけとして使う使い方が広まってきたわけです。『古今集』のなかで四割くらい、単なる強調という使い方があるんです。そして、それが、だんだんとふえて来ます。

　たとえば『枕草子』になると、「青色の淵こそをかしけれ」といったような、単なる強調で使う場合が圧倒的に多いんです。ところが、一方『源氏物語』の「こそ……已然形」を見ると、今度は「ど型」「のに型」「ものを型」といったような古い意味で使う例が多いんです。

丸谷　そうすると、『源氏物語』は古風なものの言い方をしているということですね。

大野　そうです。『源氏物語』の作者は、わざと当時としてはいささか古めかしい文章で書いているんですね。それに比べて『枕草子』は当時の新しい口語体のままで書いている。しゃべり言葉で書いているんですね。

丸谷　山田孝雄《やまだよしお》の『源氏物語の音楽』という本を見ると、前代の情景を書いている小説だということを、楽器その他の使い方によって考証してますね。それにふさわしく文体も前代の文体で書いているわけですか。

大野　その通りです。紫式部は多少古い言葉づかいで書いている。そしてあの人は、言葉づかいについての非常に鋭い意識でもって、あの文体を統一しているんです。『源氏物語』のなかに、漢詩を朗詠するところがありますね。それから漢詩を引用しているようなところがありますね。ところが、今日の漢文の訓点学でもって復元した『白氏文《はくしもん》集《じゅう》』の訓読法と『源氏物語』に引用された『白氏文集』の訓み方の言葉とがぴったり一致するんです。だから彼女は当時のちゃんとした漢文の読み方を知っていて、その漢文の読み方の通りに物語の中へ入れていることが分ります。

それから、たとえば男と女の言葉で、禁止をする場合に、「な……そ」と出てきますね。これはだいたい女が使う。女同士でも使う。それから女が男に使う。つまりやさしい言い方なんです。

丸谷　男も女も使うでしょう。

大野　もちろんです。ですが、男が女に使うときは、やさしくしてやるときに使う。たとえば、源氏が紫の上に言い聞かせる場合に、「……な」という禁止の言い方をすることがある。それから下男に言うときにも、「……な」と使う。「な……そ」を使わないで「な」でいくんです。

つまり年のいかない紫の上に教える態度の時には「……な」という。また下男に命令する時も「……な」と使う。一人前の女にやさしくいうときは「な……そ」を使う。そういうところにも、かなり神経を使って書かれているわけです。そういう文章の中で「こそ」の使い方として「ど型」「のに型」「ものを型」がかなり多いということは、全体の文体がやや古いところをねらって統一しているということなんですね。

「こそ」の展開と滅び

大野　こんな風に「こそ」の用法は展開してきたんですね。ですから「こそ」の使い方をリトマス試験紙にして、半安時代の和文、いろんな作品の文体が、口語的であるか、文語を志したかを見分けることが出来ると思います。たとえば、『新古今集』の場合の、

ほのぼのと春こそ空に来にけらし天の香具山霞たなびく

これは「来にけらし」と言って、形のうえでも「こそ」の係りが不鮮明になっていますね。

丸谷　この「けらし」は「けるらし」の短縮形でしょう。「らし」は、○／○／らし／らし／らし／○ですから、たしかに已然形ですけど、「こそ」を受ける感じがあんまりないですね。

大野　それから寂蓮《じゃくれん》の、

　老いの波越えける身こそあはれなれ今年も今は末の松山

これは「身こそあはれなれ」と言い放っていて、「なれど」みたいな言い方ではないですね。『新古今』の時代になると、「こそ」は単なる強調が非常に多くなってきているんです。

丸谷　『新古今』読人しらずの、

　音にのみありと聞き来しみ吉野の滝は今日こそ袖に落ちけれ

これも、別に引っ繰り返ることはないですね。素直な歌ですね。

大野　だから『新古今』の頃になると、歌の世界でも「こそ」が引っ繰り返りになるというのは、むしろ非常に減ってきている。ただ、全然なくなったかというとそうではなく、今日でも、たとえば「学校に行きこそしたがね」というような言い方をしますね。ちゃんとした「こそ……已然形」だけでは言えないけれども、「が」をつけて「いっしょに行きこそしたが、俺はそんなことはしなかったよ」とか言いますね。だから「こそ」がくると、下が引っ繰り返りになることが今でもかなりあるんですね。気勢として、だいたい文の上の部分を非常に強調すると、下の部分がどうしても引っ繰り返ってくるんです。「こそ」についてそれがはっきりあらわれているのは平安時代の終りぐらいまでで、鎌倉以後になってくると、だんだんと「こそ」が単なる強調というふうになるようです。

係結びは、「ぞ」「なむ」「や」「か」という連体終止をするほうは、だいたい平安時代の終り頃で滅びてしまう。ことに「なむ」というのは、かなり早く滅びてしまったらしいけれども、「こそ」もだいたい並行して弱くなってきているということはありますね。

丸谷　この間、狂言を見ていましたら、「こそすれ」というのがありました。狂言には「こそ」がまだ少し残っているんですね。あの頃がほぼ境なんでしょうか。

大野　せいぜいその辺でしょうね。いまだって「こそすれ」なんかの場合は、「いきこそすれ」なんて言いますからね。

丸谷　それはうんと特殊な場合ですね。

大野　非常にイディオマティックになっているんです。そんなのが断片的には残っています。一般的に言って室町の末ぐらいまでは、ほかの「ぞ」「なむ」「や」「か」に比べて、「こそ」の係りがまだまだ生き残っていたんですね。「こそ」と、下の已然形が応じ合う場合がまだ多いようです。

丸谷　それは、「こそ」という言葉自体がきついからですね。

大野　そうでしょう。だから譲歩形になって、あとになって引っ繰り返しになりやすいから……。

丸谷　これが滅んだ理由というのはどうしてなんですか。

大野　「こそ」が滅んだのは、已然形の機能が、不明確になってしまったこと。つまり已然形がなくなったということです。前に言いましたように、已然形という形は、その直ぐ下に「ば」とか「ど」とかをくっつけなければ、已然形としての働きはもてなくなってしまったでしょう。

丸谷　それが、すでに已然形としては衰弱のしるしですね。

大野　そういうことなんです。その上、已然形に「ば」がついた形は、本来、已然条件を表わしたんだけれども、それが条件句として仮定条件を表わすように変化して行ったんです。例えば昔は、「雨降らば」は「もし雨が降ったら」ということで、「雨降れば」

は「雨が降るから」だったのに、「雨が降ると」という意味になり、次には「もし雨が降れば」と使うようになって仮定法へ移行したでしょう。これは全く已然形の滅亡です。ですから現代口語では、已然形と言わず仮定形といいますね。

つまり非常に古い時代には已然形だけで閉じるという形があったところに、その上に「こそ」を投入して、已然形を「ど型」にするという習慣が成立した。ところが、それが「のに型」「ものを型」と展開するうちに強調だけになり、ついで、「ど」をはっきりと加えなければ逆接は表現できなくなって来た。それは、「こそ」と「已然形」との呼応だけではもう本来の機能は果せなくなったということで、つまり「こそ」の係結びの滅亡ということではないでしょうか。

丸谷　それで崩壊してしまう。

大野　そういうことですが、ただ、歴史のうえでは、「こそ」がいちばん長生きで、室町の末ぐらいまで生きていたらしいですね。

主格の助詞はなかった

ヨーロッパに似せて

丸谷　中学生のときの国文法では、係結びといえば、「ぞ」「なむ」「か」「や」「こそ」だけで、「は」「も」が係りの助詞だなんてことは教わりませんでした。それで、「は」はなんとなく主格の助詞だと思っていたわけですね。ですから最近の国文法で、「は」「も」が係助詞となっていると聞いてびっくりしていたんですが、今度少し勉強して、なるほどそうなのかな、という気になってきたところです。

山田孝雄の文法の本に引いてあったんですが、『歌道秘蔵録《かどうひぞうろく》』にこういう物覚え歌があるそうです。「ぞる　こそれ　思ひきやとは　はり　やらん　これぞ五つのとまりなりける」というのですね。「ぞる」「こそれ」はいままでのところで分ります。「思ひきや」ときたときには「とは」ととまる。たとえば小野篁《おののたかむら》の「思ひきや鄙《ひな》のわかれに衰へてあまの縄たきいさりせんとは」がそうですね。「は」ときたときには「り」、「や」

ときたときには「らん」ととまる、それが歌を詠むときの心得だという和歌なんです。これは室町の頃のものだそうですから、その頃から、「は」ときたときには終止形で終るというのは意識されていたわけで、「は」が係りの助詞であるということは、ずいぶん前から気がついていたんですね。とすると、「は」が主格の助詞だとわれわれが漠然と思っていたのは、あれは英文法の影響なんでしょうか。

大野　そうですね。明治時代から後に、英文法をもとにして、大槻文彦が日本語の文法を組み立てた。そのときに、ヨーロッパでは文を作るとき主語を必ず立てる。そこで「文には主語と述語が必要」と決めた。そこで、日本語では主語を示すのに「は」を使う、と考えたのです。ヨーロッパにあるものは日本にもなくてはぐあいが悪いというわけで、無理にいろんなものをあてはめた。たとえばゴッドという概念は日本にはないものなのに、それを日本に移すときには、言葉がないから非常に困ったと思うんですが、それを「神」と訳したわけです。その結果、日本人はヨーロッパ理解において、混乱したと思うんです。ヨーロッパのゴッドは単一のもので、ゴッドの複数は考えられないでしょう。しかし、日本のカミは八百万もいるわけで、「ゴッド」と「神」とは全くちがう観念なのに、ゴッドを神と訳したために、ヨーロッパのゴッドの意味が正しく理解しにくくなったでしょう。そういうものの一つに、いわゆる「主語」があるんですね。

丸谷　つまりヨーロッパ風の意味では、日本語には主語というものがない。それを、

「文」である以上なければおかしいというので無理やりにこしらえたんですね。

一体に文化の輸入には、憲法とか鉄道とか病院とか、ないところに輸入して一向困らないもの、あったほうが便利なものと、無理やりにつくるものだから非常に変になってくるものとあるわけですね。その場合、前者は具体的なもので、これはおおむね重宝する。ところが後者は具体的なものじゃなく、概念で、これはいちおう便利なんだけれど、そのせいでいろいろこんがらかってくる。

あとのほうの例としては、たとえば大小説家という概念がそうだろうと思うんです。日本人が西洋の文学というものを勉強して――この文学という概念も輸入品ですが――ディケンズとか、バルザックとかいう大小説家というものに出会った。そのときにまず感じたことは、日本にもこれがなくちゃ恥かしいということだったと思うんです。それでたとえば西鶴《さいかく》が書いたのは『好色一代男』だけだという森銑三《もりせんぞう》氏の説だと、たった一篇しか書いていない。たった一篇ではないにしても、そうたくさんじゃない。明治何年かに出た帝国文庫の『西鶴集』では今よりずっと少なかったそうです。しかしあまり書いてないのが大小説家では困るから、どんどんふやしていった。つまりヨーロッパ文学の姿に合わせようとしたと思うんです。どうやら主語もそういったものなんじゃないか……。

「は」の誤解の根

大野　どうしてヨーロッパ語で「主語」が必要かというと、もちろん内容的に、動作の主となるものを必ず言うという習慣があるからだけれども、それとは別に、英語ではあまりはっきりしないことですが、ドイツ語やフランス語では主語を立てなければ動詞が使えない。つまり動詞の語尾は一人称の単数ならどうなるとか、二人称では、三人称ではと、動詞の尻っ尾と主語とが相応じている。だから、動詞一つ使うために主語を決定しなければいけないし、主語なしには動詞というのはないんです。

私が高等学校に入ってドイツ語を習い始めた頃いちばん変に思ったことは、たとえば「勉強する」という動詞はシュトゥディーレンといいますが、その形は不定形だというんですね。これが人称によって形が変るわけです。その変った形を定形だという。しかし日本人の概念で見ると、一人称のときシュトゥディーレで、二人称がシュトゥディールスト、三人称はシュトゥディールトと変化するんだから、むしろシュトゥディーレンのほうが安定しているんじゃないかと思いました。それをなぜ不定形というのか考えてみると、不定形とは、無限定形とか不限定形とかいうことなんですね。それを漢字だけを頼っていくものだから、不定形といわれて、私にはどうも話が分らなかった。こんなふうに、翻訳を通して外国を理解しようとすると、さまざまの誤解が生じるんですね。お話のとおり、ものの輸入は見ればともかく分るけれど、観念の輸入はいろいろむつかしいことが起りますね。

その最たるものが「主語」で、向うで必ず主語を立てるから、日本語の文にも常に主語があるはずだということになった。そうすると、「われは日本人なり」という場合などを考えて、「は」は主語を表わすんだというふうになったんですね。これが、日本語の「は」に対する誤解の根本だったんではないですか。日本語を自分の目でよく見ること。自分の間違った思い込み、間違った固定観念から脱却すること。そのために何十年もかかっているわけで、一般にはまだ依然としてよく分っていない。言語には、万国共通の面がある、またそれぞれの言語がもつ表現形式の微妙な面がある。ところが、ヨーロッパのものを追いかけた時代には、日本語がヨーロッパの言語と違うんだということを、学者も文部省もはっきり認めにくいところがあった。それが文法の考え方に反映しているのでしょう。

橋本進吉先生の文法のことは、前にも申しましたけれど、先生の『新文典』(昭和六年)が出て、これが非常に分りやすいということで使われ、戦争中、橋本先生の文法論で中学校の国定の文法書をつくるということになったんです。

橋本先生のいちばん大きな仕事は日本語の音韻の歴史を組み立てたことだと思うんで

すが、もともとは文法に関心をお持ちで、橋本先生の卒業論文は文法です。ところが文法に関しては、山田孝雄、松下大三郎という二人の大変すぐれた研究家が出て、日本語を論理的、心理的に分析した『日本文法論』『標準日本文法』といった本が出版された。そこで橋本先生は、自分の音声学、音韻学の研究の面から文法を考えたらどうなるかという接近の仕方をなさった。その結果出てきたのが、文節という概念です。つまり橋本文法では、文は音声の始まりとともに始まり、音声の終りとともに終る、音の切れ目が意味の切れ目を表わす、というふうに、「文」の分析をつねに音の面から試みたんです。ところが、これでは不足なんですね。なぜかといいますと、文と同じく単語も、音の始まりとともに始まり、音の終りとともに終る。その点では文も単語も変らない。文と語とはどこで違うかということは、音声形式の面からだけではとても定義できない。そのところは、山田、松下両先生がやってきた。だから、それらはその二人に預けて、橋本先生は音声の面から文を説こうとされたんです。論理、心理の面から、文の本質に触れようとはされなかった。

丸谷　スピーカーの心理がなくなってしまうんですね。

大野　そういうことです。そういう橋本文法が依然として今日も主流をなしている。というのは、橋本文法によれば、文とは何かというような、国語の先生の文学趣味と合わないことは何も教えないで済むから、学校の先生がもっぱら橋本文法に従っているんです。

文というものが、どういうふうに仕組まれているかという中身に立ち入った話をするとなると、文を主辞と賓辞とに分ける。いっぺん分かれたものをつなぎの辞がまたくっつける。そこで、はじめて文という判断が成り立つといったような、ヨーロッパでやっているような話になるんです。それは厄介だというんで、そういう話は一切避けてしまう。

けれど、日本語をよくよく見れば、果して日本語では、ヨーロッパのような、主語を必ず立てて主語に応じて動詞が変化するようなことがあるかどうか。また、日本人は「AはBである」といったような言い方をいつもするか。そういうことが問題であることも分ってくる。日本語では、「君は」と言うと「うなぎだ」と答える、うどんの話なら「君は」と言うと、「かけ」とか、「おかめ」とか、「きつね」とか返事すれば済む。これはなぜだというような、日本語の問題をよく考えて、その本質をつきとめ、学校でもそれを教えるようにすれば、文法は生きて働くことになるんですが、それがなされていないんですね。

丸谷　この間、ある雑誌を読んでいましたら、自然科学の先生が、日本人は「僕はうなぎだ」などという野蛮な言語を使っていると、日本語をさんざんに罵っているんですね（笑）。それは日本語が野蛮なんではなくて、それを文法的に正しく把握しない自然科学の先生のほうがむしろ——野蛮とは思わないけれども——間違っている。

助詞の本質的役割

大野　日本語は、動詞が人称によって変化することはない。その点で、主語を立てて人称を区別する必要はない。しかし「春はあけぼの」みたいな文章をどう理解したらいいのか、という問題が出てくる。この「は」とか「が」とかを助詞といいますが、この助詞なる品詞は、他の品詞とどこが違うのか。また「降るらしい」とか、「そうではない」とか、「だろう」とかの助動詞の役割は何なのか。これは時枝誠記《ときえだもとき》先生が大いに力説したことなんですけれども、一般に助詞とか助動詞とかいわれているものと、名詞とか動詞とかといわれているものとは、日本語で担っている役割が本質的に違う。そのことをよく理解しないと、日本語の仕組みはよく分らない。

「大野」という単語には「大野」という指す物体があります。それから「取る」という動詞には、「取る」という言葉が指している動作がある。そこで、実際に「大野が取る」とか、「大野を取る」とかのように、「が」とか「を」とかを使って文をつくるには、「大野」と「取る」は材料になり、その材料を関係づけて操るのが「が」とか「を」の役目になる。「が」や「を」には実体はない。ただ、話し手の頭のなかの働きだけが表現される。この、指すもの、実物がなくて、頭のなかの操作だけを表わす言葉は、それが操る材料である「大野」とか「取る」とかとは、質的に全く違うんだということを、時枝先生は繰り返し言った。つまり、助詞というものは、本質的にそういう話題の物事や動作を操る操り方を表わす言葉だ、ここのところが大事なんですね。

「は」と「が」

大野　このことが、「は」を理解するときにひびいてくる。「は」はどんな操り方をする言葉かといえば、「は」とくれば、「は」の上にきた言葉は、話し手も相手ももう知っている題目として話し手が扱うんです。ここに「は」の役目がある。「春はあけぼの」といった場合に、「は」がついた以上は、「春」については、我も汝も話題として知っているという扱い方、操り方をする。相手が実際に知っていようが知っていまいが、それはかまわない。そして、「は」の下に、それについての答、説明を要求する。「山田さんは壊しました」と言うと、「山田さん」を、知っている人として取り上げ、それがどうしたのかを問うているのです。そこで、「山田さん」は、逃げたんじゃなくて「壊しました」という説明が加わる。これが日本語の「は」の基本なんです。

要するに古来日本では、「は」の上にくる言葉（その表わす物体でも、性質でも、何でも）は話題になって出てくる。これは目的語でもいい。たとえば「（ワインの）白け好きじゃない」というと、「白」は目的語ですね。それから「アメリカには行ったことがない」「ヨーロッパには行ったことがある」という場合、「アメリカには行ったことがない」「ヨーロッパには行ったことがある」ということで、「は」は場所格です。だから「は」は、動作の主をいう主格だとか、処分の対象をいう目的格だとか、あるいは場所格だとかいった、格には特別の限定はないんです。「白は」というと、それは一種の問題提起なんで、その問題に何か答えなければならない。「飲みます」とか、「飲みません」とか、「好きです」とか、「嫌いです」とか。だから、「は」は「は」の上の言葉（「は」の指す実体）を問題として提出し、下に答を求める形式なんです。これが「は」の根本なんです。そこのところがよく分れば、みんな解けると思います。
これは私が使った例だけれども、三好達治《みよしたつじ》の「大阿蘇」という詩がありますね。

雨の中に馬がたつてゐる
一頭二頭仔馬《こうま》をまじへた馬の群れが　雨の中にたつてゐる
雨は蕭々《せうせう》と降つてゐる
馬は草をたべてゐる
尻尾も背中も鬣《たてがみ》も　ぐつしよりと濡れそぼつて

彼らは草をたべてゐる
草をたべてゐる
あるものはまた草もたべずに　きよとんとしてうなじを垂れてたつてゐる
雨は降つてゐる　蕭々と降つてゐる
山は煙をあげてゐる

これは、「大阿蘇」という題がついていることをまず見なければいけないんですね。つまり「大阿蘇」が話し手と読み手との間の約束事項になり、それがすでに知られた情報ということになります。「雨の中に馬がたつてゐる」「一頭二頭仔馬をまじへた馬の群れが　雨の中に立つてゐる」と、これは「が」が使ってあり、描写です。「雨は蕭々と降つてゐる」。「雨」は前の行で知られたので、この行では「雨は」とすでに知られているものとして扱っています。その「雨」はどんな降り方かというと「蕭々と降つてゐる」と説明が加えられました。次は「馬は草をたべてゐる」と。「馬は」とあるのはもうご存じのというつもりを表わします。「彼らは草をたべてゐる」「あるものはまた草もたべずに」「雨は降つてゐる　蕭々と降つてゐる」「山は煙をあげてゐる」。実は「山」という単語はこの詩の中でははじめてなんです。だけれども「大阿蘇」という題がついているから、「山」はすでに知られているものとして扱って問題ない。

今度は、

中嶽《なかだけ》の頂きから　うすら黄ろい　重つ苦しい噴煙が濛々《もうもう》とあがつてゐる

と、「が」がでてくる。これは新たな未知の動きとして扱っている描写です。描写というのは、その場で見たらこういう動きが生じたという、知らない情報として新しく提供するものです。最後の二行に、

雨が降つてゐる　雨が降つてゐる
雨は蕭々と降つてゐる

とある。ここでは、「雨」が降っていることはもはや、書き手にも、読み手にも分っている。それなのに「雨」という言葉を、「が」でも「は」でも受けている。これはおかしいじゃないか、というふうに論難する人がいます。ところがそれではだめなんです。さっき助詞は、素材を操る言葉だと言ったでしょう。話し手の扱い方を示すと言ってもいい。だからすでに知られた材料でも、それを未知のように操り、あるいは未知のものをすでに知っているように操ることもできるのです。「が」で扱ったときは、その上は

未知の扱いで、全体としては描写ですよと扱っているわけです。ですからここの「雨が降つてゐる　雨が降つてゐる」は描写で、「雨は蕭々と降つてゐる」は、「その雨は」と題目を立てて、その下に「蕭々と降つてゐる」と説明を加えたわけです。

「が」の使い方ですが、たとえば知らない人の家へ行って、いきなり、「こんにちは、私が大野です」と言ったとします。これは困りますね。出てきた向こうの人はなんのことか全然わからないでしょう。ですから、そういうときには、もちろん「は」でなくてはいけませんけれども、かなり多くの場合に「が」でも扱えるし、「は」でも扱えることがある。しかし「が」を使えばそれの上は「未知扱い」となり、「は」を使えば「既知扱い」になる。この、操りとか扱いとかをよくのみこまないと、日本語の「は」と「が」とは分らないことになると思います。

丸谷　すると、前提条件があって、つまり三時なら三時に大野さんがお見えになるということが、そこの家の人がみんな分っていると、そのときに、三時にあらわれた人が、「私が大野です」と、こう言えばいいわけですね。

大野　そうです。「は」と「が」とを考えていくうえでは、事柄の文脈においてどういうふうな諒解が話し手と聞き手との間にあるかということを見るのが大事なんです。山田孝雄先生は、文法とは文の法なりとされたんです。そして文とはワン・センテンスなりというわけです。したがってつねに言葉が一つの文のなかでどういうふうに働くかだけに限って論じています。文脈は問題にしないんです。しかし、文脈を問題にしないと困ることが一つある。接続詞です。接続詞は前のセンテンスを受けるものだから二つのセンテンスの間に生じる関係を示すので、山田流では困る。それを山田先生はどう切り抜けたかというと、接続詞は副詞の一種なりとして、接続副詞という名前を与えて接続詞を一つのセンテンスのなかだけに収めたんです。こうすれば、なんとかして無理やりに収まらないことはない。

けれども、そういう考え方をされた結果、山田先生は、「が」と「は」との区別をうまく説明できなかった。なぜなら、「は」と「が」との使い方は、文脈のとり方によって決るもので、文脈は一つのセンテンスでは成立しない。ですから文章以外の状況を文脈として取り込んで使う語法は、山田文法では視野の外にあったと思います。山田先生は、「は」と「が」との使い方を生徒に質問されて、うまく答えられなかったことがもとで、文法の研究を志したんだそうだけれども、結局ドイツ語の文法などを読んで、日本文法を組み立てた。ハイゼなどのドイツ語の文法書をよく読んで、日本語のなかへ取り入れられるものは取り入れたらしいけれども、山田先生は日本語が文脈に依存して言葉を使う言語だということ、また「は」と「が」とでは承ける言葉を違って扱うという点を見なかったと思うんです。だから結局、山田文法では「は」と「が」とは、よくわかるように説明がついてはいないんです。

主格も表わす「が」

丸谷　ちょっと脱線の気味があるんですけれども、「が」という助詞は、昔はあまり使われなかったんではないですか。「の」が使われたのでは……。

大野　「の」と「が」では使われ方に全く差がありました。助詞の中でいちばん多く使われたのは「の」で、使用度数では「が」は十位までに入りませんでした。

丸谷　それで、主格に使う「が」は、いつ頃から出てきたんですか。

大野　主格に使って、下がマルで切れるようになるのは一般的には江戸時代からです。今は「私が行く」と言いますけれども、もとは「我が行く」で切れることはなかった。「我が行く道」みたいに下に「道」のような名詞（体言）がこなければだめだったんです。「わが国」「君が代」みたいな使い方がいちばん古い使い方です。

丸谷　それは所有を表わすものですね。

大野　所有、所属を表わします。要するに「が」とか「の」とかは、名詞と名詞の間に入って、「が」の上の言葉は所属の場所を表わしたんです。

丸谷　主格の「が」は、王朝和歌には全然出てきませんね。

大野　「が」「の」で下がマルになるのは、平安時代にも鎌倉時代にもまだありません。

ただし「の」の場合は、下が連体形で「山の高き」、そういうので終っているのならばあるかもしれない。

丸谷　すると、王朝和歌で主格を表わす助詞というのはないわけですか。

大野　日本語には主格を表わす専属の助詞はなかったんです。裸でよかったんです。「花美し」「山高し」とか、「花咲く」「われ行く」と言いました。動作の主体をきちっと表わす特別の助詞はありませんでした。「私が取る」のような言い方は、江戸時代になっておそらく主として関東から始まるんです。

丸谷　たいへんな進歩ですね。それは関東の人間が主格を必要としたわけですか。

大野　もともと関東では「が」をよく使っていたんです。「が」というのは、その上の人間が卑下するとか、その人間を蔑視するとかの場合に使うものだったんです。関東は関西から蔑視されていたし、関東人は卑下していたから、関西よりも一般的に「が」を多く使ったようです。

それが主格を表現する助詞にどうしてなることができたかというと、いろいろな条件が絡み合っていたんですね。まず係結びで「ぞ」「なむ」「や」「か」がきた場合に、倒置によって下の終結が連体形になったでしょう。その形がたくさん使われているうちに、倒置による強調ということが忘れられ、文末の連体形があたかも終止を兼ねる形のように受け取られはじめたんです。つまり古い連体形が終止の役目と連体の役目とを一つの形で兼ねるようになった。連体形は体言に相当する資格があって、名詞の代用をすることができますから、本来は名詞と名詞との間に入るはずだった「が」を「体言＋が＋名詞」の代りに「体言＋が＋連体形」の形で使うことが可能となった。そこで「此のやうな事がある」などという表現が江戸時代に広まったんです。つまり「事がある」といえば、「事」は体言で、その下に「が」が来て、その下の「ある」が連体形で、つまり体言扱いになるから、これは「体言＋が＋体言」と同じ形式だと意識されるようになったんです。これは室町時代にもないことはないけれども、およそ江戸時代以後のことです。それまでは、ゼロで主格を表した。「事あり」とか「われ取る」と言ったんです。しかし、「われ取る」では、「われを取る」のか、「われが取る」のか、文脈によらなくては分らなかった。そこではっきりしようというわけで、「が」が入り込むようになったんです。

「は」はなぜ係助詞か

丸谷　江戸からですか。これは私も初耳だから、読者もきっと初耳でしょう（笑）。じゃあ、たとえば石川啄木《いしかわたくぼく》の、

大いなる彼の身体《からだ》が
憎かりき
その前にゆきて物を言ふ時

とか、

かの旅の汽車の車掌が
ゆくりなくも
我が中学の友にてありき

なんてのは、あれは口語体がはいってるんですね。

大野　そうなんです。啄木の「が」の使い方は新しいもので、一方では「憎かりき」「友にてありき」などと、平安時代風に歌っていますから、これは新旧折衷体ですね。結局「は」と「が」の問題のややこしさは、「が」にあるんです。「が」の使い方が年代とともにどんどん動いて行きながら、一方には古い殻をいろいろ身にくっつけていて、簡単に割切れないということなんですね。「は」のほうは昔から、そんなに変わってはいないのです。

係結びということは、普通は文末の結び方、つまり結びの活用形で区別してとらえたとらえ方ですね。「こそ」がきたらば已然形で終る、「ぞ」「なむ」「や」「か」がきたら連体形で終る。それが世間でいう係結びです。しかし本居宣長や山田孝雄は、「は」「も」の場合、下が終止形で終る、それも一つの係結びだと言ったんです。それで「は」を係り助詞の一つだととらえたんです。単に活用形の問題と考えずに、文末の終り方に種々の相違があるという風に考えれば、「係り」が上にあるとその文の終結の仕方に、意味上の変化が予告されるんですね。「こそ」のときには終結は単純な強調ではなくて、「……こそ……なんだけれど」とか、「……こそ……なのに」とか、「……こそ……なものを」というふうに、下が逆接条件になった。単純には切れなくなります。それから「ぞ」「なむ」「や」「か」がくると、「……であることよ」みたいに終結は強調した言い方になります。そういう終結の仕方の一種として、「は」がくると、「……です」と、はっきり説明して言いとじめる形がくる。これも係りと結びだという一つのとらえ方です。上に「は」がきたら、明確な判断がくる。肯定が多いが、否定の場合も推量の場合もあります。しかし否定でも明確に否定するんです。

そして、「は」という助詞のいま一つの役目は、主題を提示するということです。たとえば「今は昔」というのは、「今」という問題を提起する。そして答として「昔」ということわけです。ですから「今は昔」とは「今はいつか」というと「昔です」ということ

です。だから「これは昔のことです」ということになります。「は」の構文というのはみなそういうものなんです。『古今集』の、

秋はきぬ紅葉はやどにふりしきぬ道ふみわけてとふ人はなし

この場合には、秋は（どうしたかというと）、やってきた、紅葉は（どうしたかというと）、宿にふりしいている、それなのに道ふみわけてとう人は（どうしたかというと）、（誰も）ない、そういう文の仕組みです。『古今集』読人しらずの、

ふるさとは吉野の山しちかければひと日もみゆきふらぬ日はなし

これも、ふるさとは（どうした状態かというと）、吉野の山が近いから、一日でも雪の降らない日は（どうかというと）、ありません、というふうに説明できる。つまり「は」とあれば、「どうかというと」とか、「どういう状態かというと」とか、「何かというと」とか、何がしかの答を下に求める形式だと考えれば、「は」のおよその例は理解できるんです。ですから、「は」の上に疑問詞のくることはまずないんです。

さて次の歌は、『古今集』の有名な歌なので変なことを言うと問題になると思うんで

すが、私の珍説を一つ述べさせていただきたいんだけど、

みちのくはいづくはあれどしほがまの浦こぐ舟のつなでかなしも

これは、「いづく」という言葉を「は」が受けているんですよね。疑問詞を「は」が受けているめずらしい例です。

丸谷　むずかしい歌ですね。

大野　私の考えを言いますと、「みちのくはいづく」というのがひとまとまりなんです。「みちのくはどこ」というわけです。そしてこの表現を私は「春は（何時がいちばんいいかというと）、あけぼの」という形式と同じだと考えているんです。「みちのくはどこ（がいちばんか）」と考えることができますね。次の「あれど」ですが、これはこれだけで奈良時代にも平安時代にも「ともかく」という意味で使います。だから、「みちのくではどこ（がいちばんかというと）はともかくとして、しおがまの浦こぐ舟のつなでは非常に心をしみじみと打つ」という意味ではないかしらんと思うんです。

丸谷　私が考えたのもだいたいそれに近い線で、当時「みちのくはいづく」ということわざとか、そういうものがあったんじゃないか、という気がしました。

「や」「か」と「は」の結合

大野　「は」という助詞は、さっき言いましたように、はっきりと問題を提示する役目をします。ところが、「は」が「や」「か」という助詞を受けて、「やは」とか「かは」となるのがあります。それは疑問とか、反語とかになるんですが、そのことを少し考えてみたいと思います。まず、「や」と「か」の意味を考えてみると、「や」は根本的には質問でしょう。つまり自分の見込みや、古くは確信を持って相手にそれをぶつける役目をします。「か」は疑問でしょう。「は」はその上の物や事柄をまとめて問題として提供して下に答を求める形式なんだから、連合しやすいわけですよ。たとえば、「これ一つやは君が憂《う》き節《ふし》」という。そうすると、「あなたがいやだと思う点はこれ一つですって？」ということで、話し手の方には「そうじゃないだろう」という見込みがあるんですね。

また、こんな例もある。「幾夜かは経《ふ》べき」。幾晩もそんなことはとても辛抱できないだろう、といったような意味です。「……かはふべき」で連体形で止まっている。これもつまり「辛抱してすごすことができるのは幾晩ですか、（とてもそんな長いことないでしょう）」という意味です。いずれにせよ「は」は問題を提起する助詞なので、問題を提起した場合には答の部分は、普通の言い方つまり終止形で言いとじめるんです。

それがだいたい「は」の基本的な構図です。そのことをよく覚えておいて、いろんな分りにくい例を考えてみると、だいたい収まるんだろうと思います。「は」は主格の助詞ではなく、日本語には主格を表わす専用の助詞は古い時代にはなかったんです。

鱧《はも》の味を分析する

主格の「は」、目的格の「は」

丸谷　前に、助詞「は」のことをうかがったんですが、大野さんの辞書（『岩波古語辞典』）の「基本助詞解説」で、「は」は提題の助詞であるということのあとに、「『は』は格には何の関係もないので、主格にも目的格にも補格にも用いる」という記述があるんです。主格の「は」というのは、これはよくわかります。たとえば在原元方の、例の、十二月中に立春を迎えたという歌、

年の内に春は来にけりひととせを去年とやいはむ今年とやいはむ

この「春は来にけり」の「は」、これが主格であることは、はっきりわかります。ところが目的格の「は」、これがむずかしいんですよ。同じ『古今集』の、ただしこれは

読人しらず、

　　野辺ちかく家居しせれば鶯のなくなる声は朝な朝な聞く

　これは目的格ですか。

大野　その声を聞いているわけだから、事柄の関係で言えば目的格にあたるでしょう。

丸谷　文法的にはどうですか。

大野　「声」と「聞く」という事柄の関係で言えば、「声」は「聞く」の目的語でしょう。格というのは現実界での名詞と他の言葉との秩序関係をいうんです。だから、どっちが上か、どっちが下かとか、どこにあるかとか、あるいは誰が何をどうするかとかという関係をいうことなんです。何かがするのと、何かをするのとは違うでしょう。何かがするなら主格だし、何かをするなら目的格でしょう。そういう意味合いで言えば、「声は朝な朝な聞く」というのは目的格です。

丸谷　これは目的格だ、これは主格だと私が分類するときは、いったん英語に訳してるんですね。英語ならこれは目的格をとるから、日本語でもこの「は」は目的格だろうと、そういうふうに私は考えている。

　でも、そう考えたあとで、そういうことをしている自分の頭の動きに気がつくわけです。すると、いったん英語に直してそれで分類するというのはおかしくはないか、という気がしてしまう。

大野　「声」が「聞く」の目的語だということが、日本人にわかってないはずはないんです。ただそれを言葉の形式の上で明示しないということでしょう。たとえば『万葉集』に、「野島は見せつ」とありますね。「野島は見せた」といった場合に、事柄の関係で言えば、「野島」自身はやっぱり目的物ですね。それなのに「は」を使っている。ところが「人は見る」といったとしますね、すると、これは「人を見る」のか、「人が見る」のか、文脈をぬきにした表現だけではどちらでもありえるでしょう。ということは、つまり「は」は格を決定しないということになります。

　おそらく丸谷さんは、「声は朝な朝な聞く」といっているときには、別に目的格だとわれわれは意識していないんじゃないかということをおっしゃりたいんだろうと思うんですが……。

丸谷　結局はそこへゆくかもしれませんが、差し当ってのところは、それほどすっきりしてるんじゃなくて、つまり英文法を利用して私が考える態度が、国文法を考える態度としていいのか、悪いのか、そこのところが疑問なんですね。

大野　現代のわれわれは、この「声は朝な朝な聞く」という表現を理解し説明するのに丸谷さんのように頭をめぐらすような習慣が出来てきていますね。しかし、それは英語がすぐ頭に回ってくる人で、英文法を考えに入れて考えるのがいいのか、悪いのかというよりも、その前に、「は」という表現は、目的格だの主格だのにかかわりない表現だから、それに慣れていると、「は」は目的格にも使うということが具体的に目に見えないんじゃないですか。というのは、「は」の本質にかかわることですが、日本人はそういうとき「なくなる声は」という。その場合、「は」の果す役割としては、「ないている声は（どうしたのかというと）、毎朝聞いています」と日本人は表現しているんだということです。

つまり「は」という助詞を提題の助詞だというわけは、「は」の本質は、その上の部分に問題として出すのだということです。そして下に答を要求しているんです。問題として出すからには、その問題ははっきりわかってなきゃ困る。だから、「は」で受ける上の部分はすでにわかっていることとして取り扱う。そして「は」の下に未知の答を求める。提題というのは、そういうことなんですね。だから既知とか未知とかいう言い方で「は」を説明すれば、題目として、問題として出す以上は、その部分は既知扱いとなる。そして「は」の下のところへくるのが未知の答なんで、答というものはいろんな、さまざまのいい方ができるもの、つまり、新しく提供される情報でしょう。つまりわかっていること（既知扱い）とわからないこと（未知扱い）とを組み合わせて、一つの言語表現をする。それが日本語の「は」の構文の本質なんです。

問題として出すにあたって、「は」の役目は「問題です」といって提示するだけで、下の答に対して誰がしたのか、誰をしたのか、誰にしたのかといったようなことは決めないんです。たとえば、「飯は食った」という場合に、飯が自分で食うはずはないから、「飯は（どうしたか）（自分が）食べた」という話になります。これを目的格だとか何とかというふうにはわれわれは意識しないで、ただ「飯は」という問題が出たと受け取る。もし答の「食べた」と照らし合わせて、事柄としての関係を追いつめれば、「は」は目的格を表現していることになる。そう言うより仕方がないんじゃないかと思います。

丸谷　そうすると、たとえば、式子内親王の、

わが恋は知る人もなし堰《せ》く床の涙もらすな黄楊《つげ》の小枕

というのがありますね。この和歌は訳をつければ、わたしの恋は知ってる人もいない。せきとめている私の涙をもらすな、枕は人に告げ口をするといわれる、その黄楊の枕よ、くらいのところでしょうが、この場合の「は」は主格なんですか。

大野　だから、「わが恋は（どうなのか）」という問題を出したわけです。「は」は下に答を要求する形式にすぎないんで、別に主格、目的格なんか問題じゃない。

丸谷　典型的な提題の「は」ですね。一体に「わが恋は」というのは、みなそうですね。

大野　「わが恋は。（どういうものである）」と、必ず下で説明しているはずです。

丸谷　だから、「知る人もなし」が説明なわけですね。

大野　そうです。日本人は問題を出して相手に答を求めるというのを、文の基本的な形式の一つとしているわけです。実際には文では多くは相手に求めず自問自答しますけど、主語、述語によって文が成立するという考え方は、誰がしたかということを中心にして述べることを基本とする言語形式ですが、日本語は誰がしたかを中心にして文を作ることはなかったんです。何が問題かを提示して、下に答を要求した。それが基本だったんです。

丸谷　問と答ということが大事なんですね。言ってみれば、非常に弁証法的な言語ですね。

大野　そういうことです。一種の弁証法というわけでしょうね。とにかくつねに相手と我との間で知っていることを題目にすえて、それについて知らないことをつけ加える。この方式が「は」による形で、日本語はそういう方式を重んじる言語ですね。

丸谷　弁証法というにしては、見解の対立を大事にしなさすぎるから、ちょっとおかしいかもしれない。つまり、話し合いの精神なんですね（笑）。その意味では、日本語というのはずいぶん高度な言語とも言えますね。妙な具合に発達している。

大野　人間関係において絶えず相手を意識して、相手を立てて、相手が知っているか、知らないかということを絶えず考え、それに合わせようとするんですね。

丸谷　悪く言えば村社会の言語ですが、よく言えば非常に社交性に富んだ言語ということになりますね。

「が」の上は未知、「は」の上は既知

大野　事柄について絶えず相手がわかっているか、わかっていないかを思いやっているんです。形式的には。

　ところで、「は」については、その役目は提題だとか、あるいはその上のことを既知として取り扱うということを申しましたけど、「が」がきたときにはどうか。「が」は「が」の下に本体となるもの、あるいは既知扱いのものがあって、「が」の上の言葉はそれについての形容を加えるのが本来なんです。たとえば「我が国」とか「君が代」と言いますね。この際、中心になっているのは、「君が代」の「代」なんだということが重要ですね。「君が代」とは「君の命」というわけですけど、ここでは、言葉の順序としては後で出てくる「代（命）」が事柄の本体なんで、その「命」は誰の命かというと、あなたの命というわけです。だから「あなたの」というのは形容語ですね。形容語というのは、本体を限定するために足す言葉なんで、本体があってはじめて存在しうるものなんです。本体がないのに形容語だけがあるということはないでしょう。

「君が代」といった場合には、「代」が本体で、その前にくる「君が」というのは、「代」の形容語です。すると「君が」は、「赤い花」の場合の「赤い」みたいなものです。「花」という本体があってそこへ「赤い」という限定が加わるわけです。「限定」とは、新しく未知の情報を加えることだから、「が」の上は未知だというんです。これは「は」の上が既知扱いだというのと、反対になりますね。

こういう説明に対して、いろいろ疑問があるんで少し説明してみたいんです。お話ししましたように「が」は、「我が国」「君が代」のように、名詞と名詞の間に入る。そして「が」の上の単語を「が」の下の単語の形容語とする。それが最も古い使い方だということをよくのみこんでおいていただきたいんです。すると「私が論じるのは、歌人斎藤茂吉の表現行為として見た歌である」のような文章がある。大野によると「が」の上は未知である。ところが「が」の上には「私」がきている。「私」が未知だというのはどういうわけだ。それから、「論じるのは」の「は」は「私が論じるの」を受けている。ところが「は」はすでに知られたものを受けると大野は言う。しかるに「私が」の「が」は未知を受けるから、「私」は未知ということになって変だし、その未知のものを含んでいる「私が論じる」という表現が既知だとは、おかしいじゃないかという。この種の意見、議論が、「は」と「が」の問題のとき非常に多いんです。これは、事柄としての未知と、取扱いとしての未知とを同じものと見た点に問題があるんです。

我が国　は……
私が論じるのは……

二つ並べるとわかるように「論じるの」の「の」は、物とか事とかいう名詞相当ですから、

我↔私
国↔論じるの

となり、「私が論じるの」という表現は、構造上は「我が国」と全く同じです。つまり「が」は、名詞と名詞の間に入り、上の名詞と組んで、下の名詞の形容語をつくるのが本来の役目なんです。「我が国は」と、「私が論じるのは」とは基本的に同じなんです。そして、「我が国」の場合、本体は「国」で、その「国」には「我が国」「汝が国」「彼の国」いろいろある。「国」の形容語としての「我が」は、「国」にとって未知のものを加えることになるわけです。

事実そのものと、その事実を、既知として文表現の中に取り込むか、あるいは未知として文表現の中で取り扱うかは、話し手に委されていることで、事実が表現のすべてを決定することはないんです。「私」が「未知」だというのは、「私」が私にとって未知だというのではなくて、この文のなかで、「論じるの」を形容する言葉として「私」が未知の情報として添加されたのだということです。my country といえば、my は country

の形容語でしょう。それと同じです。「我が国」は全体として一つになって

「我が国は」という問題提起をする。それと同じように「私が論じるの」が全体として一つのまとまりになり、それを既知扱いにして「は」で受ける。いわば「私が論じるの」という表現をひとまとめにして重箱の中に入れ、その重箱全体を一つの問題としてまとめて「は」で受け、その重箱全体について「は」の下に説明をみちびくのが「は」の役目なんです。「は」がくれば、それまでのところを全部引き受けてひとまとめにして問題とし、それはわかっていること（既知）として扱う。これを前の文章についていうと、「私が論じるの」は（何かというと）、「歌人斎藤茂吉の表現行為として見た歌である」という説明を加えた文となります。「わが恋は知る人もなし」の「わが恋は」は、「私が論じるのは」と同じなんです。「わが恋」全体を問題ですよと提出したわけです。そして「は」の下で答えて、「知る人もなし」という。「知る人もなし」は新しく答として説明として入ってきた。つまり未知の情報がここに加わったわけです。いってみれば、既知と未知とでまとまって一つの情報になって表現を完結させるのが日本語の構造の代表の一つと私は考えるんです。大事な点は話し手が、「が」を使えば、その上を未知扱いにする。「は」を使えば既知扱いにするということです。

「わが恋は」は王朝和歌の代表

丸谷　扱いというところがミソなんですね。大野さんが文章論的に既知、未知ということを言っているのに、反駁する人は実生活的に反駁しているわけでしょう。だから、要するに言語というのが別の世界のことなんだということがよくわかっていないから、そういう反駁が出てくるわけです。

大野　そういうことですね。だから、「あのマリリン・モンローが死んだよ」という表現では、「が」の上は新情報として扱っていることです。ところが「あの」がついているから知っているはずだということです。その知っているはずの「あのマリリン・モンロー」について「が」というから、これは何か新しいことだなと、聞き手は、「あれっ」と思う。「が」は知らない情報、新しい情報の扱いを示しますからね。そこに「死んだよ」とくる。それで「へー、そうですか、知らなかった」ということになる。

丸谷　「は」は既知の情報を扱うものとする。そして問題の提出をする。そう考えると両方の面から攻めて「は」というのがずいぶんよくわかってきたような気がします。「わが恋は」という歌はずいぶん多くて、私は王朝和歌というのは結局、「わが恋は」という第一句が代表的なんじゃないかと考えています。というのは、水戸高校の先生で金沢の大学に転じた窪田敏夫《くぼたとしお》という方がいらしたでしょう。あの方の説に、王朝和歌の本質は、謎と答であるという説がありましてね。要するに上の句で問題を出すと、下の句でそれに答える。たとえば、「霞立ち木《こ》の芽もはるの雪降れば」と問題を出すと、それを受けて、「花なき里も花ぞ散りける」と相手がつける。そういう構造が王朝和歌の基本の型なんだという説なんです。一人で詠む場合にも、この謎と答による言語遊戯という構造で一首が出来ていると見るんですね。この説は非常に本質的なところをえぐった卓抜な意見だと前から思っていました。ですから、たとえば慈円《じえん》の、

わが恋は松を時雨の染めかねて真葛が原に風騒ぐなり

これは「わが恋は松を時雨の染めかねて」と出し、それを相手が、といっても同一人物なわけですけれども、どう答えればいちばんうまくいくかと考えて、「真葛が原に風騒ぐなり」と答えるのがいちばんの正解だと考えた。つまり一人の人間が、謎の出し手と、答え手に分離する。分離するけれども、しかしそれが合う。その合わせる機能がいちばんうまく発揮されたときに、こういう秀歌が生れるわけです。

ところが、王朝和歌というのは基本的に大変エロチックなものですから、問としていちばんいいのは色事に関係した問ですね。そのなかでいちばん訴える力が強いのは、

「わが恋は」を含む問でしょう。ですから窪田説と王朝和歌はエロチックなものだという考え方を結びつければ、王朝和歌は「わが恋は」で代表されることになりますね。そのことから見ても、「は」という提題の助詞は、和歌で非常に大事なものだろうと思っていたんです。

助詞「は」と日本哲学

大野　ここでは、ごく未熟な話でも何でもするということですから、ちょっとお話ししたいんです。「は」という助詞は、問題を出すんだということを私は言いましたが、別の言い方をすると、話の場をつくるということなんですね。西田幾多郎《にしだきたろう》とか、田辺元《たなべはじめ》とかいう哲学者のことですが、あの方たちに場の論理というのがありますね。あれを私は昔、卒読したことがあります。

丸谷　私も卒読しました。田辺さんのあの論理を。

大野　あれは、田辺先生や西田先生が主語性（Subjektivität）というものを考えたとき、やっぱり日本語で考えたと思うんです。日本語で主語と述語とを考えると、それは「は」の問題になるんです。「は」についてあの先生方は、言語学者じゃないから文章を集めて分析なさったりはしなかったと思うけれども、しかし頭のなかでいろんな文例をつねに吟味したと思うんです。そして主語（Subjekt）に対立する述語の成立する「場」ということを考えたんじゃないかと思います。

日本語では「は」を使う文構造が主語・述語の形式に代って一般的ですから、判断の仕方の意味を考えるときに、日本語の「は」について、つらつらお考えになったでしょう。すると、「は」は話の場を造るのが役目で、その下で述語がはたらく。その点から考えて、「場」の論理へと展開したんじゃないか。日本語の「は」という助詞について考えることによって、根本の「場」の論理へと発展なさったんじゃないかと思ったことがあります。

丸谷　確かにそうでしょうね。

大野　あの哲学者達は哲学的思考の遂行にあたって、日本語のシステムの影響を受け、そして哲学的にそれを論理化しようと努力したのではないんでしょうか。ギリシャの哲学者がギリシャ語によってカテゴリーを考えたりしたように。

丸谷　日本語そのものの研究はしていないんですね。

大野　日本語そのものとして研究したわけではないけれど、日本語によって哲学をするもんだから、日本語のシステムに引きつけられて解釈をしたんじゃないかと思います。

丸谷　確かにそんな気がしますね。あれは変な論文でした。私は田辺元という人の文章を読んでわかったことがないけれども（笑）、とりわけあの論文は変ですよ。

大野　田辺元さんには『歴史的現実』という本もあるでしょう。私が高等学校の学生のころ出版された本で、薄い本でしたけれど、友達と一所懸命読んだんですよ、歴史とは何かというようなことを理解したいと思いましてね。その続きであの場の論理を読みました。あとになって考えてみると、あの先生方は日本語の影響を受けて哲学を構築したんじゃないかなという気がするんです。

丸谷　あり得ることですね。ものを考えるときには、言葉で考えますから。

「も」と「は」の違い

丸谷　ところで、『国歌大観』に載っている歌のなかで、「わが恋も」とある歌は一首しかないんです。『新古今』の源有仁《みなもとのありひと》の歌で、

わが恋も今は色にや出でなまし軒のしのぶも紅葉しにけり

大野　現代では「も」というのは、「あれもこれも」みたいな二つ並んだときに使うのがいちばん普通の使い方だと思われます。この歌の「も」は「わが恋も」「軒のしのぶも」と二つ並んで肯定に使っているので、新しい使い方のほうでしょうね。「も」につ

いては、もっと古い使い方があるんです。

「は」については今まで多くの研究もありますし、人々も大いに注目しているんですね。しかし、「も」については案外見すごされてきたんです。助詞の研究で周到なのは本居宣長でしてね、宣長は、『詞の玉緒』という本を書いております。あの本は、「ぞ」「なむ」「や」「か」などをよく研究して、いわゆる係結びを体系化して示したので有名ですが、「は」のこともよく書いてあります。ところが、「も」についてはほとんど書いていないんです。「も」のことを本当に詳しく研究した論文というのは、戦後までなかったんです。「も」が不確定性表現と呼応するものだったのだということは、工藤（現姓北原）美紗子さんという学習院の学生が卒業論文で明らかにしたんです。それがいちばん早いんです。

丸谷　そう言えば、松下文法も山田文法も、「も」のところはなんだか鮮明でないですね。

大野　宣長もやっていないんです。現代の「も」は「あれもこれも」のように、二つ並列するときに使うというのが代表的だと誰しも思うでしょう。ですからAもBもという用法が古いんで、Aでもいい、Bでもいいということから不確定の用法を発展させたんだろうと、私は想像していました。ところが、工藤美紗子さんの「助詞の『も』の研究」によって『万葉集』などの古い時代、「も」は本質的に、不確定性表現と呼応するものだということが明らかにされました。つまり否定とか不確実とかと呼応するところから発展して「AもBも」という使い方が出てきた。私は彼女にやられたんです。この研究は「日本古典文学大系」の『万葉集』の第四冊目の補注に大体を引用してありますが、雑誌『文学』の昭和三十八年十二月号に詳しく載っています。ところで「も」の特性ですが、たとえば、「少しは」と言ったら下は何て言いますか。

丸谷　「ある」

大野　そうですね。それでは「少しも」と言ったら？

丸谷　「ない」ですね。

大野　「少しは」と言えば「少し」は確かに存在する。ところが「少しも」と言うと、下は「ない」となる。否定です。しかも「少し」すらも否定するんですね。「雨は降らない」と言えば、降らないのは「雨」と明確でしょう。外のものは降るかもしれない。ところが「雨も降らない」と言うと、「雨」もなにもなに一つ降らないことになる。このあたりが「は」と「も」との根本的な違いだということが明らかにされたんです。「少しは」なら「ある」で、「少しはない」なんて使いませんね。

工藤さんの研究で分ったことですが、現代でも「も」を使った文章の用例を集めると、半分以上の「も」は否定と呼応します。われわれは、「AもBも存在する」みたいに、肯定的な使い方が多いと感じますが、実例を集めて分析すると、古い時代の「も」が非常に多く残っていて、否定などの不確定表現と呼応するんですね。

工藤さんによると、「は」は下が否定になる場合もあるけれど、それは、非常にはっきりと否定する。それに対して「も」は、執着しながらもみんな否定してしまうという。つまり全然諦めてはっきりだめだというんじゃなくて、曖昧に相手にくっついて、しかもだめになるんだという。きわめて日本的ですね。いま『新古今集』の「も」の用例を、羇旅歌、恋歌一、恋歌二あたりから一〇〇例とって調べてみると、その七割が、否定、推量、仮定、命令と呼応しています。この割合は、歌の性質によって多少相違があるようで、春、夏、秋、冬という四季の歌の部分を見ると約五割が否定や推量と呼応している。『万葉集』では約八割以上も否定などと呼応していますから、肯定的な表現に「も」を使うのは新しい展開なんですね。たとえば『新古今集』恋歌一、伊勢《いせ》の、

なにはがた短きあしのふしのまも会はでこの世をすぐしてよとや

という場合は「も」は下の「会はで（会わないで）」と呼応しているわけで、こういう使い方が古いんです。

「も」の下は否定（ズ、ザリ、ナシ）が多いんですが「む」「らむ」「ば」などの推量、仮定、命令などもありましてね。つまり、不確定性表現と呼応することが多かったんで

す。たとえば同じ命令をするのでも、「は」を使うと「春雨はいたくな降りそ」（『万葉集』）となり、明確な命令です。ところが「も」を使うと「雨も賜はね」（『万葉集』）となって、雨が降るのかどうか分らないという懸念があり、降らせて下さいという懇願をあらわします。

今よりは秋風寒く吹きなむを　（『万葉集』）
語らひつぎて逢ふこともあらむ　（『万葉集』）

この二つを較べても下に「む」がくる点では同じですが「は」ならば「今より」ということが明確で、「も」の場合は、たよりない、不確実をあらわします。もしかしたら、逢うこともあるかもしれないがどうだろうかというわけです。

落つる黄葉《もみぢば》しましくはな散りまがひそ　（『万葉集』）
しましくも君か目見ねば苦しかりけり　（『万葉集』）

同じ「しましく（しばらく）」という言葉を承けても、シマシクハというのは明確な一線をひいて、しばらくの間だけはと限定するに対して、シマシクモと言えば、ほんのしばらくの間ですらもだめだと否定してしまうことになります。つまり「も」は不確定の判断と呼応するんですね。

丸谷　否定と呼応するという性格、それが係助詞としての「も」の性格なんですね。だからおしまいのところが打消しにくるのが基本なわけですね。

「も」は不確定・不確実の助詞

大野　そうなんです。そこが大事な点ですね。たとえば逆接になる「ども」という助詞があるでしょう。「雨降れども」の「ども」にも「も」が含まれています。これは本来は「雨降れど」だけで逆接になるんです。「いささかなりとも」の「とも」もそうです。「……なりと」でよかったわけです。それに「も」を加えました。「ども」「とも」に、何故「も」が加わったかと言えば「も」が不確定・不確実を表現する助詞だから、「ど」「と」に加わって、逆接（つまり否定）に助力しているということでしょう。実例について見ましょう。

小野小町

花の色はうつりにけりないたづらにわが身世にふるながめせしまに

花の色はちらぬ間ばかり故郷に常にはまつの緑なりけり
藤原雅正《ふじわらのまさただ》

これは「花の色は（どうしたか）」という明確な問題提起ですが、その答は、「変ってしまったなあ」というわけですね。

また、「花の色は」ちらぬ間ばかりのことであると、はっきり問と答を言っていますね。

丸谷　今度は「花の色も」という歌です。「も」の下が願望になっています。つまり確定・肯定でなく、不確定になっているわけです。『拾遺集』の、

花の色も常磐ならなむ弱竹《なよたけ》の長きよに置く露しかからば
清原元輔《きよはらのもとすけ》

「花の色も永久であってほしい」というわけで、下が願望ですから、これは下が不確定ということですね。

大野　同じ元輔の歌に、

花の色も宿も昔のそれながら変れるものは露にぞありける

これは新しい使い方の「も」で、並列の「も」になっています。前の「花の色も」というのは、「常磐ならなむ」と願望形できていて、これが古い使い方です。また、

慈円

さとりゆく誠の道に入りぬれば恋しかるべき古里もなし

「古里も」とくると、下が「なし」になりますね。

平重衡《たいらのしげひら》

故郷も恋しくもなし旅の空みやこもつひのすみかならねば

これも、下が「なし」になっています。『続後拾遺集』の、

道しあればおのが越路のふるさとも同じ春とや雁のゆくらん

これも「ふるさとも」とくると、「雁のゆくらん」というふうに推量になっていますね。それから今度は、『後拾遺集』の、

ちり果てて後やかへらんふるさとも忘られぬべき山桜かな

ふるさとも忘れられてしまうようだというので、やっぱり否定的な意味合いが入っています。

人はいさ心も知らずふるさとは花ぞむかしの香ににほひける

これなども、「心も知らず」と否定がきていますね。不確定・不確実を表わす「も」がこのようにだんだんと使われているうちに、どちらだかよく分らないというところから、「あれもこれも」というように二つ並ぶという形になってきます。そこから、いまの並列の「も」が出てくるんです。もちろん古いころだって並列の「も」がないことはないんだけれども、たとえば、「銀《しろがね》も金《くがね》も玉も何せむに」なんていう有名な歌には「も」が三つも並んでいます。しかしこの場合も、よく見ると「……も……も」の下は「何せむに」と否定の推量になっているんです。つまり「も」は不確実が中心でした。

丸谷　打消しのための「も」なんですね。

大野　そうです。そこから展開して、『万葉』の、

　君が行日《ゆきけ》長くなりぬ奈良路なる山斎《しま》の木立も神さびにけり

これは「山斎の木立も神さびにけり」と肯定的ですが、「神さびにけり」というのは悪い意味なんです。マイナス・イメージの内容なんです。つまり否定の色合いが濃いんで、そういうときに「も」でくることが多いですね。

丸谷　それで思い出しましたが、日本人にとっていちばん馴染みの深い「も」の歌は、『百人一首』の、

　これやこの行くも帰るも別れては知るも知らぬも逢坂の関

でしょう。上の句の並列の場合は、要するに「別れては」というマイナス・イメージですね。まず上の句にマイナス・イメージをもってきて、それから下の句に逢うというプラスのイメージをもってくる。逢坂の関でマイナスとプラスとが逢う、その衝突があの和歌の魅力を高めているような気がします。

岸に寄る波よるさへや

「さへ」は「添ふ」の連用形から

丸谷　今回は副助詞のなかの三つを取り上げるわけで、「さへ」と「だに」と「すら」です。まず「さへ」からはじめましょう。「さへ」というのが、動詞「添へ」から転じたというのは、大槻文彦がはじめた説ですか。

大野　江戸時代からあるんじゃないですか。なぜなら、みんな『万葉集』をやっているから……。

丸谷　『万葉集』では、「共」「并」「兼」「副」という字をみな「さへ」と読ませてますね。ですから、「添へ」の転というのは非常に納得がいったんですが、この「添へ」は活用形としては已然形なんですか、命令形なんですか。

大野　そうですね。ここは、已然形でも命令形でもなくて連用形でしょう。「添へ」は下二段活用ですから、その連用形と考えるのがまあ普通ですね。

丸谷　たとえば「倍」という字が書いてあります。

大野　「倍」という字は「へ」の乙類でしょう。四段活用とすると「倍」が出てくるのは已然形と見なくてはならない。しかし、已然形というのもちょっと変ですね。そして、命令形ではあり得ません。なぜなら、四段の命令形は上代特殊仮名遣でエ列の甲類ときまってますから。上代特殊仮名遣はこういうときは、きわめて強烈に拒否権を発動することになります。

丸谷　余談になりますけど、『万葉集』というのはそういうとき便利ですね。

大野　『万葉集』はかなりの部分が一字一音で書いてある。また意味を取って書いてあるところもある。あるいは、ただ当て字で書いてあるときもある。いろんなのがあるから、それぞれから得られる知識を持ちよって『万葉集』を訓み解こうとします。つまり『万葉集』は、一種の謎解きの謎的性格を豊富に備えているんですね。それで世間では「万葉学」なんていいます。

丸谷　手掛かりを豊富に出しているわけですね。私は『新古今』の歌が好きなものですから、『万葉』の歌はどうも大味で、こういうものをどうしてあんなに大勢の学者が、寄ってたかって論じてるんだろう、『新古今』のようないいものには学者が少ないのに、なんて思っていました。でも、今度の連続対談のせいで『万葉集』をいろいろあたっているうちに、なるほど、『万葉集』には研究者を非常に刺戟する性格があるんだな、ということがとてもよくわかりました。確かに推理小説的関心を非常にそそりますね。

大野　表記の仕方が多面的なんですね。だから豊富なテクニックをもっていると、いろいろな問題に解答が出せるんです。もしこれが平仮名で全部書いてあると、話は簡単になってしまう。漢字でいろいろ豊富に書いてありますからね……。

丸谷　話をもとに戻すと、「さへ」のもとの「添へ」は命令形じゃない。とすると、「さへ」は「添へ」の已然形から転じたものなんですね。

大野　「添ふ」という動詞は活用が二つあるんです。四段と下二段と。それで、助詞の「さへ」のもとになったのは他動詞の下二段の方で、「さへ」「さふ」「さふる」と活用していたはずのものの連用形でしょう。

丸谷　私は四段活用のほうしか考えていなかったな。

大野　なるほど。もし四段活用と考えれば、「は／ひ／ふ／ふ／へ／へ」だから、その線でいけば、「佐《さ》倍《へ》」は已然形でなきゃならないことになるわけです。命令形の「へ」は甲類だから、「倍《へ》」ではないんです。

丸谷　うーん、いまのは素人と玄人の違い歴然たるものがありましたね（笑）。

大野　これはやっぱり連用形じゃないですか。「……さへ」というのは、「……ヲ添エテ」という意味でしょう。

丸谷　つまり下二段活用の動詞「添ふ」の連用形ですね。なるほど。連用形なら非常によくわかるんですよ。私は四段活用だと考えたもんだから、それでわからなくなってしまったんです。

大野　そうなんですね。「われさへ」とか、「袖さへ」とか、「……をそえて……までも」というふうにとれそうな気がします。

「さへ」は「添ひ」のなごり

丸谷　すこし例をあげましょう。『万葉集』の、

吾妹子《わぎもこ》が赤裳の裾のひづちなむ今日の小雨にわれさへ。(共) 濡れな

「われさへ濡れな」は、私も濡れたいということですね。

手にとれば袖さへ。(幷) 匂ふをみなへしこの白露に散らまく惜しも

手にとれば袖もまた匂うおみなえしであるということですね。

大野　この場合の「匂ふ」は、色がつくということです。

丸谷　それがこの白露に散るのは惜しいということで、白と色の取り合せになってます。
大野　そうですね。『古今集』の次の歌、

　　春雨ににほへる色もあかなくに香さへなつかし山吹の花

　ここでは「にほふ」が色だとはっきりわかりますね。

丸谷　ところで、「さへ」が「添ひ」のなごりだということは、後代の歌人にかなり意識されていたんじゃないかと私は思うんです。

　たとえば、伊勢の歌に、

　　涙さへ時雨に添ひて故郷は紅葉の色もこさまさりけり

「さへ」と「添ふ」とがダブっているんです。どうも伊勢は「さへ」と「添ひ」のダブリが好きらしく、ほかにもその例があります。

　　秋の夜も深くなるとや菊の花影さへそひて君に見すらむ

ひとりのみぬる常夏の露けさは涙にさへや色をそふらむ

みんな「さへ」と「添ひ」がダブっているんです。これが後代になりますと、これは高倉院《たかくらいん》の『新古今』の和歌ですが、

白露の玉もてゆへるませのうちに光さへそふ常夏の花

「ませ」は植込みの周囲の低い柵ですね。この歌も、やはり「さへ」と「そふ」が非常に近いところに並んでいます。『千載集』の藤原隆親《ふじわらのたかちか》の歌、これは実にはっきりしています。

厭はるる身を憂しとてや心さへ我を離れて君に副《そ》ふらん

万葉仮名の「副」の字がちゃんと書いてある。それが極端になると、藤原俊成の大変技巧的な『新古今』の歌、

今日はまたあやめの根さへかけそへて乱れぞまさる袖のしら玉

これになるんです。いつも嘆きの涙でぬれているうえに、端午の節句の今日はまたさらにくす玉のあやめの根さえかけそえて（この「根」には泣く音の音《ね》がかかっているから、つまり泣く音さえ添えて）、いっそう乱れる袖の涙の白玉であることよ、となるわけですね。これがいちばん複雑なんですけれど、この場合も「さへ」と「そへ」とがダブっているでしょう。俊成なんかはみな、新古今時代の『万葉』流行《はや》りの真只中で詠んでいたんだと思うんです。それよりずっと前の、伊勢という女の人は、『万葉集』をよんでいたかどうかあやしいけれど、ひょっとすると、「さへ」と「そへ」との関連が意識されていて、それが出てきたかもしれません。

大野　お話ではじめて気がついたんですが、こういう「さへ」と「そへ」の使い方は、意味の上の関係を知っての上での意図的な使われ方という感じがしますね。

丸谷　ええ。それをもう一つ技巧的にしたように見えるのが、『古今』の藤原敏行《ふじわらのとしゆき》の『百人一首』にある歌で、

住の江の岸に寄る波よるさへや夢の通ひ路人目よくらむ

「寄る」となっていますけれども、この「寄る」は「添ふ」と非常に近いでしょう。だ

から、「さへ」は「そひ」から来たということを藤原敏行も案外知っていたんじゃないかという気がします。

大野　「さへ」という言葉は、「……をそえて……もまた」とか、あるいは「……までも」とかいう意味ですね。『万葉集』でいちばん有名な歌、

　　をとつひも昨日も今日も見つれども明日さへ（左倍）見まくほしき君かも

「一昨日も会ったし、昨日も会ったし、今日も会ったけれども、さらに加えて明日も会いたいと思うあなたです」という男から女への歌ですね。これなんか「さへ」という言葉の本来の意味の使われ方がよくわかりますね。

丸谷　この「見る」は、やはり男女関係の実際のことをするという意味でしょうね。

大野　そうだろうと思います。

丸谷　毎日か。かなり激しいですね（笑）。

大野　どうなのかな。これは、のちになると、「……までも……だ」という言い方になりますね。たとえば、『後撰』の読人しらず、

　　をしめども春の限りの今日のまた夕暮にさへなりにけるかな

これは、今日で春は終りだと思いつめているのに、そのまた夕暮にまでもなってしまったことだなあという、いよいよこれで春もおしまいだという気持が非常に強くあらわされている歌ですね。この「までも……だ」というのは、覚えておくと、ぴったりした訳語になるときがあるでしょうね。

「すら」の下は反語・否定

大野　「さへ」というのを考えると、「すら」がそれと比較されるんですね。「すら」がくると、下は反語とか否定になるんで、「すら」は古い時代には、係りの助詞だったんじゃないかというような意見もあるくらいです。「これしかない」みたいに、「しか」とくれば「ない」と結ぶでしょう。そういう関係は係りと結びの関係なんで、「しか」は係りの助詞だと言われます。それと同じように、「すら」の下には否定が多くくる、下が明らかな否定の形にならないでも、意味的に否定になる例が少なくないんです。たとえば、『万葉集』の、

かくしつつ遊び飲みこそ草木すら。(尚)春は生ひつつ秋は散りゆく

この歌は、「かくしつつ遊び飲みこそ」でいっぺん切れるんですね。

丸谷　この「こそ」は係りの「こそ」ではなく、命令の「こそ」ですか。

大野　あつらえとか希求の「こそ」ですね。だから、こういうふうにして音楽を奏して、お酒をお飲み下さい。草木でさえも春は勢いよく、「生《お》ふ」というのは、ただ芽が出るんじゃなくて「大きい」の「大《おほ》」を活用した動詞です。「生《は》ゆ」というのは、芽が出てきて大きくなることですが、「生《お》ふ」というのは「大《おほ》」きくなること、ぼうぼうに生成すること、だから春は、伸びに伸びていても秋には花は散ってしまうのだからというわけです。語根がオで終る言葉は、活用すると上二段活用になるときまっています。だから、オホ（ŌFŌ）は上二段になります。語根がaで終れば下二段活用。語根がiで終れば上一段活用になるときまってたんです。

丸谷　新知識の連続で茫然としています（笑）。ところで、私はこの歌が好きでしてね。『万葉』の、

伊夜彦《いやひこ》おのれ神さび青雲の棚引く日すら（良）小雨そぼふる

この「伊夜彦」という初句の四音の字足らずが非常に気合がこもっていて、古代的で、

「おのれ神さび」とうまく合っていて好きなんです。伊夜彦というのは新潟県の弥彦山の古名ですが、弥彦山はそれ自体が神々しくて、白い雲が棚引いている晴れた日でさえ小雨がそぼ降っていることよ、という山岳信仰の歌です。この歌の「すら」の使い方は、当初予想される事態に反する事態を述べるというのに、ぴったりでしょう。ところが、この「すら」は『古今』『千載』『新古今』などを探してもないんですね。一体に「すら」は『古今』以外は非常に少ない。あの頃になると急にはやらなくなったんでしょうか。

大野　でも消えてしまうかというと、いまでもあるんですね。

丸谷　そうなんです。それで珍しいのは『後拾遺』の、

上東門院あまにならせ給ひけるころよみてきこえける
選子内親王《せんしないしんのう》

きみすらもまことの道に入りぬなりひとりや長き闇にまどはん

自分一人だけは俗世にいるという歌ですね。

本居宣長も間違えた伝聞の「なり」

大野　この「入りぬなり」の「なり」は伝聞の「なり」なんです。お入りになったと聞きましたという意味で、これは終止形を受けます。普通に知られている「なり」は、連体形を受けて「……である」となります。ところが終止形を受ける「なり」は、「……ということです」「……とかいう噂です」「……とかと聞きました」という意味でだいぶ違うんです。この伝聞の「なり」は、あまり歌には出て来ませんね。でも、「すずむしの声すなり」と言うでしょう。あれは「すずむしの声がするのが聞える」ということで、終止形を受ける「なり」です。これは万葉時代からずっとあるんです。『源氏物語』を読んでいく場合、この「なり」をきちんと知っているかいないかで話はだいぶ違ってしまいます。「である」だけでは駄目で、「ということです」とか、「という噂です」というふうにとらなければ駄目なところがたくさんあります。

『万葉集』の例を少しあげますと、

梓の弓の加奈弭《かなはず》の音すなり

音がするのが聞えるということですね。それから、

雁が音はまことも遠く雲隠るなり。

これは雁が空で鳴いて通るんです。その鳴いて渡る声から察するとだいぶ遠くへ行って、雲に隠れるぐらいのところまで行ったなと推量する。これを「雲隠れるのである」としてはいけませんね。それから、

沖辺の方に楫《かぢ》の音すなり。

楫の音がギーギーと聞えるんですね。

霍公鳥《ほととぎす》鳴きて越ゆなり今し来《く》らしも

霍公鳥がその山を鳴いて越える声が聞える、ああ、やってくるらしいな、というわけです。

丸谷　みんな聴覚に関係があるんですね。

大野　そうなんです。声が聞えるとか、いちばんはっきりしているのは、

　　葦原の中つ国はいたく喧《さや》ぎてありなり。

ですね。これは『古事記』にあるんですが「葦原の中つ国はひどくざわめいている音が、聞えます」というのです。ところが本居宣長は伝聞の「なり」がわかっていなかったので、「いたく喧ぎてありけり」というふうに直してしまったんです。「那理《なり》」の「那」の字を「祁《け》」の誤りと見て直したんです。伝聞の「なり」は、「音が聞えます」ということですから「鳴る」という動詞と関係があるでしょう。「入りぬなり」なんかもそうです。だから、「まことの道に入りぬなり」とは尼さんにおなりになったという噂を聞きました、ということです。

丸谷　「鳴る」という動詞の連用形と関係があるんですか。

大野　伝聞の「なり」は活用はラ変なんです。そこはちがうんですけど。

丸谷　「鳴る」という動詞の語幹「な」と関係があるんですね。これは、確かに昔の小説を読むのに役に立ちそうですね。

大野　『源氏物語』を読むのに、このことを知らないと駄目なことがあるんです。このことを、松尾捨治郎《まつおすてじろう》という人がいちばん最初にはっきりと主張なさったんです。今では

伝聞の「なり」を認める学者が多いですね。

「すら」から「そら」へ

丸谷　この「すら」が漢文訓読調のときには、「そら」となるそうです。これは、『栄華物語』の仏典が引用されているところに出てきます。それで和歌のなかに「そら」はないかと思って調べていたら、一つ発見したんです。『後拾遺』の、

夏刈の玉江の芦を踏みしだき群れゐる鳥のたつそらぞなき
源重之《みなもとのしげゆき》

この「そら」は、第一に「天」という意味です。第二に「心」という意味です。第三に、ひょっとすると「すら」の意の「そら」が隠してあるんじゃないか……。

大野　なるほど……。私ですと、「ぞ」が何を受けたかを全部調べますね。「そらぞ」という例が外にあるかどうか。

丸谷　これは塚本邦雄《つかもとくにお》氏が推奨している歌でしてね。この歌を選んだ塚本さんの眼光は鋭いと思います。塚本さんは、この「そら」には、第一に「天」という意味がある、第

二に「心」という意味があると言っていました。「心」という意味まで考えたところに、非常に感心したんですが、しかし、漢文訓読体の「そら」もひょっとするとあるんじゃないか。そう考えてくると、この歌の奥行きが一段と増すような気がします。

大野　微妙な例だから簡単には言えないと思うけれど、この場合のように、係りの助詞の「ぞ」が、こういう「そら」みたいな、ほぼ否定と呼応することが多い言葉を受けた例は、あまり発見出来ないだろうと思います。

丸谷　問題はそこなんです。

大野　そう、つまり表現を歴史的に見るという立場だと、類例がなくては、というふうに考えます。あるいは類例がないまでも、前の時代からあとの時代へ移っていく、その間にこの例を置いたときにこういうこともありそうだというふうに考えられれば、それを認めるわけです。けれど、これは個性のある源重之が作った歌であるから、この場合、どうなるかということになります。

丸谷　そうなんです。「そら」(「すら」)は「だに」と違って、下に否定があんまり来ませんね。

大野　私は記憶がどうしても古い方に寄っていますからね。そういう材料で臨むと『新古今』から『新勅撰』以後には、かなり違った例があるんです。「そらぞ」という今の例は私にはちょっと耳遠いんです。その耳遠さが正しいのか、それとも正しくないのか、そこのところです。丸谷さんの考えはおもしろいですね。

丸谷　おもしろがっていただければ、それでいいんですよ（笑）。

「だに」の謎とき

大野　「だに」へ移りましょう。「だに」は、普通「だに」「すら」「さへ」といって、いままでは「さえも」というふうに訳をつけることが多いけれど、古いところで「だに」を丁寧に見ると、「せめて……だけでもと願う」とか、「せめて……だけでもと願ってもだめだ」という場合、つまり下が不確定の表現になることが多いんです。そういう意味で、これは係助詞じゃないかと考えられるくらいです。とにかく下には否定とか、反語とか、あるいは推量がくることが多いんです。

それで、「せめて……だけでも願いたいんだけれども、それもうまくいかない」という場合に、たとえば、『万葉集』の、

石瀬野《いはせの》に秋萩しのぎ馬並《な》めて初鷹狩《はつとがり》だに。せずや別れむ（太伱）

せめて初鷹狩だけでもしたいと思うけれど、それもしないでお別れすることでしょう

かというときに、「だに」を使っています。いろんな心をこめて歌をつくるには、「だに」は大事な言葉なんですね。

丸谷　初鷹狩の歌、私はこれが大好きでしてね。男同士の友情を示すのに、狩りという実にいい道具をもってきている。初鷹狩というのは、鷹狩の第一回目のものでしょう。ですから、今年の鷹狩をいっぺんもしないで別れる、というわけでしょう。

大野　せめて一度だけでもしたいと思ったということですね。それが、「だに」一つであらわされる。こういうふうに使われる言葉は、非常に大事な言葉です。それから、「せめて……だけでも」というのは、ある意味で言えば「譲りに譲って……だけでも」という意味になります。額田王《ぬかたのおおきみ》の有名な歌があります。

三輪山をしかも隠すか雲だに（谷）も情《こころ》あらなも隠さふべしや

自分は、実は三輪山のふもとの飛鳥の地に大海人皇子《おおあまのみこ》といっしょにいたかった。それが天智天皇《てんちてんのう》によって近江の都に連れられていく。奈良の北の連山から見ると、ちょうど三輪山が南にはっきりと見えます。そして、この奈良山を北へ越えてしまうと、南を見てもその奈良山にへだてられてもう飛鳥の地は何にも見えなくなってしまう。そこで、この歌が生まれたわけです。

丸谷　大野さんのいまの解釈は、額田王の歌としての解釈ですね。これは諸説があって、井出王の歌とか、天智天皇の歌とかあるんですが、額田王の歌と考えるのがいちばん自然ですね。

大野　そう思います。奈良山を越えようとして南を見ると、ちょうど三輪山に雲がかかってきている。三輪山をこんなふうに隠すのか、せめて雲だけでも……。その、せめて雲だけでもという表現は、人間にはもう心がない、人は私の心持ちを理解しない。女として私は仕方なく連れていかれるけれども、せめて雲だけでも心があってもらいたい、あのなつかしい三輪山を隠すべきではないのに、ということなんです。これなんか、「だに」の使い方としてピタッと決っている代表的な例だと思います。たとえば、『新古今』の、

紀の国や由良の湊に拾ふてふ玉さかにだにあひみてしかな

「玉さか」というのは「まれ」ということでしょう。せめてたまにだけでも会いたいということです。

丸谷　『万葉』の歌に、

妹がため玉を拾《ひり》ふと紀の国の由良のみ崎にこの日暮しつ

というのがあって、これはその本歌取りですね。女に贈る玉を拾うと言われているその由良の港の玉のたまさかというわけです。それから藤原興風《ふじわらのおきかぜ》の、

声絶えず鳴けやうぐひす一年にふたたびとだに来べき春かは

大野　この「ふたたびとだに」の「だに」の使い方は典型的ですね。『古今集』の伊勢の歌もいいですね。

人知れず絶えなましかばわびつつも無き名ぞとだに言はましものを

丸谷　これはいい歌ですね。あたしたちの恋を人に知られなかったならば、悲しいことは悲しいけれど、でも、その話は浮き名もうけですよ、本当はそんなことはありませんでした、と言えたのに。

大野　日本語というのは、こんなに短い形式で、こんなに複雑なことが言えるんですね。

丸谷　そうなんです。使い手さえよければ、ね。堀口大学《ほりぐちだいがく》さんが、私が詩が書けるのは、

若い頃に与謝野寛、晶子《あきこ》両先生から王朝の和歌を教えていただいたり、作って直していただいたりしたからだ、それで日本語がわかったと言っていました。与謝野寛に『伊勢物語』、晶子に和泉式部《いずみしきぶ》を教わったんです。自分の日本語の教養はそれだけだなんて言ってました。これはまあもちろん謙遜ですが、その二つで、日本語のいちばん本質的なところを勉強したわけですね。堀口さんは、毎週日曜日の午前中に与謝野家に行って教わって、それが非常に為になったらしいですね。先生もよければ相弟子もよかったらしい。岡本《おかもと》かの子とか……。

大野　人に知らせずに仲が絶えたんだったら、気落ちがしていても、それは、ただ評判だけなんですと、せめてそうだけでも言えたのだったのに。三十一音でこれだけのことを言ってしまう。

丸谷　伊勢という人は、言葉を扱う才能が実に豊かな人ですね。

大野　こういう歌が作れるとは、相当の才能ですね。「だに」という言葉については、「せめて……だけでも」とか、あるいは「譲りに譲ってこれだけでもと思うのに」とかいう意味を覚えておいて、それをあてはめると綺麗に解けるものが少なくありません。

「さへ」に近い「だに」の意味

大野　ところが、そうした解釈だけでは「だに」がどうしてもうまく解けない例がかなりあるんです。たとえば『源氏物語』のような平安朝を少し下がった頃のものを読むと、「だに」の落ちつかないことがあるんです。ずいぶん長いこと「だに」がわかりにくいなと思っておりました。たとえば、「……だにあり」というのがあります。「だに」というのは下に来る不確定性表現と呼応するから、「だになし」というなら、「せめてもと思うのに、これすらもない」ということで解けるわけです。ところが「……だにあり」というのは、「せめてもと思う……がある」というのではおかしいんです。

実は『万葉集』にもなんとなく解けないのがあります。丸谷さん御指摘の、

恋しくは日長《け》きものを今だに（谷）も乏しむべしや逢ふべき夜だに

なんか変です。これは、「せめて……だけでもと思うのに、それさえも」とでも訳すべきものなんですね。つまり、「だに」が、「さへ」とか「すら」に近く使われるんです。「すら」は『源氏物語』に一例もない。その場所は「だに」が代って占めています。

「わが身のかくいたづらに沈めるだにあるを……もし我におくれてその志とげず、この思ひおきつる宿世たがはば海に入りね」（『源氏物語』若紫）

これなど「すら」に近く、「沈んでいるのすら（耐えがたいのに）まして……」と続くんです。「だに」を、すべて、「せめて……だけでも」とやったらいけないんです。『万葉集』の、

朝《あさ》井《ゐ》堤《で》に来鳴くかほ鳥汝《なれ》だに（谷）も君に恋ふれや時終へず鳴く

ここの「汝だにも」は「お前までも」というふうに訳します。「……までも」というのは、「さへ」が本来担っていた意味なんです。それを「だに」が受け持っている。「だに」は本来は下が不確定性表現になっているはずなのに、ここでは「さへ」と非常に近くなっています。だから「汝だにも」を「お前までも」と訳すと意味が非常にはっきりします。そして中世以降になると、「だに」は、下に「まして」とか「いはんや」を導くことがあるんです。たとえば「東国北国の背《そむ》くだにあるに、南海西海かくのごとし」（『平家物語』飛脚到来）というのは、「だによろしからずあるに、まして……」と続くんですね。

明日よりは恋ひつつあらむ今夜《こよひ》だに（弾）速く初夜《よひ》より紐とけ吾妹《わぎも》

明日からはあなたに逢えないで恋に苦しんでいることだろう。せめて今夜だけでも速く紐ときなさいという歌で、「せめて……だけでも」で解けてしまう。ところが、『新古今』の、

さらでだに露けきさがの野辺に来て昔の跡にしほれぬるかな　藤原俊忠《ふじわらのとしただ》

そうでなくてさえ露けき嵯峨の野辺なのに、まして実際にここに来て、昔の跡を見て、本当に私は悲しい気分だというわけです。

きのふだにとはんと思ひし津の国の生田の杜《もり》に秋は来にけり　藤原家隆

丸谷　秋にならないうちの昨日ですらも来ようと思っていた、それが秋になってしまったからいっそう訪ねたくなる、ということですね。

「だにある」の典型的なものとして、『百人一首』にある相模《さがみ》の、

恨みわび干さぬ袖だにある物を恋に朽ちなん名こそ惜しけれ

これは、恋人を怨んで干《かわ》かぬ袖もあるのに、そのうえまして恋に朽ちる名があるのは口惜しいことだという意味でしょう。

大野　いままで、この「だに」がうまく私には落ちつかなかったんですが、おかげさまで落ちつきました。

丸谷　「だに」を使った言い回しで、王朝和歌にかなり多いのは、「枕だに」という言い方です。たとえば伊勢の歌に、

しるといへば枕だにせでねしものを塵ならぬ名の空に立つらむ

枕は人の秘密を知るというから、その枕さえしないであなたに関係したのに、私の名前は塵でもないのに、その私の名が当て推量に立って、あの女はあの男と関係があると言われる。それから和泉式部の、

枕だに知らねばいはじ見しままに君かたるなよ春の夜の夢

私とあなたの仲は枕だって知らないんだから、言わないだろう、だから関係したことを人に語ってはくれるな、あの春の夜の夢の一夜を、ということですね。

こんなふうに「枕だに」というのが多くて、しかも名歌に多いんです。つまり「枕」というのは恋愛のとき大事な役割をしているけれど、興奮してくると、枕をはずしてしまう。そこのところを「だに」を使ってうまく表現しているんですね。

場所感覚の強い日本人

外扱いにする「つ」

丸谷　「つ」はずいぶん古い助詞で、万葉時代に入ると、もう決りきった言いまわしのなかにしか入らなかったんですね。「国つ神」とか、「沖つ浪」とか。

大野　言葉には寿命というのがあるんですね。寿命という言い方はおかしいかもしれないけれども、眺めていると寿命みたいに見えるんです。たとえば助詞で言いますと、「が」とか「の」とか「を」とか「に」とかは寿命の長い方で、『万葉集』以来、今日までずっと使われていますね。そのなかで性質が変らないのは「の」です。「が」は変ってきながら、元の性質をかなり保っています。これにたいして、たとえば「だに」などは今はもうほとんど使われなくなっていますし、「ばかり」は新しく出来てきた言葉なんですね。

それで、「つ」は、奈良朝以前に繁栄していた助詞で、奈良時代にはもうくたびれてしまっていた。言葉はくたびれるとどうなるかというと、使い方が狭くなって、きまり文句のところに化石みたいにくっつくことになるんです。「つ」も、「奥津波《おきつなみ》」「本都延《ほつえ》」「渡津海《わたつみ》」「本つ人《もとひと》」というように、だいたい場所を言うんです。それも、「が」と比較するとよくわかるんですが、自分の生活圏の内側にはない、外にあるものとして扱う位置を指しますね。「天」とか「国」とか、「奥」とか「辺」とか、「内」とか「外」とか。それから、「イヅク（何処）」、「イヅチ（何方）」の「ヅ」も、もとは「ツ」で、「イ（何）ッ（の）ク（処）」「イ（何）ッ（の）チ（方）」という組合せかもしれません。イが疑問詞なのですね。

大体日本語では、誰が何をした、という言い方よりも、場所を言って、その場所で何が起ったかという言い方が多いんです。たとえば「天皇陛下におかせられては……あらせられたり」という。「天皇陛下という場所で、……ということがあった」ということです。

丸谷 それは一種の呪術的な意識のあらわれでしょうね。たとえば上皇の場合に「院には」という言い方をするのは、直接に人間を言うことを避ける、古代人の呪術的な意識の名残りでしょう。

大野 場所を指して言うというのは、どこにあるとか、どこで誰が何をするとか、脇から眺めて言う言い方です。つまり当時の人の意識では、よそ者扱いにすることですね。

この「つ」という助詞を見ると、それがよくわかります。

ささなみの国《くに》つ美神《みかみ》のうらさびて荒れたる京《みやこ》見れば悲しも　高市古人《たけちのふるひと》

奥津波部都藻まき持ち寄せ来とも君にまされる玉寄せめやも　作者不詳

の「ささなみの国都美神」はささなみの国にいる神様、「奥津波」は奥のほうに立つ波ということで、どこかの場所にいるという意味です。つまり自分の領域の外なんです。「由都麻都婆岐《ゆつまつばき》」――神聖なつばき、あるいは「之許都於吉奈《しこつおきな》」――ばかなおじいさん、ということで、ここの由《ゆ》とか之許《しこ》は形容語で、由都、之許都で形容詞になるわけです。之許という性質にある老翁《おきな》、由という性質にあるま椿《つばき》です。よそ者扱いにするときに、「……の性質の」ということになるんです。これが形容詞の語幹につく「つ」です。この「つ」の役目を、次の時代に引き受けたのは「の」ですね。「醜《しこ》のますらを」などと言いますから。そして身内とそれ以外つまり、ウチとソトという観念は、日本では非常に古くからある、位置の捉え方で、助詞「つ」は概して外に眺めているもの、外扱いにする対象に使う。たとえば自分のものを、「わつ」とは言わない、「わが」です。

丸谷　『新古今集』の西行の、

宮柱したつ磐根《いはね》にしきたてて露もくもらぬ日のみかげかな

の「したつ磐根」というのは、『時代別国語辞典』にもありませんし、西行の造語だろうと思っていたんですが、調べてみると、大祓の祝詞にありました。この場合の「したつ磐根」は、まさしく自分の外界にあるものです。普通の日本人にとって、「つ」で馴染みがあるのは、『百人一首』の、

天つ風雲の通ひ路ふきとぢよ乙女の姿しばしとどめん

でしょうね。

大野　「天《あま》」というのも、「天空」なんで、やはり身内ではないところ、外《よそ》なんですね。

存在の場所をいう「の」

大野　この「つ」にとってかわったのが、「の」です。だから「の」も、身内と外《よそ》とに

分けると、外にある存在の場所を言うのが基本的な使い方です。

石見の海打《うつ》歌《た》の山の木の間よりわが振る袖を妹見つらむか　柿本人麻呂

み吉野の吉野の山の春がすみ立つを見る見るなほ雪ぞ降る　紀　貫之

これらの「の」は「……にある」という意味で、「つ」で言いましたように、外にあるものを把えて言うところに特徴があります。

丸谷　この貫之の歌は、単なる風景描写の歌ではなくて、秋の収穫を祈るおまじないの歌ですね。春の雪というのは豊年をあらかじめ祝う、めでたいものだったんです。それから、『古今集』の上野《かみつけの》岑雄《みねお》の、

深草の野辺の桜し心あらば今年ばかりは墨染に咲け

これは『源氏物語』薄雲の引き歌です。藤壺《ふじつぼ》が亡くなったあとで光源氏《ひかるげんじ》が「今年ばかりは」とつぶやく。その一句を言うだけで和歌全部を引いたことになるわけですね。

非常に洒落た歌で感銘が深いんですが、「深草」も「野辺」も、作者にとっては自分の外界にあるわけですね。『万葉集』の、

古人《ふるひと》の食《たま》へしめたる吉備の酒病まばすべなし貫簀《ぬきす》たばらむ

この貫簀というのは何ですか。

大野　簀の子のことでしょう。吐いたりするときに前に置いて、着物を汚さないようにするんです。

丸谷　お酒を飲みすぎてもどすんですか。

大野　そうです。気持が悪くなったらなんとも仕方がありません。どうか貫簀をくださいということです。

丸谷　洗面器ですか（笑）。『万葉集』は王朝和歌と違ってひどくあられもない歌が出てくるんですね。

大野　平安朝になると、宮廷は、狭いところに人が寄り集まって、気持をびしっと張りつめた暮しをしていますけれども、『万葉集』の歌では、宮廷といってもまだそこまで整っていません。ゆとりがありますね。

丸谷　非常に野性的で、エリザベス朝以前のイギリス王家のような感じです。それで

「吉備の酒」は吉備で出来る酒で、この「の」は、大野さんの『古語辞典』に、「行為・生産の行われる場所を意味」する「の」とありますが、『日本書紀』にある衣通郎姫《そとほしのいらつめ》の

とこしへに君もあへやもいさなとり海の浜藻の寄るときどきを

の「の」もそう考えていいんでしょうか。

大野　わかりにくい歌ですよね。いつでも安心してあなたにお会いしているでしょうか、いやできなくて、海の浜藻が波に揺られて時々岸の方に寄る、とおんなじに、時々しかお会いしてないではありませんか、という歌です。

丸谷　衣通姫という人は『古今集』の序で褒められている、いわば女流歌人の先祖のような人ですが、この歌はなかなかいいですね。

大野　いいですね。『新古今集』の藤原俊成、

近江のや坂田の稲をかけつみて道ある御代のはじめにぞつく

「や」は間投助詞で意味がない、ですから、近江にある坂田でつくる稲ということです。

丸谷　これは大嘗会の悠紀《ゆき》方の歌なんですが、「のや」が古びがあって、賀歌にぴった

りという感じがします。賀歌というのは作るのがよほどむずかしいらしく、いいものがすくないんですが、この俊成の作はさすがにいいですね。俊成は、古い本をかなり読んでいたんでしょうね。

大野　そう思います。『日本書紀』に「近江のや毛野《けな》の和倶吾《わくご》い笛ふきのぼる」という歌がありますね。その「近江のや」というのを覚えていて使ったんだと思います。

丸谷　行為・生産の場所を意味する用法が展開して、生産者・作者につける「の」になるわけですが、大野さんの辞書には、その用例として和歌が出ていませんでした。たしかにいちいち和歌を引くのはなかなかむずかしいと思うんですよ。和歌というのは変なものでして、普通の言い回しと違いますから、和歌の用例がない場合があるんですね。それで、例文は和歌ではなくて、詞書の「大后の御歌一首」と、それからこれは和歌ですけれど、「堀江漕ぐ伊豆手の船の楫《かぢ》つくめ」があげられていますが、この「伊豆手の」には、私はちょっと異論があります。「手」というのは種類という意味でしょう。

大野　伊豆製くらいかな。

丸谷　ええ。それで私としては、生産者・作者をあらわす「の」の例として、『古今集』読人しらず、

鳴きわたる雁のなみだや落ちつらむもの思ふ宿の萩のうへのつゆ

をあげたいんですよ。雁の涙ですから、雁が生産者・作者というわけです。でも、実をいいますと、涙を生産するというのはどうもおかしい（笑）。そう言って言えないことはないんですがね。文法論というのはカテゴリックなものですから、厳密に分けて例を出すと、時々こういう滑稽なことが起るんですね。

大野　なるほど、おもしろい。私の辞書より、この方がいいですね。

形容詞句をつくる

丸谷　次に、それを持っている人につく「の」がありますね。山田史土麿《やまだのふひとひじまろ》の『万葉集』の歌ですが、

あしひきの山に行きけむ山人の心も知らず山人や誰

大野　これも、山人にあるととればいいわけです。

丸谷　『古今集』の有名な歌では、大江千里の、

月見ればちぢにものこそ悲しけれわが身一つの秋にはあらねど

があります。わが身一つにある秋というわけですね。

大野　それは所有する人ということになります。

丸谷　この「の」が非常に力をもったわけですね。

大野　先ほど、「つ」が外の存在の場所をあらわすことから、形容語を作るようになったと言いましたでしょう、「之許都老翁」とか、「由都ま椿」とか、それと同じ筋道で、「わが身一つ」が「秋」の形容語になるわけです。つまり、「わが身一つの秋」という言い方になると、わが身一つが持っている秋とも言えるし、「わが身一つ」が「秋」の形容語としてくっついているとも言える。

丸谷　形状形容詞句みたいになるわけですね。

大野　そう、それでいろいろな使い方が出てくるんです。

丸谷　体言を修飾限定する「の」に近くなってきます。大伴旅人の有名な歌、

験《しるし》なき物を思はずは一坏《ひとつき》の濁れる酒を飲むべくあるらし

この場合の「一坏の」がまさしく形状形容詞句ですね。

大野　そういうことです。そのように、「の」は上に来る語をうけて、それを形容詞みたいに扱うわけですが、そこへ行く順序として、存在の場所を意味する「の」から、所属をあらわす「の」に広まったと言うんです。『古今集』の紀貫之の、

　袖ひちてむすびし水のこほれるを春立つ今日の風やとくらむ

は、今日に所属する風と考えるんですが、これは「存在の場所」が「今日」であるという意味だともとれますね。それから、

　花ちらす風のやどりは誰か知るわれに教へよゆきてうらみむ　　素性法師

は、風が存在するやどり場所ですね。このような存在や所属ということから、人間や物がそこに存在し、そこに所属するだけではなくて、性質が所属するということに転じて、属性を示す「の」になります。助詞はまず具体的なものをうけて、ついで抽象的なものをうけるように広がります。「紅《くれなゐ》の色も移ろひ　ぬばたまの黒髪変り　朝の笑み　夕べ変らひ」のように、紅という属性を持った色、ぬばたまという属性を持った黒髪という

使い方が出てくるわけです。

丸谷　催馬楽に、

青《あを》の馬《ま》放れば　取りつなげ　さ青《を》の馬《ま》放れば　取りつなげ……

というのがあります。「青の馬」というと普通は白い馬ですが、この場合は本当に青に近い感じの馬という説が有力らしいんです。いずれにせよ、この「青の馬」は属性ですね。『古今集』読人しらず、

木の間よりもり来る月の影みれば心づくしの秋は来にけり

の「心づくしの秋」、これなども属性という感じです。

大野　そうです。この歌では「心づくし」という言葉が問題ですね。というのは、現代では「心づくし」は別な意味にとられるようになって、もとの意味がわからなくなっているのではないかと思うんです。現代では「心づくし」という言葉は、たとえば、旅行に出るときに親戚のおばさんが心づくしのお弁当を持ってきてくれたとか、心づくしのおみやげをくれたとか、そういう言い方をします。それは間違った使い方だとは言えな

いし、現代的な使い方としてはむしろ普通かもしれません。しかし「心づくし」の意味は、本来はそうではないんです。つまり、「つくす」というのは、「尽きるようにする」ということでしょう。燃え尽きる、と言いますね。それは自然に燃えて尽きるわけで、だんだんと尽きるようにすることが、「つくす」ということなんです。「人のためにつくす」なども、「人のために自分の力が尽きてしまうようにはたらく」ということでしょう。ですから、「心づくし」というのは、心を燃え尽きるようにすることです。心というものは、ある力、活動力ですね。その活動力を燃え尽きるようにしてしまうというのが、「心づくし」なんです。それで「心づくしの秋」というのは、「さまざまに思い悩んで、心の活動力をとことんまで使い果してしまうような秋」ということです。だから、木の間からもれてくる月の光を見ると、ああ私の心を燃え尽きさせてしまうような、いつもの秋がまた来たんだなあ、というのがこの歌の意味です。「心づくしの秋」を、おばさんの心づくしのお弁当と同じようにとったんでは、全く変なことになってしまう（笑）。現代にも「心づくし」という言葉があるだけにむずかしいですね。

丸谷　和製英語のせいで英語の解釈を間違えるみたいなことになるんですね。

大野　そうなんです。古い言葉で、全然見たことも聞いたこともない言葉ならば、辞書でも引く以外にないから間違えないんだけれども、違った意味で現代でも使われている言葉ですと、誤解してしまうわけですね。たとえば「うるはし」という言葉は、平安時代には、きちんとしているという意味だったんですが、今日、「うるわしい」というと、きちんとしたという意味は全然ないですね。「うつくし」もそうでしょう。もとはかわいいという意味で、現代とは違っていました。

「……のごと」から「……のごとし」へ

丸谷　「……のごと」という言い方がありますね。これは何だか、ひっかかりますが。

大野　「の」を取り扱っていて、「……のごと（如）」の「の」がわかりにくいとか、問題だと採りあげておっしゃるあたり、どうやら丸谷さんもだんだんプロの域に近づいてきた（笑）。

丸谷　晩学のセミプロです（笑）。

大野　さて、「……のごと」というのは少し変ですよね、これは「ごと」が問題なんです。助詞「の」の基本的な役割は、名詞と名詞の間に入るということです。「AのB」というのは、「AにあるB」という意味でしょう。下にくる言葉は必ず名詞なんです。ですから、「今のごと」とか「虫のごと」と言えば、その「ごと」は名詞のはずです。それでは「ごと」はどういう意味の名詞か。これは「ごと」と濁音になっていますね。日本語の場合、濁るというのは、いつも他の言葉の下にくる言葉が上といっしょになって使われるから濁るんです。そうすると、「ごと」という名詞は最初は濁らなかったにちがいない。つまり、「こと」と言っていたにちがいない。『万葉集』に、

　こと降らば袖さへぬれて通るべく降りなむ雪の空に消《け》につつ

という歌があります。最初のところに「こと降らば」とありますが、これは「同じ降るのだったら」という意味です。同じ降るならば袖までぬれ通るほどに降ってほしい雪が、ちらちら降るばかりで空に消えてしまっている、という歌です。これは女の人の歌で、男がきて泊っているんですね。それで、大雪が降ってくれれば、私の愛する人は家に帰れないでもう一晩泊っていってくれる、だから、同じ降るなら袖までぬれ通るほどに降ってほしいのに、というわけです。

ですから、「こと」というのは、「同じ」という意味です。それで「夢のごと」「今のごと」の「ごと」は、この「こと」の頭が濁ったもので、「今のごと」は、現代語では、「今と同じ」ということになります。

　今のごと恋しく君が思ほえばいかにかもせむするすべのなさ

『万葉集』の大伴家持の歌ですが、「これから先も今と同じに恋しく君が思われるなら、私はどうしよう。なんともしようがありません」というわけです。『古今集』の、

虫のごと声にたてては なかねども涙《なみだ》のみこそ下に流るれ　清原深養父《きよはらのふかやぶ》

の「虫のごと」も、「虫と同じに」声にたてては泣かないけれども、ということです。「ごとし」という形容詞は、この「ごと」に形容詞語尾「し」をつけたものです。だから、「水泡《みなわ》のごとし」のように使いました。また、「ごと」は本来名詞から出た言葉ですから、連体形をうけて「流るるごとし」のようにも使ったんです。普通の文法では「ごとし」を助動詞に扱うんですけれども、助動詞ならば助詞をうけることは全然ないはずですね。ところが、「行くがごとし」とか「水泡のごとし」とか、助詞の「が」や「の」につづく「ごとし」があります。それは「ごと」が名詞出身だからありうる形なんで、「が」や「の」をうける以上は形容詞とみるべきです。その理由は、今お話ししましたように、助動詞なら「が」や「の」をうけることはないからです。

格助詞へ展開

丸谷　次に、「……という」という意味の「の」がありますね。天武天皇の、

わが里に大雪ふれり大原の古《ふ》りにし里にふらまくは後《のち》

大野　これはどういうことかと申しますとね、「大原の」が「古りにし里」の形容詞になっていますね。これは「大和の国」のように、存在の場所を示すところから広がって、命名したり、指名したりする「の」の用法が生じたんです。「吉野の山」といえば、「吉野にある山」でもあるし、「吉野という山」でもありうるんですね。それと同じです。それで「……という」と訳すことになるのです。

丸谷　『古今集』凡河内躬恒の、

消えはつる時しなければ越路なる白山の名は雪にぞありける

で言えば、白山という名はという意味になるというわけですね。山頂の雪が消えるとき

がないので白山という名は雪にちなんでつけたとわかった。

大野　そういうことです。こんなふうに、助詞「の」は、まず第一に名詞と名詞の間に入るということが基本で、ウチ・ソトで言えばソトのものＡについて使い、「ＡのＢ」といった場合、ＡにあるＢという意味から、ＡであるＢ、Ａという属性をもったＢとか、そしてＡというＢという意味まで広がってきたわけです。それが一つの使い方だったのです。そこから、もっと広い使い方が出てくるんです。つまり、名詞と名詞の間に入る点では同じなんですが、すぐ下の名詞にじかにつかないで、下の名詞の前に動詞などが入ってくる型が出てくるんです。

丸谷　格助詞に近くなってくるんですね。『古今集』の凡河内躬恒の、

心あてに折らばや折らむ初霜の置きまどはせる白菊の花

のような例がいいんでしょうね。

大野　『万葉集』では、たとえば「昼は　日の暮るるまで　夜《よる》は　夜《よ》の明くる極み」のように使います。助詞「の」の下に動詞が来ますが、それは連体形に限り、結局、その下に体言が来るんです。「極み」とは名詞ですし、「まで」という助詞も、本来は「両手《まて》」ということで名詞なので、結局、「の」は下の名詞へとかかるんです。つまり、助

詞「の」が来た場合、下に動詞が来ても、その動詞が終止形で言い終ることはないんです。必ず名詞に相当するものが来なければならないわけです。現代語でも、「私の読む本」と、下の名詞と呼応するので、「私の読む」と言い終ることはないんです。

丸谷　なるほど、「私は読む」とか「私が読む」とかと言うことはあっても、「私の読む」で終ることはありませんね。

大野　「の」が来たら、下は名詞か名詞相当のものが来なければならないというのは、古い時代にはもっと顕著だったんです。だから、先ほどの凡河内躬恒の歌の場合でも、「初霜の」は結局「白菊の花」という名詞にかかるわけです。

丸谷　「置きまどはせる」はカッコの中に入って、「初霜の花」なんですね。なんか一種の関係代名詞みたいな用法ですね。

大野　そうですね。そういう「の」の使い方が出てきた上に、さらにもう一つ、「の」だけで「……のもの」を意味する使い方があります。現代でも「ぼくのはどれだ」というように言いますね。この言い方は、平安時代になるといくらでも出てくるんです。

それから「……のように」という意味の「の」があります。「の」は「一坏の」のように属性を示して形容語を作るでしょう。それと本質的に同じ使い方で、

大伴坂上郎女《おおとものさかのうえのいらつめ》

青山を横切る雲のいちしろくわれと咲《ゑ》まして人に知らゆな

これは「青山を横切る雲のようにはっきりと私と笑みを交して、人に知られないようにしてください」という意味の歌ですが、この「横切る雲の」の「の」は「……のように」と訳します。要するに、「の」の前の部分が属性を示すわけで、「……雲の」とは「雲の属性をもっている」ということです。こういう「の」の使い方も出てくるわけです。ここまでが、助詞の「の」を考えるときに知っておかなければならないところでしょう。

丸谷 いったい和歌では助詞「の」が非常に大事ですね。O音のせいで和歌的なおっとりのんびりした趣が出るのかもしれませんが、これの使い方がうまくゆくと、いかにも三十一文字《みそひともじ》という感じになります。たとえば、

紫陽花のよひらの八重に見えつるは葉越の月の影にぞ有りける
崇徳院

里のあまのたくもの煙こころせよ月の出しほの空晴れにけり
後鳥羽院

冬の夜のながきを送る袖ぬれぬ暁がたの四方のあらしに

これでわかるように、というのは乱暴かもしれませんが、どうも天皇の御製には「の」を多用して効果をあげているのが目につくような気がします。悠揚せまらざる帝王調には「の」が合うのかもしれませんね。わたしはひそかに「天皇のノ」と呼んでいますが、もちろんこれは学問的な命名ではありません（笑）。

場所的感覚と「に」

大野　助詞「の」の用法は、いままでお話ししてきましたように非常に広がってきたのですが、いちばん最初は、名詞と名詞の間に入って、存在の場所をあらわす（……にある）連体助詞だったわけですね。ところで、そのように考えますと、本質的に類似性があると思われるのが、「に」という助詞なんです。「に」も、「机の上にある」というように、やはり存在の場所をいうわけです。これにたいして「で」は、動作をする場所をいうんです。「机の上に字を書く」というと、机そのものに字を書くんですね。「机の上で字を書く」というと、字を書くという動作の場所が机だということで、違うわけです。つまり、「に」という助詞は、まさにその場所にぴたっとくっつくように動かないで物があることをあらわすのです。だいたい「に」がきたときには動かない。「庭に木がある」のです。「庭に猫がいる」のです。「庭に花びらが落ちる」のです。これにたいして、「で」でいうと、その場所で動くんです。「庭で木の葉が舞っている」のです。「庭で猫が遊んでいる」のです。

それから、「三月三日に彼女と会った」と言った場合は、「に」は動かない時をあらわします。あるいは「それに違いない」とか、「悪いことをしたのはあいつに違いない」とかいえば、これは心理的にある一点を指し示して動かないんです。つまり、場所、時、心理的な存在、すべて動かない、その一点に定着、集中するように指し示すのが、助詞「に」なんです。動かないんですから、まさにそこに存在する場所をあらわすわけです。こう考えると、「私の本」とか、「吉野の山」とかいう、「……にある」という意味の「の」との類似性がわかります。「に」と「の」とでは母音が違いますが、本来的には同じ機能をもった言葉だったんではないか。それが、名詞と名詞の間に入る方は「の」となり、名詞とある動詞との間に入ると「に」となるんだと思うわけです。

丸谷　「に」と「の」に共通するn音が、場所を示す感じのものだったわけですね。

大野　ええ、そうではないかと思います。そのように考えると、「の」と「に」とが統一的に理解できますからね。

丸谷　コナタ、ソナタ、アナタなどのナも、場所を示すn音でしょうか。

大野　そうでしょう。ナ（na）はノ（nö）の母音交替形だとされています。もう一つ大事なことは、この「に」も「の」も省略されないということです。『万葉集』などを見ますと、「を」とか「は」とかいう助詞は、しばしば書くのを省略されていることがあるんですが、「に」はほとんど省略されていないんです。

丸谷　実にまめに書いてあります。

大野　まめに書いてあるということは、「に」について強い意識をもっていたということでしょう。日本人は、どこにあるか、それが「身内」にあるか、「そと」にあるかということについては、非常に意識が強かったということです。

丸谷　場所的感覚が発達しているんですね。

大野　目的格をあらわす「を」なんていう助詞は、あったってなくたっていいんです。日本人は、目的語を言うときには、目的語だぞということを明示しない。「水飲んだか」「飯食ったか」でいいので、「水を飲んだか」「飯を食ったか」などとは言わないでしょう。実は、「を」という助詞は後世になって、といっても平安時代から多く使われるようになったようで、もともとはあまり使わなかったんです。それから、「花咲く」「月出づ」でよかった。前に言いましたように、日本語ではもともと動作の主体を明確にあらわす助詞はなかったのです。ところが、「に」だけは非常にはっきりしていますし、「の」という助詞も使われることが多かったんですね。「の」と「に」が圧倒的に使用度数が多い助詞です。たとえば『源氏物語』のなかで使われている助詞の中で、いちばん多いのは「の」です。多い順に言いますと、「の」「に」「も」「て」「を」「と」「は」「ば」「や」の順です。

丸谷　「も」がそんなに多いんですか。

大野　『源氏物語』に「も」が多いのは、万事、物事は不確かだと把えているということですね。「も」は不確定・不確実を示す助詞でしたから。それで、「の」と「に」の使用度数が多いということは、日本人は内・外の場所的感覚が非常に強く、場所的にものをとらえるということです。内とか外とかという場所についてははっきりした意識をもっていて、それをあらわす助詞は必ずはっきりつけるというわけです。その代り、「誰がするか」という「人」を示す主格助詞は発達が遅かったんです。このように考えますと、「の」と「に」という助詞が、非常に古い時代には一元的にくっついていた時期があるという感じがします。そして次に「が」という助詞が出てきますと、さらに日本人の場所的認識が、はっきりしてきたと言えるんじゃないでしょうか。

現象の中に通則を見る

文法への恨み

丸谷　文法への恨みというのは誰でも持っているんですね。井上ひさしさんの書いた『私家版日本語文法』も、事あるごとに、高等学校の文法の時間の悪口を書いています。あれはなかなかいい本でしてね。井上さんはずいぶんよく勉強していて、悪口を言う資格があるくらいおもしろい趣向をこらして書いています。

大野　そうですねえ。ですが文法はむしろ不幸な学科だと思います。というのは、たとえば生物の先生で生物が嫌いだという人はまあいないでしょう。物理の先生は物理が好きで先生になっているわけでしょう。ところが、文法は、教えている先生自身が嫌いなんですから。その上、教えている先生が、ちゃんとした文法の教育を受けてもいないですしね。

丸谷　でも、文法というのはむずかしいからなあ。私は、英語教師になった最初の時間が英文法の時間で、本当に憂鬱でしたね。二クラス合併で百五十人ぐらいを相手にマイクを通して教えたんですが、私の教師商売も幸先が悪いなという感じでした。

大野　私の文法についての経験を言いますと、小学校五年のときだったと思いますが、先生が「山の秋」と「秋の山」と黒板に書いて、どう違うかと質問されたんです。むずかしい問題というものがあるものだと、いまでも覚えています。

丸谷　そんなことを小学生に聞くというのは、むちゃくちゃじゃないですか。

大野　それを頭の中でわかろうと一所懸命考えたけれども、結局、自分ではうまく言えなかったですね。答えのほうは覚えてませんが、問題はよく覚えています。

丸谷　それが、大野さんの国語学の出発点ですね。国語学を勉強しようと思ったのはいつごろなんですか。

大野　国文に興味を持ったのはやはり中学の後半です。小学校のときは、理科部に入って亜鉛に希硫酸を注いだりして遊んでいました。だから、小学校の先生は、理数科へ行く生徒だと思っていたそうです。ところが、中学校に行ったら、理科の先生がおもしろい授業をしなかったので興味をなくしてしまって、別のほうの興味がのさばってきたんです。中学校一年のときに、文語の文法を習って、おもしろいものだなと思ったんですね。

丸谷　おもしろいと思ったんですか。それはやはり変わってますねえ（笑）。世の中にはやはりそういう人もいるんですね。『標準日本文法』を書いた松下大三郎という人もそうでした。十七歳で遠江の国を出て、上京するんですが、ただし、それが普通の人と違って、日本語の文法を確立しようと決意して郷関を出たんですね。それで早稲田に入って、何時間目かに、かねがね国文法で分らなかったことを先生に質問した。先生はぜんぜん答えられなかったんです。その晩、下宿に帰ってじっと考えて、翌日退学届を出した。この速度がいい（笑）。質問された先生こそ災難ですが、退学届出すところがすごいですね。それで国学院にかわって、今度は落合直文《おちあいなおぶみ》に質問して困らせるわけです。

松下大三郎という人は偉い人ですね。ヨーロッパのことはあまり知らなかったと思うんですが、そのくせ物の考え方がヨーロッパ的というか、機能的で論理的な人だと思います。私がそのことをいちばん感じたのは、彼といっしょに『国歌大観』を作った人の思い出を読んだからなんです。松下が若い連中を集めて『国歌大観』を作るとき、立てた方針は、実に簡単なことだった。同じ和歌を五枚ずつ紙に書いて、それを五・七・五・七・七の句ごとにアイウエオ順に並べればいい、と言ったんだそうです。ただ、書いた紙が薄い和紙なので、編集室の窓を開けると紙が飛んで、せっかく並べた順序がめちゃくちゃになって大変だったんですって。それで、どんなに暑い日でもぜったい窓を開けてはいけなかった。要するに、松下大三郎は、西洋のカード・システムというものを知らなくて、しかしそれとまったく同じことを独創で考えついたんですね。カードだったら紙が厚いから風で飛ぶようなことはないわけです。それを見たことはなくて、自分の頭で考えたから、紙を厚くすることには気がつかなかった。つまり、松下が独創的に考えたことが西洋的なものと一致した。そういう、いわば手製の西洋的な頭の働き方だということをよく示す話じゃありませんか。あの人の文法もそういうところがありますね。芯のところが非常に西洋的です。

大野 あの人はまったく偉いですよ。日本語文法を書いて、漢文法を書いて、最後には世界文法を書こうと考えていたのですから。

丸谷 漢文の文法は書いたんですね。

大野 ええ、『標準漢文法』という本があります。前にも言いましたように、「は」と「が」の違いなどもきちんと書いているんです。ああいう、とらわれない目で見る人には見えるんですね。

「が」は内扱い

大野 前に「の」の話をしましたとき、「の」という助詞が、体言と体言の間に入って、存在の場所を表わす、そして外扱いにするということを少し申しました。それはどういうことか、「が」と比べるとはっきりするんです。「が」も体言と体言の間に入って、所

在、所属を表わす助詞ですが、たとえば『古今集』の、

君がため春の野にいでて若菜つむわが衣手に雪はふりつつ　　光孝天皇《こうこうてんのう》

わが恋は知らぬ山路にあらなくにまどふ心ぞわびしかりける　　紀　貫之

のように、「君が」とか「わが」とか、自分、あるいは自分と近しい人物を承ける「が」が圧倒的に多いんです。実際生活上からいえば、いっしょに住んでいる夫、妻、それから父、母、子供といった家族です。それは一軒の家の中に住んでいる場合もあるし、一つの囲いの中に住んでいる場合もあるが、ある囲いの中にいる、つまり内扱いをする人物を承けるのが、「が」の特徴です。

丸谷　それが「の」と違うところですね。たとえば、仏足石歌《ぶっそくせきか》の、

御足跡《あと》作る　石の響きは　天に到り　地《つち》さへ揺すれ
父母が（賀）ために　諸人の（乃）ために

という例があります。

大野　そうです。とてもいい例を挙げてくださった。ウチの人々である父母については「父母がために」といい、世間一般の人については「諸人のために」といっています。自分と暮している内扱いの父母は「が」で承け、その外にいる者は「の」で承けるんですね。これは、日本人の生活意識を明確な形で反映している言語表現だといっていいと思います。このような内扱い、外扱いということが、古い時代の日本人の生活で大きな役割を占めていました。

丸谷　『万葉集』の、

鶴《たづ》が（我）鳴《ね》のけさ鳴くなへに雁が鳴《ね》はいづくさしてか雲隠れらむ

などを見ると、鶴や雁は身近なものだったんですね。それから、同じ『万葉』の、

梅が枝《え》に鳴きて移ろふ鶯の羽しろたへに沫雪ぞ降る

大野　鶴や梅を「が」で承けているのは、鶴や梅を内扱いの生きものとして扱っていると考えられます。「梅が枝」「梅が花」という例は『万葉集』にすでに数々あって、「梅

の花」と両立しています。「梅」は新しく輸入された花で、当時は舶来の非常に愛好された花だったようですね。このように「が」は生きもの（動物・植物）も承けるのですが、人間、しかも自分や内扱いの人間を承ける場合が圧倒的に多いのが大事なポイントです。そうでない例を探すのは骨が折れると思います。

内扱いにするとは、親しくて隔てのない扱いをすることですから、本当は外扱いにして遠慮すべき、あるいはあまり近寄りすぎないようにするのが礼儀である相手を、わざと内に引きずりこんで扱うと、相手をばかにしたり、軽蔑したりする意味になるのです。たとえば「しもと取る里長《さとをさ》が声は寝屋戸まで来立ち呼ばひぬ」（『万葉集』）というのがありますが、里長だから本当は「の」で遠くに扱って敬意を表明すべきなのに、税金を取り立てにくる、不愉快な相手なので、「里長が声」と言っているんです。

丸谷　『新約聖書』で取税人が軽蔑の対象であるのと同じですね。

大野　それから、『万葉集』の、

法師らが（之）ひげの剃杭《そりくひ》馬つなぎいたくな引きそ法師は泣かむ

これも、法師をばかにして「法師らがひげ」といっています。

丸谷　『新古今集』の俊成の歌、

いかにせん賤が園生《そのふ》の奥の竹かきこもるとも世の中ぞかし

の「賤が園生」という場合も、やはり軽蔑なんでしょうね。

大野　賤というのは下賤なる者という意味ですから、低く扱って、やはり「が」で承けているわけでしょう。

地名につける

大野　『万葉集』にはいろいろなのがありまして、仙柘枝《やまひとつみのえ》の、

あられふり吉志美《きしみ》が（我）高嶺《たけ》を険《さが》しみと草とりはなち妹が手を取る

という歌で、「妹が手」は分るけれども、「吉志美が高嶺」のほうは、なぜ「が」で承けるのか、説明がつかない。

丸谷　地名の場合には「が」で承けるのが多いんじゃありませんか。

　　こととはん野島が崎のあま衣浪と月とにいかがしをるる

という、『新古今』七条院大納言の歌があります。月がきれいで涙が出るせいと、浪のしぶきのせいとで、あまの衣がしおれるというのですが、この「野島が崎」、それから慈円の、

　　わが恋は松を時雨の染めかねて真葛が原に風騒ぐなり

の「真葛が原」ですね。どうも地名の場合には「が」がくるのが多いような気がします。

大野　「野島が崎」は『万葉集』にあるので使ったんでしょうが、「真葛が原」は分りません。

丸谷　なぜ「が」を使うのかというと、土地にたいする親近感じゃないでしょうか。地霊信仰的な、一種の親近感からだと思っていたんですよ。自分の所有扱いにするから、それで「が」で承けるんじゃないかと考えたわけです。

大野　あるいはそうかもしれません。当時のいろいろな信仰との関係がもっとはっきりわかる材料があるといいのですけれども。丸谷さんの考えはとてもいい考えだと思います。ただ、「岩が根」とか「伊良湖が島」という言い方もありますので……。

丸谷　ええ。困るのは、「富士が嶺」とはいわないことですね。「富士の山」「富士の嶺《ね》」でしょう。「吉野が山」じゃなくて「吉野の山」「吉野の峰」「吉野の嶽《たけ》」。このへん、うまく説明がつきませんね。

動作と結びつく「が」

大野　古い用法では、「が」は「の」と同じように、体言と体言の間に入って、「……にある」「……がもっている」という意味でした。そして内扱いにする人物につくことがポイントだと言いました。ところが、このように我とか、君とか、妹《いも》とか、人物を承けることが多いと、どういうことになるか。たとえば「わが恋」という場合、私にある恋、私がもっている恋であるのですけれども、私がする恋でしょう。つまり、「が」は多くの場合、人間を承けるから、動作に近づきやすい傾向をもっていたわけです。それが、後の時代になって、「の」と「が」の働き方が分れる一つの条件になったと考えられます。「が」の上には人間が来ますから、人間の動作につづくことが多くなるのですね。『新古今集』の、

君がせぬわが手枕は草なれや涙のつゆの夜な夜なぞおく

では、「君がせぬ」と、「が」の下に「する」という動作が来ています。「が」が動詞と結びつくということが起ってくるのです。

丸谷　これは光孝天皇御製ですね。お妃に贈った恋歌。ずっと御無沙汰していたものだから、機嫌を取るために詠んだんですね。

大野　また、『万葉集』の、

　ひさかたの天照る月は見つれども吾《あ》が（我）思《も》ふ妹《いも》に逢はぬころかも

大空を渡っていく月は見たけれども、私が胸の中に抱いている恋人にはこのごろは逢うことができない、という歌です。この場合、「ア（吾）ガ」はじかに「思ふ」にかかるのではなく、本来はその下の「妹」にかかるので、「アガ妹」、つまり私の恋人なんですね。

しかし、ただ「アガ妹」ではなく、「おもふ妹」なんです。そうしますと、言葉の上では時間的な順序として「アガ」の次に「おもふ」という動詞が来る。そこで、「アガおもふ」という結びつきが強く意識されるようになるんです。「アガおもふ妹」となって、本来の「アガ妹」よりも、「アガおもふ」のほうが非常に密接な関係をもつようになりました。

丸谷　『古今集』の素性の、

主しらぬ香こそにほへれ秋の野に誰がぬぎかけし藤袴ぞも

も、「誰が藤袴」なんですね。

大野　そういうことです、本来は。もう一つ例をあげますと、

わが背子が来まさぬ宵の秋風は来ぬ人よりもうらめしきかな　曽禰好忠

これも古い形式では「わが背子が宵」なんですが、間に「来まさぬ」という言葉が入っているわけです。

このように、助詞「が」は本来、体言と体言の間に入るのが基本だったんですけれども、「が」と下の体言の間に動作を表わす動詞が入ってくるようになります。もともと「が」の上の体言は人物であることが多いものですから、それが動作の主となって、「が」は下の動詞と結びつきやすい状態が生じました。この場合、動詞は下の体言につづくの

で連体形です。連体形は体言相当の資格があるので、「人物＋が＋動詞の連体形」という形式は「体言＋が＋体言」という「が」の使い方の基本の形に合致しているわけです。ところが一方で、前に係結びのときにお話ししたように、係結びが広く使われるようになって連体形終止が多くなり、それによってかえって連体形終止の価値が失われた。つまり、それによって連体形終止を特徴とする係結びが分らなくなり、本来の終止形による終止よりも連体形終止という終止の仕方が一般化するようになったのです。すると、ここに見られる「人物＋が＋連体形」という形は連体形による終止の形と意識されるようになり、この形から、主語を表わす「が」を含む文、たとえば「花が咲く」のような形式が、終止できる形として一般化されてきたのです。つまり、「が」に限って、「私が見る」とか、「春が来た」という形は、江戸時代以降に一般化したのです。

場所を表わす連体助詞であるという点では同じようなものであった「の」と「が」のうち、「の」は外扱いにする助詞だったので客観的な状態を言うのに使われて形容詞句を作り、もとの役割を保ってきたのにたいし、「が」のほうはそれが承ける人や物を内扱いにする助詞で、人物を承けることが多かったので、その下の動詞の連体形といっしょになって、「……がする」という動作を表わすことが多くなり、今日のように主格の助詞として使われるようになったと考えられます。

連体形について

丸谷　もう少し歌を読んでみましょう。『拾遺』の、

祝子《はふりこ》がいはふ社の紅葉ばもしめをば越えて散るといふものを

ですが、これは『万葉集』では、

祝部《はふり》らが斎《いは》ふ社の黄葉《もみぢば》も標縄《しめなは》越えて散るといふものを

なんですね。『拾遺』は「祝子」ですから女ですが、『万葉』は「祝部ら」ですから神官たちで男なんです。『拾遺』では『万葉』の歌を色っぽく直しているということになるでしょう。この「紅葉ば」には幣《ぬさ》のイメージが入っています。むかしの幣というのは、細かく切った紙とか布とかを撒いたわけで、それと「紅葉ば」とが重なっていると思います。その紅葉ばでさえもしめなわを越えて散るのに、どうしてあなたは掟を守ってばかりいて私になびいてくれないのか、という意味です。この「祝子がいはふ社」も、本

来は「祝子が社」ですね。『風雅』にある順徳院の歌、

ますらをが山かたつきて住む庵《いほ》の外面《そとも》にわたす杉のまろ橋

これは「ますらをが庵」ですね。おそらく順徳院が佐渡に流されてからの歌だと思います。それで自分のことを「ますらを」——身分の低い男と言っている。そういう男が山の近くに住んでいる庵のすぐ外のところに渡してある杉の丸太橋。これは妙にかわいそうな歌ですね。

大野　ただ「外面にわたす杉のまろ橋」と言っただけで、それがどうしたとも言っていないところにかえって言いあらわしきれない悲しみがこもっているんですね。『万葉集』の山前王《やまくまのおおきみ》、

河風の寒き長谷《はつせ》を歎きつつ君が（之）あるくに似る人も逢へや

実はこの歌は、解釈をきめようとするとむずかしいんです。誰が「河風の寒き長谷を歎きつつ」なのかですね。歎きつつ君が歩くのか、私が歎きつつ君の歩くのに似る人に逢うことがあろうかなのか、いろいろな解釈が可能な歌です。それはともかく、「ある

く」は「に」にかかっているから連体形で、体言に相当するので、「君があるく」の「が」は体言にかかっています。私は、これは「君が歩く（姿）に似る人にも逢わない」という意味だろうと思います。『後拾遺集』の、

梅が香をたよりの風や吹きつらん春めづらしく君がきませる

「君がきませる」と、連体形で閉じていますけれども、「きませることよ」と補ったら分ります。それで、助詞「が」を理解するには、前にも言いましたように、体言と体言の間に入る、「体言＋が＋体言」が大原則だということを覚えておくと、かなり解けるんです。次の『万葉』と『古今』の歌、

大滝を過ぎて夏身《なつみ》に近づきて清き川瀬を見るが（我）さやけさ

うつつにはさもこそあらめ夢にさへ人目をもると見るがわびしさ

小野小町

この例では、「見るがさやけさ」「見るがわびしさ」と、「が」の上が「見る」という連体形になっています。これは「見ることがさびしさよ」ということですね。次の『古

今集』の、

　消《け》ぬがうへにまたも降りしけ春霞立ちなばみ雪まれにこそ見め

では、「消ぬ」が連体形です。雪が消えない状態のうえにもっと降り積もれ、もし春霞が立ってしまったならばこの雪をまれにしか見ることができないだろうから、という歌です。

丸谷　次の歌は『新続古今集』ですから、二十一代集最後の勅撰集です。源基氏の歌で、「懐旧の心を」という題がついています。

　ぬるがうちに帰る昔の夢もがな見ぬ世のことを人に語らん

寝ているうちに昔に帰って昔の夢を見たいものだ、その夢で見た昔のことを人に語ろう。「見ぬ世」というのは昔のことですね。その「見」が夢の縁語になっています。

大野　「ぬるがうち」で「ぬる」が連体形で体言相当です。

「ば」と呼応する「が」

大野　これまで見てきましたように、「が」の上と下は、体言または体言相当なんですが、これには非常に古くから例外があるんです。それは、下に「ば」が来たときです。『万葉集』の、

　大船の思ひたのみし君が（之）いなばわれは恋ひむな直《ただ》に逢ふまでに

大船のように確かなものと思いたのみにしていたあなたが行ってしまったならば、私はじかに逢うことができるまで恋いつづけるだろう、というのですが、この場合、「君が」と言って、下が「いなば」となっているのが問題なんです。

次の例もそうです。『古今集』の、

　今はとて君が離《か》れなばわが宿の花をばひとり見てやしのばむ

これは歌としてはやさしいのですが、これも「が」の下が「離れなば」となっていま

す。

丸谷　つまり、「ば」は未然形につながるからですね。私の好きな『古今集』の歌ですが、

橘清樹《たちばなのきよき》が忍びにあひ知れりける女のもとよりおこせたりける

読人しらず

思ふどちひとりひとりが恋ひ死なば誰によそへて藤衣きむ

相思っているどちらか一人が恋のせいで死んだならば、二人の仲は世間に知られていないのだから、残った一人は、恋人が死んだのでといって喪服を着るわけにはいかない。いったい誰にかこつけましょうか、母が亡くなりましたのでなどと言って喪服を着て、あなたの喪に服するのでしょうか。これはあまり評判にならない歌ですが、『古今』の歌にしてはブラック・ユーモアがある、おもしろい歌です。世間に隠れている恋だということを強調して、二人の恋の情緒をぐっと増すという工夫ですね。この女の人、自分が死ぬとは思っていないらしい。恋人が死んだときに着る自分の衣裳のことを心配するなんて、なるほど女ごころはこういうものだなあという気がします。

大野　「ひとりひとりが。」の「が」の使い方は、絶対にないことはないですが、新しい

用法に見えますから、当時の人にはきっと耳に立ちすぎたんではないでしょうか。

丸谷　非常に口語的な言い回しなんでしょうね。ふざけた歌だから、こういう口語的な言い方が入ってくるんでしょう。

大野　さて、「ば」が来ると例外になるんですね。つまり「君が」「ひとりひとりが」と「が」が来ているのに、「いなば」「離れなば」「恋ひ死なば」となっていて、「が」の下が体言、連体形になっていないでしょう。ところが、ここで問題なのは、「ば」という助詞なんです。つまり、「体言＋が＋体言」が一般的なのに、ここでは「体言＋が＋動詞＋バ」となっている。これも一般則の中にあるとすれば、「動詞＋バ」という形が「体言」に相当していなくてはならないはずですね。

「ば」という助詞の成立の歴史を推測してみると、ことによると、「ば」は推量の助動詞「む」と助詞「は」とがくっついたものだったんじゃないか。つまり、「ば」は「むは」の縮約形ではないかと考えられるのです。m音とF音ですから、「ムハ」→「バ」mFa → mba → ba となるはずです。そうとすると、「雨降らば」とは「雨降らむは」にさかのぼる。「雨降らむ（トキ）は」の意と押えると、「雨ガ降ルダロウトキハ」となり、それは「雨が降るならば」の意になります。「君が去《い》なば」ならば、「君が去《い》ってしまうときは」ということで、つまり、「もし君が去なば」と同じ意味になります。その場合、「む」は連体形ですから、体言相当ということで、やはり条件句を表わす「ば」が下に来るときも「体言＋が＋体言」という基本形式にはずれていないと考えられるんです。

丸谷　なるほど。きれいに説明がついてますね。私には、この「ば」につくのがよくわからなかったんですが……。

大野　こういう場合、考え方としては、これだけは例外だと考えないで、例外的な現象の中にも原則が通っていると見たほうがいいのです。人間の文法的意識というものは、それほど複雑なものではないんです。音韻の融合などで変化形が生じて一見、複雑に見えることがあるけれども、最も根源的なパターンはきわめて簡単なものなんです。たとえば、係結びでも、強調のための倒置だという原則が分れば、連体形で終ることはなんでもなく理解できることですよね。この場合でも、「ば」の中に体言的要素が含まれているはずだと見たほうがいいと思います。

破格の西行

丸谷　いままでの説明をうんと簡単に要約しますと、王朝和歌の場合には、「が」は厳密にいえば連体助詞である、その使い方がことに室町時代以降広がって格助詞めいてきて、江戸時代以降に格助詞になった、ということになると思います。その場合でも例外といえるのではないかという感じがするのが一首あって、西行の『山家集』の歌です。

松が根の岩田の岸の夕すずみ君があれなと思ほゆるかな

大野　これは、ずいぶん探したあげくに出てきた例なんですが……。前にも、やはり西行の例がありましたね。

さびしさに堪へたる人のまたもあれな庵ならべん冬の山里

これも、「あれな」なんですね。

丸谷　そうです。西行という人は「あれな」が好きなんですよ。

大野　これは破格ですね。「君も」ではなく、たしかに「君が」なんでしょうね。

丸谷　大丈夫です。『山家集』でも、『夫木和歌抄』でも、『玉葉』でも、「君が」になっています、ただ、異本で「も」もありうる気がしますし、そのほうが意味はこまやかになりますけれど……。

大野　でも、おとなしくなってしまうんですね。西行の歌はおとなしくは作らないでしょう。その意味では「が」でなくてはいけないんでしょうね。この「あれな」は、「あらば」に近いんじゃないでしょうか。「君があらば（イイノニ）と思ほゆるかな」と解釈できますね。それから、「さびしさに堪へたる人のまたもあれな」も「堪へたる人のまたもアラバ庵ならべん冬の山里」と解釈できますね。

丸谷　このように調べてみると、西行は斬新な詠みぶりの人ですね。なんとなく西行は穏やかに詠んでいる人のような気がしてましたが、語法的にみると違いますね。これは正統的な語法のぎりぎりですか。

大野　むしろ破格に踏みこんでいるのではないでしょうか。私は、この時代のことはあまり知りませんが、『万葉集』『古今集』から、『千載集』以前の、平安中期ごろまでの感覚で西行を読むと、かなりはずれているんです。

丸谷　「松が根の」の歌は『新古今集』には採られていないんで、『玉葉集』になってようやく採られるわけです。ということは、『千載』や『新古今』を勅撰した歌人たちにとって、これは妙な語法だったのだと思います。

大野　『玉葉』ならばずっと時代が下っているから、入るでしょうし、それなら「が」でいいんでしょう。西行はよほど口語的なものの言い方を歌にとり入れることに慣れていたのか、熱心だったんですね。

丸谷　かなり意図的なものでしょう。西行のそういう面をいちばんよく表わしているのが、この歌ではないでしょうか。

大野　「君があれな」が「君があれば」ならなんでもないんです。「あれな」ですから、非常に微妙な、綱渡り的な言い方になるんです。

丸谷　「あれば」なら已然形ですが、「あれな」だから命令形なわけですね。

大野　それが、もう少しで踏みはずしそうな、ぎりぎりの線で、綱渡り的だということです。そういう目で『山家集』をみると、いろいろ引っかかる語法があるんではないでしょうか。

丸谷　『新古今集』の語法のほうがずっときちんとしていて、『山家集』はかなり崩れているのがあるのじゃないか、と私は前から見当をつけていました。

大野　定家も手のこんだことをしているけれども、結局は古い語法をむやみには破っていないんです。イメージの積み重ねとか、引っかけ合いとかでは非常に複雑ですが、語法の上では格を守っていて、だいたい逸脱していないですね。

丸谷　定家的、『新古今』的な詠みぶりは言葉の重層性でいくので、破格に近づくということはありません。つまり、プライマリー、セカンダリーと、意味の層があって、プライマリーの層では古格の文法をきちんと守っていて、セカンダリーの層ではその層なりの文法に合っている、そういうようになっていると思います。ただ、それが重なっているから、非常に曖昧な感じになってくるんです。

大野　西行のほうは、仕組みはもっと簡単のようですね。

丸谷　そうです。定家のような、曖昧さ、多義性という点はあまりないですね。

大野　いずれにせよ、この「が」は、少し注意すべき「が」ですね。

古代の助詞と接頭語の「い」

「あるいは」か「あるひは」か

丸谷　私は『横しぐれ』という作品のときから歴史的仮名遣にしています。それ以前は不承不承、新仮名遣で書いていたんですが、どうもこれはおかしいと思いましてね。そのときにわからなくなったのが「あるいは」なのか「あるひは」なのかということでした。歴史的仮名遣で書く偉い文学者たちのかなり多くが「あるひは」としているんですね。ところが今の辞書では、「あるいは」となっている。ちょっと以前の辞書に当りますと、『大言海』では「あるいは」、『大日本国語辞典』では「あるひは」で、真向から対立しています。

　で、いつか電話で大野さんに質問したところ、「あるいは」が正しいということで、助詞「い」について講義していただいたことがありました。かなりの部分はよくわかったんですが、まだわからないところがありますので、そこのところをもう一度伺えたらと思うんです。「い」というのは上代だけの助詞ですから、私にとってだけではなく、いまの日本の読者にとっても、かなり興味があると思いましてね。

大野　いま考えてみると、電話をいただいた覚えはあるけれども、何をお話ししたか。明治時代の人は「あるひば」と書いている場合のほうが多いかもしれません。むしろ、昭和になってから、「あるいは」のほうが正しいんだということが世間に広く知られるようになってきたんじゃないかと思います。

なぜ「あるひは」という書き方があったかといえば、日本語では「あ」とか「い」とか「お」などの音は、古典語の時代には言葉の始めには来るけれど言葉の中にはこないものなんです。それだから助詞に「が」とか「の」とか「は」とか「て」とかはあるけれども、「あ」とか「お」とかというのはないんですよ。助詞の「を」は wo と発音していましたし、今日では、「東京エ」と言うけれども、これは字では「へ」と書いていますね。これは奈良時代や平安時代前半は「フェ」と発音していたわけです。それが発音の上で Fe（フェ）から we（ウェ）に変わり、さらに ye（イェ）に変わって、今日の「東京エ行ク」のように変わって来ました。今の「エ」の音になったのは、江戸時代くらいではないんでしょうか。つまり結果としては「へ」から変わった「ウェ」の「ウ」が消えたわけですよ。だから「東京エ」とか「大阪エ」とは言うけれども、字としては昔のままに「へ」と書くんですね。

「エ」と発音するから「え」と書くんじゃなくて、「エ」と発音しても「へ」と書く。こういう例があるんで、助詞の「イ」の場合も本来「い」であるはずはないと考えて、たぶん「ひ」から「イ」に変わったんだろうと考えて、「ひ」と書くべきものだというふうに明治時代の人は考えたんだろうと思いますね。

丸谷　推測による書き方ですね。

大野　そうなんです。契沖《けいちゅう》が定めた仮名遣は、奈良時代あるいは平安時代前半までに、実際に一つの言葉を書くときに、万葉仮名をどう使っていたかということを調べて、その実例を根拠にして決めたわけで、実例を見なければ何ともいえないという考え方です。それでは「あるいは」という言葉の実例はどこにあるかというと、奈良時代の文章、また平安初期漢文の読み方などの中にあるんですね。

まず奈良時代にはどうかというと、宣命《せんみょう》にたくさん出てきます。天皇から臣民に賜わる言葉の中にあるんです。たとえば『続日本紀』の第四十五詔に、

此《これ》を持《たも》つ伊《い》は称《ほまれ》を致し、捨《す》つる伊《い》は謗《そしり》を招きつ

などとあるんです。この場合、「伊《い》」と書かれている言葉の意味は、どういうことかというと、ものとかことにあたるようなんです。「これを保つものは称賛を得、捨て

るものは人から非難をきっと招く」ということです。この「い」（伊）は体言ですから、その上に来る言葉は連体形になるんです。ですから「捨《す》つる（連体形）伊《い》は」と訓《よ》んでいるわけです。

さて、お話の「あるいは」ですけれど、「ある」は「有り」の連体形で、「あるものは」の意を表わすのが古い使い方でした。

たとえば、「大力もあり、勇健なることもあるい、皆来て是の人を護らむ」（『金光明最勝王経』）という文章でいえば、「大力も有り勇健でもあるものが、皆来て、この人を護るだろう」ということですね。ところが、こういう使い方から広まって、「昇ると沈むと有りてあるいは上りあるいは下り」のように使いました。これも考えて見れば、「あるひとは上りあるひとは下り」ということですけれど。

今ここでこういう問題を考えるときに、どんな資料によっているかということを、ちょっとお話ししておこうと思うんですが、大体奈良朝の言葉を調べるには誰でも御存じのように、『古事記』『日本書紀』『万葉集』を使います。しかし、この三つの本に収められているやまとことばは、『万葉集』は歌、『日本書紀』はその中の歌と訓注、『古事記』は歌と本文と訓注という具合で、歌が中心になりますね。ところが別に『続日本紀』に、天皇が臣下に賜わったお言葉である宣命があって、これは歌ではなく散文なんですね。ですからこれは重要な材料です。ところが平安時代に入ると、九〇五年の『古今集』まで約百年間、確実な歌の資料がないんですね。

しかし、ちょうどその間の空隙を埋めるように仏典や漢籍の古い訓み方を書き入れた資料が非常にたくさんあるんです。それの研究は第二次大戦後盛んになり、そういう訓読の研究の専門家の学会も作られているほどなんです。

大体、漢文の傍訓の書き込みの研究は明治時代からあったんですが、そういう片仮名の字体の研究や、乎己止《をこと》点の研究から進んで、漢文訓読の文体と女流文学の文体との比較研究などまで、訓点学は最近大いに進みました。その漢文の古い訓点の中に、今、話に出ているイが数多く見つかるのです。平安初期の訓点に多いんですが、比較的後のものでもこのイを使っているものがあります。これは山田孝雄博士が『奈良朝文法史』の中に書かれているんですが、法隆寺関係の法相宗《ほっそうしゅう》の因明書《いんみょうしょ》、つまり論理学の本ですが、その中にこのイが多く出てくるんです。宣命の中にも「伊《い》」と書いてあるし、平安時代の初期の仏典の訓読にもあるいはという点がついていたりするので、あるいはという言葉はあるひはではないということが決定されたという次第です。それで、「ひ」じゃなくて「い」が正しいんだということが認められて、今日では誰も疑う人がありません。

主格の「い」

大野　「い」というのは『万葉集』にいろいろ例があります。たとえば、

うらぶれて離《か》れにし袖をまた纏《ま》かば過ぎにし恋い乱れ来むかも

これは忘れてしまった恋心がまた胸の中でわき返って、私の心の中を乱すだろうかしらということです。あるいは「紀伊《き》の関守い留めてむかも」、私が逃げていったら紀伊の関守が留めるだろうかしらといったようなぐあいに……。前後のつながりから言って、今日言う主格にあたる使い方をする場合が多いんですね。

それから宣命の中にも、和気清麻呂《わけのきよまろ》が申しております、「和気い申してあり」とか、道鏡《どうきょう》が頂いた、「道鏡い賜はりてあり」といったように使われています。これなどは「が」にあたると見られます。ところが、こういうのもあるんですね。

否と言へど語れ語れと詔《の》らせこそ志斐《しひ》いは奏《まを》せ強語《しひがたり》と詔《の》る

　これは前にも出てきた歌なんですけれども、「話をしろしろとおっしゃるからこそ、志斐の嫗《おうな》はお話をするのに、それを無理に聞かせる話だとおっしゃるとは、なんてひどいんでしょう」という歌ですが、助詞「は」と重ねて「志斐いは奏せ」というふうに使うこともある。

丸谷　この「い」と「は」はいずれも主格の助詞なんですか。

大野　「い」は主格を示しているようですが、「は」は主格じゃない。志斐の嫗は申しますのにというだけだから、「は」は係りの助詞です。

丸谷　そうでした。「は」は係りの助詞。ついうっかりしました（笑）。

大野　この「い」を主格に使うことがあるようだということは、先ほどあげたような例からもわかる。ところでこの「い」という助詞なんですが、これは朝鮮語にもあります。「何々が」という場合の日本語の「が」にあたるところに「い」を使っています。だからそれがずっと古くからあって、奈良時代以前からもやっぱり共通に使っているんじゃないかと……。大体、八世紀ごろの朝鮮語は歌が二十数首残っているほかはあまりよくはわからないんですけどね、その後の十五世紀から後のものを見ても、朝鮮語には、「い」という助詞があって、日本語の「い」とだいたい同じように使っている。それでこれが日本語と朝鮮語との同系論の一つの材料になっています。つまり文法的なはたらきを示す言葉の一例というわけです。

そういう主格をあらわす「い」という助詞は、それでは奈良時代で滅びてしまったのかというと、そうではなくて、さっきも申しましたように、平安時代にも使われているんですね。当時の論理学である因明の本には、「論イ能ク数ヲ生ス」など「い」を使った例がたくさんあるんです。「い」で一つ非常に重要なことは、「い」は「が」というところに使ってあるだけじゃなくて、「志斐いは奏せ」のように、「は」が「い」の下にくっついている場合があることですね。現代語では、「私がは行かない」とか、「私がは行く」とは言わないでしょう。物理学の専門家の中に、こういう形、つまり「がは」を作り出して使ってはどうかという御意見の方もありますね。「には」「とは」「ては」「をは」などがあるんだから、「がは」も作って使えば日本語ははっきりするというんです。ともかく、たくさんある「いは」とか「いし」とかいう形の「い」は何だということが問題になってくるんですね。たとえば、「子は祖《おや》の心なすいし子にはあるべし」（子供は親の心を行うものが本当の子供であるにちがいない）、この場合の「い」はものという意味になるんですね。さっき出した『続日本紀』の例ですが、「此を持《たも》ついは称《ほまれ》を致し、捨るいは謗《そしり》を招きつ」、この場合の「い」も「もの」という意味になります。

丸谷　「あるいは」の「い」はその「い」ですね。

大野　ええ。たとえば『万葉集』にも同じように使う「い」があります。この場合の「い」はモノ、あるいは人間、という意味ですね。こういう「い」と先ほどの「紀伊の関守い留めてむかも」の「い」とが、起源的に同じものか、それとも別のものかというところで意見が二つに分れているんです。たとえば、

向つ岡《を》の若楓《かつら》の木下枝《しづえ》取り花待つい間に嘆きつるかも

若楓の木の下枝を取って、そして花が咲くのを待っている、その待つ間に私は待ちきれないで溜息をついてしまった。

青柳の糸の細《くは》しさ春風に乱れぬい間に見せむ子もがも

青柳の新芽が美しく出てきた、それが春風に揺れて乱れてしまわない間に、見せる子が誰かいないものか。これは同じような歌ですね。

丸谷　これは「花待つ」あるいは「乱れぬ」に「い」がつくのと、「間」に「い」がつくのと二通りあると思うんです。つまり「待つ」とか「乱れぬ」とかに「い」がつくと間投助詞的になり、「間」に「い」がつくと接頭語的になる。これは詠嘆助詞的にとるわけですか。

「い」の三つの用法

大野　これはいろいろに解釈が出来るところですね。「い」には使い方が少なくとも三つある。一つは、「紀伊の関守い留めてむかも」のように「が」という助詞と同じ役割という例。それから、「花待つい間に嘆きつるかも」のように「その」と訳せるし、あるいは「の」と訳せばまた訳せる。

丸谷　私は詠嘆の助詞ふうと言いましたが、そういうつなぎの助詞みたいにもなりますね。

大野　そうなんです。もう一つは、さっきおっしゃったとおり間投助詞になって、「花待つい間」は「花待つ間」と言えばいい。だから「い」は意味のない間投詞だと見る意見。

これについて考えてみますとね、この「い」は、起源的には「これ」という意味があるんじゃないかと思う。

丸谷　何か根拠になる例があるんですか。

大野　たとえば、「花待つい間に」は「花を待つこの間に」、「此を持《たも》つい此は」は「持つ此は」というふうにもとれる。それから「紀伊の関守い留めてむかも」は「紀伊の関守」で切るんですよ、そして「い」を間投詞みたいにとって「紀伊の関守此留めるであろう」ととれるわけ。そうすると、さっきの三つの使い方は、「これ」という共通の意味合いのものから広がってきたんだととると、いちおうは説明がつくんです。それでは、いったいどうして「これ」という意味になるのかというと、たとえば「いまこんなことがあります」と言うでしょう。

丸谷　なるほど、現代語でも使う「いま」。

大野　「ま」は時間ですからね。

丸谷　それでいくと、「花待つい間」の「い間」はまさに「今」ですね。

大野　間というのは、時間にしても空間にしても長さがあるわけですから、そうもとれる。

丸谷　「い」は「これ」ということですが、「伊」を「コレ」と読みますね。一条摂政伊尹は藤原のコレタダ。

大野　それはシナ語で「コレ」なんです。別に直接関係はないだろうけれども。ともかく「い」にこのこと、このものという指示詞としての役割があったと考えましょう。そうすると、「此を持ついはほまれを致す」という場合、「これを保つもの」という使い方として理解できる。また『古事記』の例ですが、「クブツツイ、イシツツイ持ち打ちてし止まむ」とあるけれど、それも「頭椎《くぶつつ》いこれを、石椎《いしつつ》いこれを持ち」の意ととることができる。「花待つい間に」も『花を待っているこの間」と解釈できる。そういうことを考えると、「い」にこれとかこのとかいう指示詞の意味がこもっていると見られないか、「志斐いは申せ」も「志斐（この者）は申しますのに」と自分自身を強調することになる。つまり「い」は古くはこれということではないかと思うんです。

丸谷　なんだかずいぶん説得されてきましたね、日本語とタミル語の関係と同じくらいに……。

大野　実はまずいことが一つあるんです。というのは、今タミル語というお話が出て来ましたが、タミル語で「イ」は「これ」ということなんです。それで、なんだかそっちから思いついて来たみたいに思われそうでいやなんだなあ。これは以前から考えていたことで、決して最近思いついたのではないんです。

丸谷　別にまずくありませんよ。勘ぐり批評は気になさる必要ないんです。

大野　実を言えば、前から推測していたことが、タミル語を見ると、よく適合一致することがあると、本当はそう言いたいけれども、今はタミル語を持ち込むと、話がこんがらがりますしね。まあそれは別にしましょう。

一音節の接頭語と接尾語

丸谷　私がいままでに調べた「い」についての説明でいちばんわからないのは、それを統合する原理がないことでしたが、いまのご説明にはそれがあります。そこで質問いたしますが、例の山部赤人の富士山の長歌のなかの「白雲も伊ゆきはばかり」という場合の動詞に接頭語的につく「い」はどう説明なさいますか。

大野　動詞の前になぜ「い」がつくかわかんないんです。

丸谷　それから、「み雪降る冬の林に飄風《つむじ》かもい巻き渡ると思ふまで」なんてのもありますが。

大野　その「い」は「息」という意味だろうと思います。「いぶき」という言葉があるでしょう、あの「い」は息という意味なんですね。それと同じ「い」で、ここは旋風《つむじかぜ》が吹き巻くということだろうと思います。しかし、「い漕ぐ」「い掘《こ》じ」「い開《さ》き」「いそばひ」「いたたし」「い立ち」「い辿り」「い廻《た》むる」「い繋り」「い次ぎ」「い尽くす」「い取らし」「い懸かる」などは、どうもわからない。意味が抽象できないんです。つまりこれらのかかっている動詞に共通の何かの意味があるだろうかと考えても、うまくまとまらない。それで従来は、単に接頭語だと扱って来たんですね。ただこれは言葉の頭につくので、下につく「い」とは私は別にしたんです。

丸谷　これはまた別の何かだというふうに考えればわかるんですけれども、いっしょにすると、さっきの「これ」の説明では被うことができないですね。

大野　それは別だろうと思います。さっきのは下につく指示詞で、こちらは接頭語ですね。こんなにたくさんついているんだから、働きの鈍いものじゃなかったはずですね。だから何かあったにちがいない。一般にも、頭につく言葉と尻尾につく言葉とは性質が違います。一語で頭にも尻尾にもつくという例はないでしょう。

丸谷　普通はそうですね。

大野　だから私は、尻尾につくのだけを考えて、頭の方はあと廻しにしたんですね。日本語の場合、一音節の言葉は非常に扱いにくいんです。意味が不確実になるんです。なぜかというと、つまり一音節だから、そこにいろいろな概念をあてはめることができます。音節が二つになると、つまり、「アカ（赤）」だとか「ハタ（旗）」だとかのように、ともかくも音が二つくっついてくれば、そうむやみなことは言えないでしょう。一つだと何とでもいえる。「か寄る」とか「かおる」とか、接頭語の「か」がありますが、この場合、これは「気体」という意味を与えてみると解けるものがある。けれども、「か青なる」という例もあるので、この「か」を「気体」とか「気配」の意味としても、「気配が青い」というんじゃ、どうもピンとこなくて、やっぱり解けないでしょう。だから一音節の接頭語というのは、日本語の場合には非常に扱いにくいんです。『岩波古語辞典』の「か」という接頭語には、「《アキラカ・サヤカ・ニコヨカなど、接尾語のカと同根》目で見た物の色や性質などを表わす形容詞の上につき、見た目に……のさまが感じとれるという意を表わす」としてあります。「か青」「か細し」「か易し」「か弱し」「か黒き」などという例がある、と。これらは見た目の形ということで纏めればなんとかなるということで取り扱ってあるんです。ところが今度は接尾語の「か」を見ると、「《カアヲ・カボソシなど、接頭語のカと同根》物の状態・性質を表わす擬態語などの下につき、それが目に見える状態であることを示す」。「のどか」「ゆたか」「なだらか」「あざやか」など。「後に母音変化を起して『け』となり、『あきらけし』『さやけし』などのケとして用いられ、『さむげ』などのゲに転じる」とある。こちらは確かですね。接尾語のほうは賛成だけど、接頭語のほうは、この辞典の編纂当時懸命に考えたことを今思い出してるんですけれども、まだなんとなく不十分な感じですね。

大体、一音節の言葉というのは限定性がないんです。一音節の音に意味を与えて考えるのは、江戸時代にありましてね。音義説といいます。「あき（秋）のあはほがらかにして大なる意なり」などという。ところが、「アナ（穴）」となると、それではたちまちにして困ってしまうわけでしてね。あんまり一音は深追いしないで、たまたまうまく解けるときがあるのを待っていればいいという気がしています。だから、この「い」についてもあまり考えたことがなくて、前につくのと後につくのとは違うとは思うけど、その明証はない。

丸谷　字も同じですか。つまり万葉仮名の字も。

大野　万葉仮名の「い」はア行もヤ行も区別がないから、そのことはあまり考える必要はないでしょう。

丸谷　それじゃ、漢字が違っていても、別にどうってことはないわけですね。

大野　そうなんです。以前、電話で何を申し上げたか、ちょっと覚えていないんだけど、たぶんそんなことがきっかけで考えていると思うんです。質問いただくと、あとで考えますからね。

丸谷　その時には、名詞を表わす言葉だと教えていただいたと記憶があります。

大野　下につく「い」、つまり連用形を表わす「い」がそうなんですよね。朝鮮語もそうだし、アルタイ語系統にもその i はあるようなんですね、名詞語尾としての「い」というのが。しかしそれで全部がすっとはいかないでしょう。

「い」と「し」

大野　「い」を「これ」で解くのには、もう一つヒントになったことがあります。「し」

の存在です。たとえば、「高山の磐根し枕《ま》きて死なましものを」「河し清けし」「社《やしろ》し無かりせば」の「し」。これは大部分が名詞を受けるんです。「そ」だと明らかに係結びを形成するのだけれども、活用形との呼応を重く見て係結びを考えると「し」は係結びは形成しませんね。のみならず下に条件句がくることが多いんですね。不確定性の表現がくるんです。「磐根し枕きて死なましものを」、それから「神の社し無かりせば」「月しあれば」「もとなし恋ひば」「念《おもひ》しもへば」というふうに、一般的に言って下に「ば」がくる場合が多いんです。ということは下が条件句、自然の成行に従う、順接の条件句になることが多いんですが、全部が全部そうはならない。たとえば「われし羨《とも》しも」「見らくしよしも」などもある。しかし、「し」がくると下が大部分順接の条件句になることはかなり特徴的なことです。

　それから「し」と「い」とのいちばんの違いは、さきほどの「志斐いは申せ」みたいに、「いは」とか、「君いし無くば痛《たへがた》きかも」の「いし」とかいう形があることですよ。ところが「し」の場合には、「しは」というのはこないんです。

丸谷　くることもあるんですか。

大野　「いましはと」など、そうとれればとれるんじゃないかと思えるのもあるけれども、概してこないんです。この場合の「し」は「それ」という意味を含んでいるんじゃないかと思うんですよ。「うつせみし神に堪へねば」は「うつせみそれ神に堪へねば」……。

丸谷　「鴨山の磐根し枕ける」は「鴨山の磐根それを枕にしている」なんですね。

大野　そうです。「酒飲みて酔泣するしまさりたるらし」は「酒飲みて酔泣きするそれまさりたるらし」でしょう。「し」は「それ」と訳してほとんど当るんです。それに対して「い」は「これ」だなと思った。というのは、「い」(i)と「し」(si)でペアになるんで、「すつ」(sutsu)に「うつ」(utsu)、「いね」(ine)に「しね」(sine)といったsのドロップしたたぐいがあるでしょう。

それから、「い」は「こいつが」とか「そいつが」といった意味を表わすことがある。この場合「汝が」とは言っているけど、相手を軽んじているんです。「汝《い》がつくれる家」とか「汝が命」とかの「い」は、起源的には「こいつ」でいいんですよ。それで私はさきほどの「いま」にくっつくなと見たわけです。

丸谷　そうすると「白雲のいゆきはばかり」の「い」はどうも別口ですね。

大野　この接頭語は、代名詞ととろうとするとうまくいかない。「い」の下に来るのは移動の動詞が多いんだけど、そうばかりでもない。

丸谷　おおむね運動ですけどね。「い杙《くひ》を打ちま杙を打ち」なんていうのがあります。

大野　「い杙」は「真杙《まくひ》」に対して、神聖なというほうの「斎杙《いくひ》」ですね。

丸谷　あ、「斎《い》つき」の「斎」ですね。

大野　「ゆゆし」の「ゆ」にあたるもの。この「ゆ」や「い」は、タブーに当るということです。ですから、別なんですね。

朝鮮語の「い」との類似

丸谷 橋本進吉先生は「い」にはずいぶん関心を持っていますが、どうも統一的な原理は出てこないんです。でも「い」を調べた中では、これがいちばんおもしろかったですね。手続きが丁寧ですから。その点、この対談の大野さんの説明は意義がありますよ。「い」についてこれだけ詳しく、しかも根本のところから論じたものは今までなかったと思います。

朝鮮語の「い」が主格であって、それが日本の上代以後の主格の助詞「い」と結びつく場合に、「い」は「これ」だとおっしゃったでしょう。そうすると、朝鮮語の主格の「い」もやはり「これ」という感じなんでしょうか。

大野 朝鮮語では「い」は「これ」という意味を持っています。そして形のうえでは朝鮮語の「い」と日本語の主格を表わすとされている「い」とは、全くよく似ています。「い」は向こうでは頻繁に「が」みたいに使っている、「い」と「が」でペアになっていますからね、現在では。日本では助詞の「い」も代名詞の「い」も特殊になって滅びたけれども、朝鮮では使っているんですね。

丸谷　朝鮮語では「これ」という「い」があり、主格の助詞の「い」もあるとすれば、これは日本語ときわめて近しいですね。

大野　とにかく膠着語では「これ」だとか「それ」だとかいうのは、主格のところへ入ってきやすいわけですね。とりたてて主格を与えるわけだから。

丸谷　しかし日本では平安朝以後は、「い」という助詞は、漢籍とか仏教関係の場合だけに使われて、日常会話はもちろん、和歌でも使われていないわけですね。

大野　使われていないと思います。どこにも出てきません。消えてしまって、要するに「あるいは」だけ化石的に残ったわけです。

付記　接頭語のイと接尾語のイと同じものかと丸谷さんに質問されて、私は「わかりません」と答えるしかなかった。たしかに『岩波古語辞典』を作っていた頃は、単語を二音節語までは分析するけれども、一音節語までは分析しないという原則を自分で立てて、それに従っていた。それゆえ接頭語イには手をつけなかったのである。しかしこの対談を見直すと、ここではイを中心としている。接頭語のイがわかりませんでは恰好がつかない。不勉強でまことに申訳なかったので、これについて再考した。私は『万葉集総索引』によって実例を通覧した、そこに一つの手懸りを得た。当日も触れていることだけれども、イの下には移動の動詞が多く来る。それを中心にして推考した。以下はその結果である。

『万葉集』で接頭語イを持つ単語は七十五例あるが、その中に次のようなものがある。イを省いて示すことにする。

①カクル（隠）・カヨフ（通）・コグ（漕）・タドル（辿）・タムル（廻）・ハフ（這）・ユク（行）・ヨル（寄）・ワカル（別）・ワタル（渡）・カキワタル（掻き渡る）

これらの動詞は平面上の移行に関する意味を共通に持っている。この合計は五十三例ある。次の動詞は、そのまま直ちに平面上の移行であるかどうか不明であるから、個々に文脈を調べてみる。すると、その下に「来《ク》」という動詞のあるもの、あるいは、道・馬・舟に関する言葉を持っているものが、合計八例ある。

②○しただみをイ拾ひ持ち来て（三八八〇）
○をち水〔ヲ〕イ取り来て（三二四五）
○小菅編まなくにイ刈り持ち来て（三三二三）
○道の隈イつもるまでに（一七）
○馬の爪イつくす極み（四一二二）
○此の道をゆく人ごとに行き寄りてイ立ち嘆かひ（一八〇一）
○白波のイさき廻《めぐ》れる（九三一）
○船の舳《へ》のイはつるまでに（四一二二）

①と②とは共通に「平面上の移行」に関しており、もしイの訳語を与えるとすれば「行く」

という言葉を与えたらよいと思う。この合計は六十一例で全例の八割を占めている。中で使用度数の最も多いのは「イ行く」で三十一例ある。

③次の例は必ずしも「平面上の移行」とは言えないが、「ある点への移行・連続」ととっても差支えなさそうなものである。十一例ある。

○……汝が母を取らくを知らに、汝が父を取らくを知らに、イそばひ居るよ、いかるがとひめと（三二三九）

○……わが背子がイ立たせりけむ厳橿《いつかし》がもと（九）

○豊国の香春《かはる》は吾宅《わぎへ》ひもの児にイつがり居れば香春は吾家《わぎへ》（一七六七）

○……ひもの緒のイつがり合ひてにほどりの二人並び居……（四一〇六）

○伊香保ろに天雲イつぎ……（三四〇九）

○さをしかの声イつぎイつぎ恋こそまされ（二一四五）

○……韓国《からくに》をむけ平げてみ心を鎮めたまふとイ取らして斎《いは》ひたまひし……（八一三）

○みつみつし久米の若子《わくご》がイ触れけむ磯の草根のかれまく惜しも（四三五）

○天の河イ向ひ立ちて……（二〇一一）

○天の河イ向ひをりて……（二〇八九）

○思ふどちイ群れてをれば（四二八四）

右の歌の中の四三五「イ触れけむ」を「行って触れたという」と解し、八一三「イ取らして」を「行って手にお取りになり」と解すること、また、九「イ立たせりけむ」なども、その「櫨の木のもとに行って立ったという」と解することなど、歌の像をかなりはっきりととらえるに役立ちそうである。イを単なる接頭語ととるよりも、イに「行く」という意味を与える方がよりよいように思う。すると①②③の合計で九割五分以上を解釈できることになる。しかし、次にあげる例などは、イの意味を右のように解することは無意味であろう。

④○去年《こぞ》の春イ掘《こ》じて植ゑしわが屋外《やど》の若木の梅は花咲きにけり（一四二三）

なお『万葉集総索引』は、イフキ・イマキという例をあげているが、これは風が吹く、嵐が巻くということで、イは息の意と思われるので、例からははずすことにした。

○すめろきの遠御代御代はイしきをり酒飲みきといふぞこのほほがしは（四二〇五）

つまり、接頭語イは本来、「行く」という意味をもっていたが、次第に意味が薄れてきて、奈良時代には③④のような使い方がされるようになり、やがて消滅したものと考えてよかろうということになる。これで接頭語のイは、接尾語や助詞イとは全く関係がないことがようやくわかった。

（大野記）

愛着と執着の「を」

目的格の「を」

丸谷　格助詞の「を」の最初の使い方は目的格ですね。たとえば身人部王《むとべのおおきみ》の、

　　大伴の御津の浜にある忘れ貝家にある妹を（乎）忘れて思へや

この「妹を忘れて思へや」の「を」は目的格をあらわす。それから『古今集』の藤《ふじ》原《わら》惟幹《これもと》の、

　　露をなどあだなるものと思ひけむわが身も草に置かぬばかりを

「思ひ」の目的語を示すものとして、「露を」の「を」があるということですね。特殊

な例として有名な、曽禰好忠の、

ゆらの戸をわたる舟人かぢを絶えゆくへも知らぬ恋のみちかも

というのがありまして、これを楫緒が絶えるととらないで、「楫を絶たれ」ととる。「かぢを」は客語ととるのが正しいと。

大野 それは誰の説ですか。

丸谷 橋本進吉先生です。私はこれを非常におもしろいと思ったんです。私はいままでこの歌がよくわからなかったんです。つまり「絶え」というのは自動詞でしょう。そうすると、「かぢの絶え」か、あるいは「かぢの絶ち」かでないとぐあいが悪いと思っていたんです。でもそう直すと、歌として格好が悪い。

大野 われわれが「カヂをとる」というのは、船の方向を決めるような意味にだけとりますね。だけど古くは、櫓とか櫂とかを楫と言うわけでしょう。どうしてその楫が絶えますか。

丸谷 なくなるからでしょう。

大野 櫓というのは、櫓臍《ろべそ》に支えてあって、それで櫓の端には綱がかかっていて、それが楫緒でしょう。

丸谷　楫緒じゃなくて、「楫を」の「を」は……。

大野　楫緒だから絶えることが出来るんであって、楫が絶えるというのはおかしいと思いますね。

丸谷　うーん、大野さんは「楫を」じゃなく「楫緒」ととるわけですね。

大野　もちろんです。楫についている紐ですよ。小さい船だと櫓を自分だけで漕ぐけれども、少し大きな船になると、大きな櫓が付いていて、櫓の端には綱が付いていて、綱を伸ばしっきりにして漕ぐものです。ですから相当大きな船だと思ったわけです。

丸谷　この歌の解釈は保留して（笑）、『古今集』の例でいきましょう。小野小町の有名な歌に、

わびぬれば身を浮草の根を絶えてさそふ水あらばいなんとぞ思ふ

この「根を絶えて」について橋本進吉説は、在来考えられていたような、根が絶えての意味ではなくて、「絶え」が「絶たれ」の意味に用いられたのだろうとされています。というのは、「見え」が「見られ」、「知れ」が「知られ」の意味に使われるのと同じで、この「根を」の「を」は、主格をあらわすのじゃなくて、目的格をあらわすという説です。これは目的格の「を」のなかで、いちばん問題になるところではないかと思います。

大野　「を」については、前に（五二ページ）少しやりましたね。古代日本語では目的格の「を」は必ずしも必要ではなかったんです。いまでも「映画を見たか」とも言うけれど、「映画見たか」でわかるでしょう。それは日本語の言葉づかいとして少しも間違っていない。だから目的格には本来は特別の助詞はつかなかったんです。「を」というのは、本来は、相手に何か言われて「はい」と返事をするときに、「を」と返事をする。承知しましたということで、存在を確認するという意味合いの「を」があったんです。たとえば「文読む」というときに、「文を」と、そこに一つ「を」と入れることで、「文」を確かなものとして承認するわけです。ことに漢文では、目的語は動詞の下にあって訓読では上にひっくりかえるので、その目印として「を」を入れたことも手伝って、だんだん目的格のところへ「を」が入ることになったわけですね。だから、最初の例、「家にある妹を忘れて思へや」の場合に、目的語だけをあらわすようにも見えるけれども、「妹を」ただ忘れると言えるかというと、家にある妹というものは確かなんだ、それはもうじゅうぶん確認しているんだといった気持が「家にある妹を」というところに出ていると思います。

丸谷　強調とか詠嘆とかの「を」ですね。

大野　いろいろな意味が入っているわけです。論理的な目的格であるという機能だけでなくて、それ以外に、それに対する愛着であるとか、執着であるとか、承認であるとかが「を」にあるんです。原則として「を」には、それがあることを認めておくと、助詞の「を」を理解するときに、非常にわかりやすいと思います。

丸谷　「浮草の根を絶えて」の「を」も詠嘆的な意味合いがついているんですね。

大野　「浮草の根を」といった場合に、浮草の根であるのに、根であるんだから、根なんだぞといった渾然たる思いが「を」にもこもっていて、それを絶たれてとなるわけです。古いところの歌ほど、そういったものが多いし、今日でも、そう使いますね。

丸谷　「なにを！」なんていうときの「を」が、そういう感じですね。目的格の「を」と言っただけでは説明がつかないですね。

大野　この「を」には怒りとか恨みがついていると思うんですね（笑）。

丸谷　「に」と同じ「を」というのがあるでしょう。たとえば『万集集』の、

潮待つとありける船を知らずして悔しく妹を別れきにけり

この「妹を」の「を」は、「妹に別れきにけり」ですね。こういう場合に、万感の思いがこもる、だから詠嘆の「を」がつくわけですね。

大野　そう思います。目的格というものは、英文法などの説明によりますと、物を処分する、その処分の対象をはっきりあらわすといいますね。「妹と別れる」場合には、別

れる対象の妹をあらわすために「を」を使います。

丸谷　そういえば、情感的に深い場合に使われますね。なんでもないものと離れる場合には、この「を」は使われていませんね。

経由の場所、時間を示す「を」

丸谷　三番目に、移動、持続をあらわす動詞の、経由の場所、時間を示す「を」というのがあって、古い例では『万葉集』の、

天ざかる鄙《ひな》の長道《ながぢ》を恋ひくれば明石の門《と》より家のあたり見ゆ

ですね。都から遠く離れた地方の長い道をずっと……。

大野　どうしてずっととなるかというと、これも、天ざかる鄙の長道なのに、それをずっと恋いくれば、という気持があらわれますね。『万葉集』には、

天離《あまざか》る夷《ひな》の長道《ながぢ》ゆ恋ひ来れば明石の門《と》より大和島見ゆ

という歌もありますが、この歌では、原文は「夷之長道従」とあるので、「ひなのながぢゆ」とよみます。「ゆ」はある距離を経過する意を表わしますね。「ゆ」という助詞は『古今集』以後亡びましたから、『新古今』では、

　　天離るひなのながぢをこぎくれば明石のとよりやまとしまみゆ

のように、もっぱら「を」の方をとっているわけでしょう。

丸谷　『新古今集』の藤原清輔《ふじわらのきよすけ》の、

　　君こずはひとりやねなん笹の葉のみやまもそよにさやぐ霜夜を

霜夜なのにひとりで寝なきゃならないというのはひどい話じゃないか、ということですね。

大野　そういう場合、日本語では目的格に「を」が絶対必要なわけではないから、そこに「を」が入っているときには、「を」が単に目的格をあらわすだけではなく、ほかの意味を背負い込んでいると見ることができるんです。同じ『新古今』の、

西の海立つ白浪のうへにしてなにすぐすらん仮のこの世を。

事柄の秩序だけをたどれば、目的としてこの世を過すということになるけれど、こううたってあれば、仮のこの世であるものをというふうに、いろいろ入ってきます。

丸谷　思い入れがあるわけですね。これは、和気清麻呂に与えた宇佐神宮の神託の歌ですね。だから、道鏡は坊さんなのに、仮のこの世にいったいどうしてうかうかとすごしているのかということになる。この歌は、日本歴史ではあんまり扱われない歌ですね。

大野　これは神託だということが疑われているんではないかな(笑)。「なにすぐすらん」という言い方では、古いところの様子がはっきり見えないせいでしょう。

丸谷　そうですね。これは『新古今』張りの歌ですね。その次に、これはさきほどの「根を絶えて」と関係があるけれど、「を」+形容詞の語幹+「み」という形式があって、それによって理由節の主格を示すという形がありますね。『万葉集』で言いますと、

うつせみの命を惜しみ浪にぬれ伊良虞《いらご》の島の玉藻刈りをす

うつせみの命が惜しいので、ですね、それから『後撰集』の天智天皇の、

秋の田の刈穂の庵のとまをあらみわが衣手は露にぬれつつ

刈穂の小屋のとまが粗雑なので、ということですね。これは、いままでの国語学の説明では、どういうふうにして出てきたのかよくわからない。さきほどの「身を浮草の根を絶えて」の「を」の使い方と関係があるのかもしれないと言われているんですが、どうなんですか。

大野　「を……み」という形式として取り上げられることが多いけれど、理由をあらわす「み」は、「を」がなくても使う例はたくさんあったんです。「山を高み」と言わないで、「山高み」とだけいった例があります。「露をおもみ」とも言うけれども、「白露おもみ」でもいいんですね。これは例がたくさんあるんです。つまり「を」をとらない目的格がいくらでもあったのと同じく、「を」なしでも「み」は使えました。ところが目的格をあらわすときに「を」を放り込んだと同じように、「命を惜しみ」とか、「山を高み」とか、「を」を放り込む語法があとから生まれたと思います。「を」は本来はなかったものと見ていい。そういった意味では、これは何かの格を示すんではなくて、むしろ間投助詞なんですね。だから「とまをあらみ」も「とまあらみ」でもいいわけです。

丸谷　古代人の心理からいうと、そういうことになるわけですね。

大野　「を」はもともとは不要だったんだけれど、そこに投入されたんです。そして強調する「を」が入ってくると、こんどは上下が目的格の関係として限定されて来て、「を」がないと淋しいことになった。そうなったときにはじめて、目的格の「を」が確立するわけでしょう。

接続助詞の「を」

丸谷 文法的に言うと、その次は接続助詞の「を」ですね。まず最初に、用言の連体形に接する「を」があって、これは順接の場合と逆接の場合と二つある。

大野 「を」は、承認とか確認とか、賛成とか返事とかいう意味合いですから、その上にくるものは名詞なんです。

丸谷 連体形は、名詞相当だと考えるわけですね。『万葉集』の、

君によりことの繁きを（乎）ふるさとの明日香の川にみそぎしにゆく

あなたのせいで評判がいろいろ立つので、それで明日香の川に、それを払うためにみそぎしに行く。次に『後撰集』から引きますと、

越えぬてふ名をならうらみそ鈴鹿山いとどまぢかくならむと思ふを。

これは、その前に女の人の贈った、

おともせずなりもゆくかな鈴鹿山こゆてふ名のみ高くたちつつ

という歌があって、両方とも鈴で処理している歌ですね。こういうふうに、ちっとも来ないと言われた男が答えた歌。二人の関係が出来たという評判がたって、それを恨んではいけない、もうすぐ訪ねていこうと思っているのだからということです。これは「鈴」と「なる」とにかけてあるわけです。これが順接です。逆接は、『万葉集』の例では、

玉ならば手にも巻かむを（乎）うつせみの世の人なれば手に巻きがたし

玉ならば手にもつけて飾るものなのに、現実の人間である私の恋人は手につけていつも愛でることは出来ない。こういうふうに、順接、逆接の両方があります。

大野　もとを尋ねれば、先に申しましたように、「を」は本来、順接であるとか逆接であるとかいう論理的な仕組みを示すためのものではなかったんです。「を」は、「はい」

と言って応答する。しかも相手に応諾する意味合いがあるわけだから、「君によりことの繋き」の全体を受けて、そういうことなので、それがあるのでと、自分の気持をそこへくっつけるのが「を」なんです。「玉ならば……」というのも、言葉だけでいえば、もし相手が玉であるならば、手にも巻こうと思うんだぞとどってもいい。しかし、文脈の展開から言うと、「玉ならば手にも巻こう」ということと、「あなたを手に巻きつけて持っているわけにはいかない」ということとの事実の関係の上で逆になっているから「だけども」という逆接の意味をあらわしているということになるわけです。

丸谷　古代人の心理を、われわれは論理的に追いかけすぎるということですね。

大野　そう思います。論理が順か逆かということよりも、事柄として受け取ったものをずっしりと胸のなかで受けとめて、そこでそれをまとめる役を「を」に負わせるということでしょう。

丸谷　つまり、両者を結びつけるものを、「しかし」ととっても「そして」ととってもいいわけですね。

大野　そういうところがあるんです。「を」の表現は論理的な順接とか逆接とかを明晰に示すよりも、もっと混沌とした、応諾そして執着みたいなものをあらわす言葉だということが大事なんです。そうとらないと、歌の気持が生きないと思います。

丸谷　用言の連体形につくのが延長されると、体言につくという形になるんですが、こ

れは『万葉集』にありますかしら。『古今集』には、

白露の色は一つをいかにして秋の木の葉をちぢに染むらむ

白露の色は一つなのに、どうしてそれが秋の木の葉をいろんな色に染めるのだろうか、ということですね。

大野　この場合も、「白露の色は一つなんだ」というのが、非常に強くこの人の心にあるわけです。それ全体を「を」で受けて、胸のなかで思いが凝集している。それに対してそのあとで理屈として、秋の木の葉を千々に染めるのはどういうわけかと理屈を言っているわけです。

『万葉集』の、

ますらをと思へる吾《われ》を（乎）かくばかりみつれにみつれ片思ひをせむ

なども、これに当るでしょう。

丸谷　西行の、

あはれとて人の心のなさけあれな数ならぬにはよらぬ歎きを

この「歎きを」の「を」も同じだと思うんです。わざわざこの和歌を出したのは、この対談は西行の「あれな」で続いているようなところがあるからで、何だか「あれな」づくしみたいになっています。訳をつけますと、かわいそうだと思って彼女の同情があってくれ、身分のいやしさに関係のない恋の歎きなのだからと。これは、いかにも北面の武士、西行の歌いそうな歌ですが、「数ならぬにはよらぬ歎きを」というのは、文法的に言えば順接の「を」ですね。おそらく終助詞として体言につくというのは、用言の連体形につく形の延長として、平安時代になって発達したものではないかと思います。

大野　『万葉集』だと「ものを」になるところでしょうね。

『新古今』的な「を」

丸谷　体言に接する「を」で、たとえば式子内親王の、

忘れてはうち歎かるる夕べかなわれのみ知りて過ぐる月日を。

という類の、私が名付ける『新古今』的曖昧の「を」というのがあるんですよ。最後の「月日を」の「を」の考え方がいろいろあって、いままでのたいていの注釈では第一句にかかって「を忘れては」となる。「月日を」の「を」は目的格の「を」だととるわけですね。それでいくと、忘れては歎かれる夕暮れであることよ、私だけが知っていてむなしく過ぎていく恋の月日であることを、となるわけです。ところが窪田空穂《くぼたうつぼ》の解釈によると、「を」は「ものを」であるとはっきりつけるわけです。目的格の「を」ではなくて、接続助詞の「を」になるわけです。石田吉貞《いしだよしさだ》さんの解釈も窪田空穂の線に近い。

それで『八代集抄』はどう訳をつけているか。私の経験からいって、王朝和歌の解釈ではさしあたり『八代集抄』がいちばん参考になるんですが、「其人にはいまだいはで、我ばかり知りて月日を重ねしことを打忘れてはといふ五文字なり」「其人にいはで我のみ知りてすぎたりし月日にてある物をと也」とありました。結局のところ、格助詞としての「を」と、接続助詞としての「を」と、両方を重ねた解釈を『八代集抄』はつけていると思います。そのへんから考えると、式子内親王は格助詞の「を」なのか、接続助詞の「を」なのか、自分でもよく区別がつかなかったのではないのか、むしろその二つを重ねた重層的な気持で詠んでいたのではないか、という気がするんです。

大野　賛成ですね。「を」の用法は、いわゆる順接とか逆接とかいって別扱いしている接続助詞としての「を」と、間投助詞から格助詞に到ったという格助詞としての「を」

です。これは「月日を忘れては」とも、「月日なるものを」ともとれる。どちらの意味合いもからんで離れないというところを、むしろ作者は最初からねらってつくった歌でしょう。だから、曖昧というよりも、むしろ鮮明に二重写しになっているといったほうがいい。

丸谷　非常に重層的に出来上っているわけですね。

忘れても人に語るなうたたねの夢みてのちも長からじよを

これは馬内侍《うまのないし》ですから、新古今時代よりはずっと前の人ですが、勅撰集としては『新古今』にはじめてとられたものです。これは非常に複雑で、解釈は三つ成立すると思います。第一に、第五句「を」を格助詞としてとる。そうすると、二人がいま関係してすぐに明けるであろう夜のことを人に絶対に語るな、という意味です。第二は、「よ」を「世」ととる。そして「よを」の「を」を順接の接続助詞ととる。人に語るな、一夜を共にしても長くはあるまいと思うわれわれの命なのだから。第三は、「よ」はどちらかといえば「夜」ととる、「を」は逆接の接続助詞「を」ととる。人に語るな、うたたねの夢のような恋を味わったのち、すぐに夜は明けるのに。つまり二人の仲は長く続かないであろうのに。この三つが重なっているような気がするんです。

大野　三つの解釈のどれだという決め手はないですね。

丸谷　そうなんです。結局、微妙に色の違っている薄い色の紗を三枚重ねた、その趣を全体として味わってくれというのが、後鳥羽院なり、定家なり、『新古今』の撰者たちの気持だったのではないか。それで大事なのは、そういう曖昧の「を」の根底に古代的な間投詞の「を」がやはりひそんでいるという事情でしょう。

大野　全く同感です。「を」の本来の役割を『新古今』の撰者たちはよく生かして使ったんですね。

「ものを」の意味

丸谷　そういう「を」を準備するものとして、少しさかのぼりますが、「ものを」というのがあったわけです。その古いほうの例としては、『万葉集』の高橋虫麻呂《たかはしのむしまろ》の、

不尽《ふじ》の嶺《ね》を高みかしこみ天雲もい行きはばかりたなびくものを（物緒）

それから仁徳天皇《にんとくてんのう》の妃の歌ですが、

かくばかり恋ひつつあらずは高山の岩根し枕《ま》きて死なましものを（物乎）

こういう詠嘆の終助詞の「ものを」があって、それから接続助詞の「ものを」が出てくるんです。それが淳仁天皇《じゅんにんてんのう》の、

天地を照らす日月の極みなくあるべきものを（母能乎）何をか思はむ

天地を照らす太陽も月も、いつまでも終ることがなくあるはずだから、何も心配することはないという歌です。

大野　「ものを」とか「ものゆゑ」とかの場合大事なことは、「もの」という言葉の意味ですね。「もの」というのは存在しているもので、存在しているものは動かない。確かで固定している。それが、この「ものを」に関係しているんです。今日でも、「そんなことするのはいやだもの」と言いますね。いやに決っているということです。「もの」には道理として当然、決りきっているという意味がある。だから「あるべきものを」というのは、あるべきに決りきっているのを何を思うか、ということです。「ものを」といった場合には、それに決っているということを、この「もの」で明示するんです。「あるべきを」と「あるべきものを」とは趣旨は同じだけれども、「あるべきものを」と

言えば、あるべきに決っているのをとなる。たとえば『古今集』の、

ちはやぶる神奈備《かむなび》山のもみぢ葉に思ひはかけじ移ろふものを

このもみじ葉に思いをかけることはすまい、なぜならもみじは散ってしまうに決っているのだものを、です。

丸谷　この歌はなかなかおもしろいと思うんです。美しいけれど惚れないでおこう、すぐに色変りするに決っているんだから、ということですね。この歌を小沢正夫《おざわまさお》教授が、おそらく神奈備の社に仕えている巫子《みこ》に手を出すなという意味ではないか、と言っていますが、この解釈はおもしろい。なにか人間臭くて、民謡の味をとても正確につかまえている気がします。「ものを」でいちばん有名な歌が、『新古今集』の二条院讃岐《にじょういんのさぬき》の、

世にふるは苦しきものをまきの屋にやすくもすぐる初時雨かな

「世にふる」というのは、経過するの経ると、雨が降るの降ると二つにかけてあって、人間が世の中に生きているのは苦しいに決っているのに、槙でふいた屋根に実にやすやすとすぎていく初時雨であることだな、という有名な歌です。このせいで、宗祇《そうぎ》が、

世にふるもさらに時雨のやどり哉

と詠んでいる。それから芭蕉が、

世にふるも更に宗祇のやどり哉

と続け、これで時雨の三部作が出来上って、日本中世文学の系譜を見るのに非常にぐあいがいいことになったんですね。それからもう一つ、『万葉集』の、

事もなく生き来《こ》しものを（物乎）老なみにかかる恋にもわれは逢へるかも

という大伴百代《おおとものももよ》の歌、この歌はいいですね。「老なみ」の「なみ」というのは何ですか。

大野　「なみ」は並ぶという意味で、「老なみ」というのは、老いと並んでくる。老年に達したこの時期に、私はこんな恋に逢ったということですね。

丸谷　これは小説的でしょう。時間を叙述する才能が非常にすぐれていますね。

大野　「ものを」を「決っている」と訳をつけると、概してうまくいくけれども、これ

の場合はぐあいが悪いようですね。たしかに事もなく生きてきたのにです。同じく『万葉集』の、

春の雨にありけるものを（物乎）たちかくれ妹が家道《いへぢ》にこの日くらしつ

雨を口実にして恋人の家に入りびたって自分の家に帰らなかった。本当は帰らなくてはいけないんです。そういう気分がこの「ものを」でよくあらわれています。ふつうに言えば、「（ちょっとした）春の雨にありけるに」とか「ありけるを」でいいんだけれども、「ありけるものを」というと、わかりきっていることだという意味が加わり、「ものを」が生きてはたらいています。

丸谷　大雨ではないわけですね。

大野　これは春雨ですから濡れていいわけです。『万葉集』の、

わが故に思ひな痩せそ秋風の吹かむその月逢はむものゆゑ（母能由恵）

私のことを思って痩せたりしなさんな、秋風の吹くその月には必ず逢うに決っているんだから、というんです。『古今集』の、

待つ人も来ぬものゆゑに鶯の鳴きつる花を折りてけるかな

丸谷　この歌はどうも納得がいかないんですよ。いままでの訳によると、待っている男が来ないから、鶯の鳴いている花の枝をポキンと折ってしまったという、これはヒステリーみたいな歌なんですね。なんだか趣がない。

大野　「待つ人も来ぬものゆゑに」を、来もしないのにととると、ヒステリーに近づく。そうではなくて、誰も来ない、待つ人も来ないに決っているが、もし万一恋人が来たら、鶯がこの花の枝で鳴いていたわ、と言ってその枝を見せたかったんです。「ものゆゑ」が、古来の注釈ではよくわかっていないから安定が悪いんです。

丸谷　そのほうが情緒がありますね。女心なんだな。

大野　『万葉集』の、

毎年《としのは》に来鳴くものゆゑ（毛能由恵）ほととぎす聞けばしのはく逢はぬ日を多み

これは毎年来て鳴くのに決っているのに、でしょう。

丸谷　「しのはく」というのは忍ぶということですか。

大野　いや、慕う、賞美することです。恋人と逢わない日が多いから、ほととぎすの声を聞くと胸がドキドキして、あの声はいい声だと思ってしまうというわけです。

丸谷　「としのは」は「年端《としは》もゆかぬ」の「年端」と同じ言葉ですか。

大野　『万葉集』では、「毎年」に「としのは」と注がついているところがあるので、「としのは」と読むのですが、これがどうして「毎年」になるのか、よくわかりません。「としのは」の「は」がわからないんですね。

「ものゆゑ」「ものから」のむずかしさ

丸谷　小野篁の、

うちとけて寝ぬものゆゑに夢を見てもの思ひまさるころにもあるかな

これがむずかしいのは、一人で寝ているのか、二人で寝ているのかという問題なんです。一人で寝ているのにうちとけてというのは、おかしい気もするけれども、一人だとしますと――気楽な状態で寝ないものだから、そのせいで夢を見て、いよいよもの思いがひどくなる今日この頃であることだ。それから二人だとしますと――二人で寝て、相手の女が心がうちとけないでいる。つまりその前に関係もないわけだから、夢を見て、二人で寝ていよいよもの思いがまさるこの頃だと。この歌はおかしいですよ。いままでの解釈は、一人で寝るのか、二人で寝るのか書いてないんです。

大野　これは、あなたと寝たこともないのにあなたの夢を見て「もの思ひまさるころにもあるかな」でしょう。

丸谷　なあんだ（笑）。うちとけて共寝したのではないが、というふうにいままでの訳にあるんです。それで逆接と考えたんですが、順接とも考えられる。それでなんだかわからなくなってしまったんです。これは小野篁が異母妹に恋愛して、その恋が成就しないときの歌ですね。

大野　私は事情を覚えていませんでしたけど、私の訳で違っていないでしょう。

丸谷　ピッタリ合いますね。

大野　「ものゆゑ」のときに肝心なのは、それに決っているという、強調だということで前後を考えると、だいたいうまく解けるんです。『古今集』読人しらずの、

いつはりと思ふものから今さらに誰がまことをかわれは頼まむ

いい歌ですね。あなたが私のことを好きだとかなんとか言うのは、嘘だと私は思って

いる。それは間違いないけれども、いまさらに誰のまことを私は頼みにしよう、あなた以外の誰も頼みにするものはない。

丸谷　これはうまいですよ。あの頃の御公家さんたちの和歌はずいぶん手が込んでいますね。次の『古今集』の源《みなもとの》能有《よしあり》の歌も、私はとてもいいと思うんです。

今はとてかへす言の葉拾ひおきておのがものから形見とやみむ

前に送った恋文を、女と別れるんで返されたときの歌で、これが最後だというのであなたが返してくれた言の葉、つまり手紙に恋の歌が入っているわけですね。その言の葉にかけて、拾いおきて――自分がつくったものではあるけれど、形見として大事にしまっておこう。王朝風俗をうまくつかまえていますね。恋が終るときには、歌を全部返すんですね。非常に倫理的なんですね。

大野　『紫式部集』に、紫式部の出した手紙を夫の宣孝《のぶたか》が得意になって他の女に見せて、「あいつはとうとう俺のものになった」といったことが紫式部に聞えたことがあるんです。紫式部は怒って、「手紙をみんな集めて私に返さないなら縁を切る」と言ってやるんです。そうすると宣孝が、集めて返すと謝ってきたとありますね。

丸谷　現代日本にはもっとひどい男がいましたね。林芙美子《はやしふみこ》からもらった恋文を古本屋に売りに出した男がいたんです（笑）。そういうことを考えると、現代人も学んでいい風俗ですね。

「ず」の活用はzとn

否定の「に」

丸谷　私は前から、打消しの助動詞「ず」の活用「○／ず／ず／ぬ／ね／○」は変だなあと思っていました。r音がn音に変ることはあり得るわけですが、z音がn音に移るというのは理屈に合わない感じだからです。ところが、これは二つの助動詞が混じって出来あがった活用なんですね。

大野　そうです。否定の助動詞は、『万葉集』に、

昨日今日君に逢はずてするすべのたどきを知らに。（尒）哭《ね》のみしそ泣く
狭野弟上娘子《さののおとがみのおとめ》

鴨山の岩根しまけるわれをかも知らに。（不知）と妹が待ちつつあらむ
柿本人麻呂

と、「に」の例があって、これは明らかに打消しですね。そして、「あらぬもの」「知らぬ君」と、連体形「ぬ」があり、「君座さねば」「行かねば」と、已然形「ね」もあります。つまり「に／ぬ／ね」という活用があることは確かなのです。

それでは、どうして「ず」が出てきたか。誰の説が早いのか知りませんが、私が大学の学生のとき、金田一京助《きんだいちきょうすけ》先生が、「にす」について講義をなさったのを記憶しています。

丸谷　『万葉集』に、「そこゆゑに皇子《みこ》の宮人行方知らず（不知）も」というのがありますが、それに「一に云ふ」として、「さす竹の皇子の宮人ゆくへ知らにす（不知尓為）」となっています。「一に云ふ」と書いてあるのは、古い形なわけですね。

大野　これは人麻呂の歌ですが、人麻呂の場合の「一に云ふ」はどういう意味なのか、いろいろ考えられます。私は、人麻呂が歌を作ったとき、その表現を自分で一つに決めないで、「一に云ふ」と書きこんだものがあるのではないかと思っているんです。つまり、人麻呂自身が「知らにす」という形を使ったんではないでしょうか。

丸谷　古い言い回しを使うことによって、格調の高さを出そうとしたわけですね。

大野　そういうことがあったと思います。奈良時代といえば、われわれにとってはたいへん古い時代ですが、奈良時代にあってみれば、その当時からみた古い語法、古い言い方があったはずで、「知らずも」と「知らにす」とでは、「知らにす」のほうが古いと感じられたと思います。そしてこの「にす」(nisu)のiが落ちてnsuになり、nsu→nzu→zuとなって「ず」が出てきたと考えられます。このごろの国文学や国語学の人たちは、このように言葉を分析して、古い形をたどることをせずに、ただその一つの時代にある形だけを見ようとする傾向があるんですが、この「知らにす」を見れば、ここから「ず」が出てきたことが分るので、そういう理解の仕方が必要だと私は思っています。つまり、奈良時代の立場に立てば、「ず」は「にす」よりも発生の新しい助動詞だということになります。

それでは、前の「に」は何かという問題になりますが、朝鮮語で否定の副詞として使うのがaniなんです。そのままで日本語の中で使われることもあります。漢文の訓読などで使った「あに……ならんや」という反語の副詞がそれですね。反語とは、意味的には結局打消しなんです。そして、副詞の「あに」は動詞の前に置かれますが、動詞の後にアニがつくと、siruani→siraniとなって「知ら－に」となり、動詞の否定形を作るわけです。

丸谷　あの漢文調の「あに」というのは、古くからあった言葉なんですか。

大野　漢文訓読のいちばん古い時代からあります。それどころか、『万葉集』にだって、「……あに益《まさ》らじか沖つ島守」というのがあるでしょう。

丸谷 （『万葉集総索引』に当って）あるんですね。

八百日《やほか》行く浜の沙《まなご》もわが恋にあに益らじか沖つ島守　笠女郎《かさのいらつめ》

あ、第一、

夜ひかる玉といふとも酒飲みて情《こころ》をやるにあに若《し》かめやも　大伴旅人

があるじゃないか（笑）。ぼんやりしていました。

大野 それが漢文訓読のほうに固定されたわけです。しかし口語文では、平安時代になると、「あに」は古語になって消えてしまうのです。ですから、女流文学には「あに」は出てこないでしょう。

丸谷 この「に」は、「知らに」とか「がてに」とか、特定の動詞に限定されてつくといわれていますね。

大野 ことに宣命などでは、「知らに」という例がとても多いですね。それは、前にも言いましたように、言葉が衰えてくると、だいたい使われる場がかたよってくるんです。そして一般的な場では使われなくなって、次の時代には限られた狭い場からも消えてしまうのです。

たとえば平安時代の『源氏物語』や『枕草子』などに、「給ふ」という助動詞があります。これは、ふつうは「給は／給ひ／給ふ／給ふ」と四段活用で、「取り給ふ」「見給ふ」など、どういう動詞にでもつきます。ところが、「給へ／給へ／給ふ／給ふる」という下二段活用の「給ふ」があるんです。そして四段の「給ふ」は尊敬して相手の動作を高く扱うんですが、下二段の「給ふ」は、自分の動作につけて、謙譲とか卑下とかを表わすのです。その区別を知らないととんちんかんなことになるんで、辞書や文法書でも、そのことはしきりに解説してあります。少していねいに調べてみると、下二段の「給ふ」というのは、平安時代にはその上にある動詞が限られていて、「思ふ」「見る」と「聞く」、とくに「思ふ」と「見る」につくことが圧倒的に多いのです。「思ひ給へて」と言えば、存じましてという意味です。「見給へて」は拝見いたしまして、「聞き給へて」という例はほとんどありませんが、伺いましてという意味になります。平安時代の動詞としてはその三つぐらいしかないんです。ところが、奈良時代にさかのぼると、この下二段活用の「給ふ」はいろいろな動詞についています。「尊みたまへて」「よろこびたまへて」のように、自分の動作を表わす動詞の下につく。そして謙譲語を作る。広く一般的に動詞につく助動詞だったわけです。それが平安時代には衰えて、つく動詞が限られて狭くなり、ほとんど「思ひ給へて」「見給へて」の二つに限られてしまうのです。

丸谷　きまり文句になってしまったんですね。

大野　そうなんです。そして鎌倉時代になると、「思ひ給へて」もなくなり、消えてしまうのです。

同じように、打消しの「に」なども、「ず」の系統が発達してきて、古語になり、さらに「ず」と並行して「ざり」が出てきますと、「に」は消えていってしまったのです。つまり、助動詞にも寿命みたいなものがありまして、一つの助動詞はだいたい六、七百年ぐらいしか寿命がないのですね。その時間がたつと、なんとなく別の言葉に変ってしまうんです。「に」なども、だいたい奈良時代で寿命がつきて、平安時代になると、意味が分らなくなり、どちらともとれる用例になってしまいます。「がてに」などはどちらともとれるでしょう。

丸谷　たとえば『万葉集』の、

春されば吾家《わぎへ》の里の川門《かはと》には鮎児《あゆこ》さばしる君待ちがてに。（八六）

大野　「に」が否定の「に」だとみれば、待ちきれずにで、「ずに」に当るわけです。ところが、「に」というのは、ほかに格助詞の「に」がありますね。だから、それと混線してくるわけで、「がてに」で「できなくて」ということになりました。

東国方言「なふ」

丸谷　上代東国の「なふ」という助動詞は「に」と関係があるのですか。

大野　やはりｎを含んでいるので、後に「あふ」がついて「なふ」になったと一応考えていいのではないですか。

丸谷　この活用は、「なは／〇／なふ／なへ（のへ）／なへ／〇」となっていますが、連用形は見当がつかないのか、用例がないからあげないんですか。推定では……。

大野　「なは／〇／なふ」だから、たぶん「なひ」となっていただろうと思います。というのは、実はそれが今日の関東方言の「ない」になるんです。もっとも、これは「なひ」ではなく、「なへ」でもいいんですが。

丸谷　「ない」は「なし」からきたのじゃないんですか。

大野　現代の打消しの「ない」は直接的には形容詞「なし」から来たと見られるんですが、「なし」が直ちに現在の「ない」の位置に入ったとするには問題があるのです。形容詞がむやみに動詞の下につくことはないからです。

丸谷　「なし」は確かに形容詞ですね。助動詞とは少し違いますよね。

大野　現在の方言で、関西の否定形は、「行かん」「取らん」でしょう。新潟—静岡を結ぶ線の東が「行かない」「取らない」と「ない」を使いますね。この「ない」の源を求めていくと、『万葉集』の防人の歌や東歌に行きつきます。そこには「なふ」という否定の助動詞があり、「なは／なふ／なへ」と活用して、関東地方より東で使われています。これは当時の関東・東北方言の大きな特徴です。その「なへ」は「なえ」になり、そこから「ない」になる。その段階で「ない」と「なし」が混交したと思います。

丸谷　例をあげましょう。『万葉集』の、

会津嶺《あひづね》の国をさ遠み逢はなは（奈波）ば偲《しの》ひにせもと紐結ばさね

むずかしいですね。これは。

大野　会津の国が遠いので、お会いできないならば、思い出す縁としようと思って下紐を結んでくださいな、というのです。

丸谷　次の歌もむずかしいですね。どうもこのへん、お手あげです。

昼解けば解けなへ紐の我が背なに相寄るとかも夜解けやすけ

大野　昼間解こうとすると解けない下紐が、恋しいわが背に相寄るというつもりでか、夜は解けやすいこと、というんですね。

丸谷　未然形は「なは」と「な」と二つあると考えてよろしいんでしょうか。

大野　「なは」が未然形として使われたことは間違いありませんね。「逢はなはば」とか「汝を（心ニ）懸けなはめ（心ニカケズニイルコトガデキヨウカ）」などの例があります。しかし、「な」という未然形があったかどうか。おそらく丸谷さんのいわれる例は、

わが門《かど》の片山椿まこと汝我《なれ》が手触れなな土に落ちもかも

のような「な」だと思いますけど、これが未然形であるかどうか、この型の例は十例足らずありますが、上野国、武蔵国など、「なふ」の分布と同じ国で使われています。しかし、この「な」の用例を見ると、「宵なは来なに明けぬしだ来る（宵ニハ訪ネテ来ズニ、夜ガ明ケタトキニ訪ネテ来ル）」と相手を責めていますが、「な」は助詞「に」の上にあります。「に」は体言を承ける助詞ですから、「な」は連体形ですね。

岡に寄せ我が刈る草《かや》のさ寝がやのまこと和《なご》やは寝ろと言なかも《へ》

「まこと和やは寝ろと言なかも」は、本当に和やかに一緒に寝ろとはおまえは言わないんだね、という意味ですが、この場合も「言なかも」とあって、「かも」は体言を承けますから、その上の「な」は連体形です。そして、さきほどの「触れなな」の下のほうの「な」は助詞「に」の訛りと見られますから、結局、上の「な」は連体形ということになります。文脈の上では、「なな」は「ずに」または「ぬに」と解釈されるので、終止形または連体形で、それはちょっと決めかねますが、未然形ではないといえるように思います。

丸谷　それから変なのは、「のへ」という連体形です。

遠しとふ故奈《こな》の白嶺《しらね》に逢ほ時《しだ》も逢はのへ（乃敝）時《しだ》も汝《な》にこそ寄され

「なへ」ならわかるけれども、「のへ」になるのは……。

大野　いや、「な」と「の」が交替して、「なへ」が「のへ」になったんですね。奈良時代には、母音aと母音öとの交替があるので、naがnöに交替したんです。

丸谷　一種の訛りみたいなものですか。でも、なんだか外国語みたいな感じがしますね。

ついでに伺いますが、「しだ」に「時」という漢字が用いてありますので、「しだ」というのが時という意味で、現代語では、「行きしな」「帰りしな」の「しな」になることがわかります。ところで、「逢ほ時《しだ》も逢はのへ時《しだ》も」は連体形ですが、現代語の「行きしな」は連用形についていますね。こういうことがあるんですか。

大野　それは、「しな」があまり使われなくなって、複合形だけが残っているからでしょう。「行きしな」「帰りしな」以外に、「しな」という言葉は使わないのではないですか。ほかには「食べ時《どき》」という言葉がありますね。これも、「食べる時」もあり、「食べ時」もあるが、「食べ時」は一語になっているんです。

丸谷　なるほど、「食べ」は連用形です。

大野　連用形は名詞にも使いますから……。

丸谷　そうすると、これは連用形ではなくて、名詞がついているのですね。こういうのは考え方のコツがあるんですね。

終止形の「ざり」は不必要

丸谷　さて、「ず」に戻って、大野さんの『古語辞典』では、未然形は「ざり」の未然形「ざら」を用いる、「行かざらむ」「咲かざらば」となっています。「ざり」は「ずあり」が変じて出来た助動詞ですね。ところが、この助動詞がまた変でして、「ざら／ざり／〇／ざる／ざれ／ざれ」と、終止形がないんですね。

大野　だいたい終止形というものは、使用度数の少ないものなんですよ。

丸谷　でも、推定される終止形は「ざり」でしょう。

大野　それはそうです。理屈で言えばね。

丸谷　つまり、「ざり」の用例が全然ないわけですね。

大野　「ざり」は使わないんですね。というのは、「ず」で間に合うじゃないですか。

丸谷　それはそうです。うーん、なるほど。あたりまえのことですね（笑）。

大野　「ず」で間に合うのに、なぜ「ざり」が出来たかということが問題でしょう。まず、日本人は伝統的に、否定というものを形容詞と同じにみなしているということがあります。そして形容詞は、ものの性質を言う。その性質なるものは、時間的に変化しないものなんですね。動詞はいつも時間という場で行われる動作や作用を表わしますから、未来とか過去とかと結びついている。それで推量や回想の助動詞と結びつきやすかったんです。しかし、形容詞はものの性質をいうので、それは時間と関係なしにとらえていた。ですから、形容詞には推量や回想の助動詞は直接はつかなかったし、形容詞には未然形がなかった。今は「高くば」のように未然形扱いで言いますが、昔は「高くあらば」→「高からば」のように、一度「あり」を介在させて、動詞の体裁にしなければ、推量などを表わす未然形はできなかったんです。今のわれわれはそんなこと簡単にできるような感じがするけど古い例を見ると、実際にはないのです。室町時代にローマ字で書かれたものを見ると、「高くは」とあって、「高くば」とは書いてない。つまり、これは連用形「高く」に「は」がついたもので、未然形に「ば」がついたのではないということになっています。また、打消しの助動詞「ず」も、その性質が形容詞に似たものとみなされていたから、「ず」は未然形がなくて推量形につづかず、回想形にもなかなかつかなかった。ところが、漢文を翻訳しようとすると、否定の未然形として表わさなければならない場合が出てきて、それをなんとか日本語の中に取りこむ必要があった。ところが、「ず」には未然形はない。だから、「ずば」と言うのは無理だった。そこで、「ずは」という形にするか、あるいは「あり」をつけて、「ずあらば」→「ざらば」という形を作って、やっと「ば」につなげたのです。

つまり、打消しの助動詞「ざり」がなぜ出来てきたかといえば、「ず」の下にもう一つ何か助動詞をつけて、「……ナイナラバ」とか、否定の命令とかを表現したいという欲求に応えるために発達してきたものです。ですから、そこで言い終って切れてしまうなら「ず」だけで間に合うので終止形の「ざり」は不必要で、なくていいわけです。

丸谷　なるほど。「ざり」の未然形の例は、『万葉』にもすでにあります。

荒津の海潮ひ潮みち時はあれどいづれの時か吾が恋ざら（射良）む

大野　これは「恋ずあらむ」ですけれども、「恋ざらむ」と「ざり」の未然形を使っていますね。荒津の海は潮が引いたり満ちたりする、それには決った時があるけれども、私はどんな時でも恋しないでいられようか、私の恋にいつと決った時はない（いつも恋しい）。

連体形の「ざる」は、実際にはあまり要らない。というのは、「ず」の連体形「ぬ」で間に合うからです。それから已然形も、「ね」があって、「ねば」と言えるから、「ざれば」という形は、漢文の訓読などでは使われるけれども、和文の中にはないのです。そして否定の命令などしないから「ず」には命令形がなかったのですが、「ざれ」という形が出来たので、やはり漢文訓読系などには例があります。

タトヒ一切ノ天人有リテ仏ノ宝棺ヲ焼カムニ能ハジ。サレバ汝ラアナガチニ焼キ奉ラム事思ハザレ。（『今昔物語』三ノ三四）

これも和文系ではたえて使いません。文体的に翻訳調とすぐ分る形だったでしょう。今日でも、「シカルニ」なんていう接続詞を使えば、文語調とすぐ分るでしょう。それと同じことだったんですね。

「ずは」は条件節

丸谷　王朝和歌の「ず」は、紀貫之の、

人はいさ心も知らずふるさとは花ぞむかしの香ににほひける

とか、小式部内侍《こしきぶのないし》の、

大江山いくのの道の遠ければまだふみも見ず天の橋立

それから連体形でゆくと、二条院讃岐の、

わが袖はしほひに見えぬ沖の石の人こそしらねかわく間もなし

など、別に問題はないので省くとして、問題なのは「……ずは」なんです。『万葉集』

の、

わが袖は手本《たもと》とほりて濡れぬとも恋忘れ貝取らずは行かじ

大野 着物の袖が濡れてしまうとしても、私は恋忘れ貝を拾わずには行くまい……。

丸谷 今、私が悩んでいる恋があまりにも辛いから、苦しい恋を忘れるために、ですね。

大野 それで「取らずは行かじ」は、従来は「取らずば行かじ」だと考えられていたのです。ところが、万葉仮名で一字一字書いてあるのを調べてみますと、「ず」の下にきた文字は、「婆《ば》」の例がなく、いずれも「波《は》」が書いてあるんですね。つまり、これは「ずば」ではなく、「ずは」だったと考えられるわけです。右の歌でも、「取らずは行かじ」で、取らないでは行かない、ということで、これはやさしいのですが、「ずは」にはいろいろむずかしい場合があります。

「ずは」は「よりは」と訳せというのが、本居宣長以来の研究でして、大伴旅人の、

験《しるし》なき物を思はずは（不念者）一坏《ひとつき》の濁れる酒を飲むべくあるらし

は、なんの役にも立たないことを思うよりは一杯の濁った酒を飲むべきだと思う。これ

は話はよく分りますから、「よりは」でいいということになっていました。ところが、橋本進吉先生に「奈良朝語法研究の中から」という有名な論文があって、そこでいちばん大事な例としてあげられたのが、『万葉集』の次の歌なんです。

立ちしなふ君が姿を忘れずは（受波）世の限りにや恋ひ渡りなむ

この歌を、ご立派なあなたの姿を忘れるよりは、世の限りにあなたを恋しく思いつづけるでしょう、というのは変ではないかということになったのです。橋本先生は、「ずは」はふつうは「よりは」と訳せばいいけれども、文脈的におかしい例がある、ことにこの歌などは「よりは」では訳せない、それで「ずは」は「……ずに」だとおっしゃったのです。この歌では「忘れずに」だし、前の例でも「思わずに」だ、と言われたわけです。

丸谷　立派なあなたの姿を忘れずに、この世の終りまで恋しつづけよう、ということですね。

大野　この歌の場合は、村人から尊敬親愛されていた大原《おおはらの》真《ま》人《ひと》今城《いまき》が都に帰ることになった歌で、直前に、

足柄の八重山越えていましなば誰をか君と見つつしのはむ

という歌があります。「あなたが足柄山を越えて都へお帰りになられたら、誰をあなたに似る人と見たててあなたをおしのびしたらいいでしょう」というのです。ですからその次の歌の「立ちしなふ」の歌の「ずは」は、「あなたを忘れるよりは」では変なんです。

丸谷　非常によくわかりました。

『新古今集』の藤原顕輔《ふじわらのあきすけ》の、

ふもとまで尾上の桜ちりこずはたなびく雲と見てやすぎまし

大野　これは簡単な歌です。尾上の桜がもしふもとまで散ってこないなら、遠くにたなびく雲と見すごしていただろうに、散ってくるから桜だとわかる、と。

丸谷　歌の意味は実に簡単なんです。ただ、『新古今』学者たちの扱いが違って、いろいろな説があるんですね。某氏の説では、「未然形＋は……まし」で仮定を表わす、「ず」につくときは「ば」ではなく「は」となる、と。岩波の日本古典文学大系本では「ずば」となっています。小学館の日本古典文学全集本は「ずは」となっていて、頭注に、

「は」は仮定をあらわす助詞「ば」である、「ずば」となるときは「ずは」と澄む、とありました。読みぐせだと考えるんでしょうね。

大野　みんな「ずは」で引っかかる。こういう場合の「ず」は終止形なんだと考えなければだめなんです。「ちりこず」と、それを条件として固定して、「は」で承け、それでどうなるかという答を下に求めている。「たなびく雲と見てやすぎまし」という答を下に出している。そういうように考えればと思うんですがね。

アク語法「なく」

丸谷　「なく」というのがあります。これは連体形「ぬ」のク語法である、というのが大野説ですね。狭野弟上娘子の、

　他国《ひとくに》に君をいませていつまでか吾《あ》が恋ひ居らむ時の知らなく（奈久）

大野　よその国にあなたを置いておいて、いつまで私が恋いつづけていることだろう、その時（期限）の分らないことよ、ですね。

丸谷　「知らなく」は「知らぬアク」で、いま大野さんが訳されたように、「分らないこ

ですか。

ね。ですから「なく」は、「いはく」とか「語らく」と同じだと。これは大野さんの説

とよ」ですが、この「なく」は「ぬ＋アク」で、アクは「ぬ」を名詞形にするわけです

大野　アクについては、金田一先生が、昭和十八年に講義をなさっているのです。「上代語の研究」という講義をされたのですが、そのときの永野賢《ながのまさる》さんのノートに書いてある。私もその講義に出ていたんですが、それをすっかり忘れていて、後になって自分で考えた気になっていたのです。だから、金田一先生のほうが先なんです。ただ、「あくがる」の「あく」もそれだと、そこに結びつけたのは、私の説です。このアク説は賛否両論、「アク説は悪説なり」とも言われたりするんです（笑）。

丸谷　「あくがる」はあこがれることですけれども、要するにあく離《か》るで、ものから離れるという意味だということですね。つまりアクは「ところ」ないし「こと」という意味だから、「いはく」は「言ふ＋アク」で、「言ふこと」という名詞であるというわけです。それで、私はこのク語法という用語が疑問でして、アク語法というほうがはっきりするんではないかと思うのですが……。

大野　そのほうがいいかもしれませんね。ふつう、これは「カ行延音」と言っていたのですが、ただ延ばすはずがないので、ク語法というように考えたのです。

動詞に「なふ」、形容詞に「なし」

丸谷　ここで、先の「に」とか「なふ」とかと関係づけて、形容詞「なし」について少し話していただきたいんです。形容詞「なし」の意味は、いちばん初めは「存在しない」ということですね。非常にあたりまえのことですけれども、例をあげれば、『千載集』の崇徳院の、

花は根に鳥は古巣にかへるなり春のとまりを知る人ぞなき。

次に「いない」という意味で、『古今集』の、

老いらくの来むと知りせば門さしてなしと答へて会はざらましを。

この「老いらく」が、先ほどのアク語法ですが。老年がくると知っていれば蟄居していて、それで留守だと答えて会わないことにするんだったのに、という歌です。

大野　「老いらく」は本来は「老ゆらく」で連体形「老ゆる」にアクがついて出来た言

葉ですね。『万葉集』に、

天なるや月日のごとくわが思へる君が日にけに老ゆらく惜しも

とあります。

丸谷　それから、この不在の延長のようなことですが、「この世にいない」という意味の「なし」です。『新古今集』の後鳥羽院、

なき人のかたみの雲やしをるらむ夕の雨に色は見えねど

大野　いい歌ですね。心がこもっている。

丸谷　後鳥羽院の傑作の一つです。お妾さんが亡くなった時の歌です。家来の死んだ時ではこういうのは出来ません（笑）。わたしは『後鳥羽院』という本を書いたとき、この和歌は取上げませんでした。いい歌だと思ってたけれど、どうも論じにくいんですよ。読めばよくわかるし、妙に心を打つし、こういうのは批評文を書きにくいんですね。なんだか人を沈黙させる歌です。それで、ついほうって置いた。そうしたらその本の年譜を岡野《おかの》弘彦《ひろひこ》さんが作って下さって、その年譜には二十首ばかり後鳥羽院の傑作が抜いて

あるんですが、この歌がちゃんとはいっている。参りました。

　さて、「なし」で私がいちばん問題にしたいと思うのは、陳述の意味を表わすといわれる「なし」です。たとえば現代語で「白くない」という場合の「ない」に当るものですね。これがむずかしいんです。大野さんの『古語辞典』には、「陳述の意を表わす。……ない。『人は正しうなければ、人が用いぬぞ』〈『周易秘抄《しゅうえきひしょう》』下〉」とありますけれども、この言い方の「なし」は、王朝和歌にはいくら探してもないのです。そればかりか、驚くべきことに、石川啄木ですら使っていないのです。たとえば啄木に、

　　何となく、
　　今年はよい事あるごとし。
　　元日の朝、晴れて風無し。

というのがあります。しかしこれは、陳述の意を表わす「なし」ではなく、不存在の「なし」です。ですから、「白くなし」とか、「正しくなし」という場合の意味の「なし」は、歌に使われることがなかったんですね。

大野　そうでしょうね。おそらく「白くなし」という形は新しいんでしょうね。

丸谷　ところが、現代の日本人にとって、否定のときに「正しくない」とか、「広くな

い」とか言う、「ない」は非常に大事な言葉ですね。そこのところを教えていただきたいんですよ。先ほど、「ない」は「なふ」から変化したとおっしゃいましたが……。

大野　私は以前は、「なふ」が関東方言における打消しの「ない」の祖先ではないかと考えていました。「なふ」と「ない」は関係があると思います。というのは、「なふ」は「行かなふよ」というように、動詞の未然形につきますが、現代語の「ない」も、「行かない」「取らない」と、未然形について否定します。その点で、動詞の場合は、「なふ」と「ない」とは接続が同じなのですね。だから、現代の「ない」と上代東国方言の「なへ」→「なえ」→「ない」という変化とは、どこかで融合したんだと思います。

　ところが形容詞に「なふ」がつくときは、たとえば「高くあらなふよ」というようになっていて、「あり」の変化「あら」を介在させます。「高くなふ」と、形容詞に直接「なふ」が接続することはなかったのです。また、丸谷さんが例にあげられた「白くなし」とか、「正しくなし」とかは、「白く」「正しく」という連用形を承けていますね。この形容詞の連用形を承けた「なし」が、現代語では、「高くない」「低くない」の「ない」になるのですね。

　つまり、こういう考え方ができるわけです。「ない」を一元的に考えないで、動詞につく「ない」は「なふ」の系統から来た、形容詞を承ける「ない」は別系のものである、というようにです。起源的に別だけれども、今日ではそれは活用が同一になっている。

丸谷　日本人の意識の中でこんがらがってしまった。

大野　こんがらがりのもとは、「高くもあらず」の代りに「高くもなし」のような形が中世で多く使われるようになったこと、そこから「高くあらず」が生じたわけで、その「あらず」の代りに「なし」が使われだしたんでしょう。すると、「高くなし」となるわけで、これが広まったのは江戸時代に入ってからではないでしょうか。

「じ」と人称

大野　否定の助動詞「じ」は、一人称、二人称、三人称によって、意味がきちんとわかれるということがポイントです。ふつうあまりはっきりと教えないことですが。

丸谷　これは無活用なんですね。「○／○／じ／じ／じ／○」と。無活用の助動詞というのは、考えてみれば変なもので、いわば助詞のようなものですね。それで、一人称を承けるときは否定的意志を表わし、「……ないつもりだ」「……しまい」という意味で、『万葉集』の、

あはしまの逢はじ（自）と思ふ妹にあれや安眠《やすい》もねずて吾が恋わたる

逢うまいと思っている女、それほど自分が執着している女だというわけでもないのに、うとうとしながら私が恋しつづけることだ。『新古今』の西行の、

山里は人来させじと思はねど訪はるることぞうとくなりゆく

この山里に誰も来させまいと思うわけではないけれども、訪ねてこられることが次第に少なくなっていく。なんだかえらく屈折しているんです。こういうくねくねした感じが受けたんでしょうね。『万葉集』の、

梅の花いつは折らじ（自）といとはねど咲きの盛りは惜しきものなり

これは、二人称を承ける「じ」で、「（あなたは）……してはいけない」という禁止を表わす「じ」ですね。

大野　どんなときには折ってはいけないと避けるわけではないけれども、その梅の花の真っ盛りのときに折るのは惜しいものだということでしょう。

丸谷　昔の歌にしては論理の運びがややこしいですね。三人称を承ける「じ」は、「……ないだろう」という、打消しの推量ですが、『新古今』鴨長明《かものちょうめい》の、

秋風のいたりいたらぬ袖はあらじただわれからの露の夕暮

大野　これは、『古今集』の、

春の色のいたりいたらぬ里はあらじ咲ける咲かざる花の見ゆらむ

読人しらず

を引いているわけですね。

丸谷　ええ。春を秋に転じていますね。春と秋を比較するのは王朝貴族の好きな話題の一つだったから、すぐにこうなるわけです。その本歌のせいで奥行きが深くなっているんですが、洒落た歌ですね。

『万葉集』の「らむ」から俳諧の「らん」まで

「む」の一人称、二人称、三人称

丸谷　助動詞「む」をやりましょう。この助動詞は、動詞、助動詞の未然形を受けて、活用が「○／○／む／む／め／○」ですね。未然形として「ま」をあげる人がいるけれども、「ゆかまく」「見まく」は、例の新しく命名したアク語法であって、未然形ではないというところが大事ですね。それで「む」は一人称のときには、意志、希望をあらわす。これはあたりまえのことなので、別に論ずる必要はないと思いますが、二人称単数のときには、催促、勧誘、命令をあらわす。『万葉集』の、

わが宿の花たちばなにほととぎす今こそ鳴かめ（米）友に会へるとき

私の家の花たちばなにいるほととぎすよ……。

大野　いま友達に会っているこのときに鳴きなさいよ、ということですね。
丸谷　催促ですね。複数のときは勧誘になります。『万葉集』の、

居り明かしも今宵は飲まむ（牟）ほととぎす明けむあしたは鳴き渡らむぞ

徹夜で今夜は飲みましょう。徹夜で飲んだその翌日にはほととぎすが鳴くことでしょう、というわけですね。この歌は有名ではないけれども、日本の男が酒を飲むのには非常に向いている優雅な歌ですね。

三人称の予想、推量、これはあたりまえだから省いていいですね。それから仮定を示す連体形の「む」、これがちょっとむずかしいから説明してください。
大野　この「む」の使い方は現代語にないんです。現代語では助動詞を省いてしまって、あらわさないんです。たとえば、『万葉集』の、

君がゆく道のながてをくりたたね焼きほろぼさむ（牟）天の火もがも

問題は、この「焼きほろぼさむ」なんです。現代語だとこれは「焼きほろぼす天の火もがも」という形になるか、さもなければこれを婉曲の語法というふうにとらえて、

「焼きほろぼすような天の火もがも」と表現するわけです。

丸谷　これはテンス（時制）があるわけですね。

大野　そういうことなんです。「天の火がほしい」という文末の表現は、まだ天の火を得ていなくて、将来にそれを希望しているわけで、その未来の表現と、呼応しているんです。

丸谷　現代日本語では、こういうテンスの感覚がなくなったんですね。

大野　だから、そういうテンスの感覚というのは古代人の社会では、はっきりしていたんで、事態が現在見えているのか、それともその事態は自分が頭のなかで描いたのかということについて、連体形の「む」を使ってそれを区別したわけです。

丸谷　上代日本語というのはずいぶんバタ臭かったんですね。

大野　その点ではそういうことがいえますね。だから、『万葉集』の、

わたつみの海に出でたる飾磨川《しかまがは》絶えむ（無）日にこそわが恋やまめ。（米）

「海に流れている飾磨川の水が絶えている日はないように、私のこの恋の思いはやむときはないにちがいない」と言っているんで、やはり「絶ゆる日にこそ」ではなくて、「絶えむ日にこそ」と言っているんです。

だから「絶ゆる日」と言うと、明らかに絶えるのが目の前に確かにあるという感じになるんですね。「絶えむ日」というと、それは自分の観念のなかで思っていることだということを、ちゃんとあらわしているわけです。

現代語では、「別れた日には悲しかった」のように、過去形についてだけは呼応があります。それが、未来形にもあったんですね。

批評の仕方

大野 こういう言い方が、平安朝以後になると次第に目立たなくなります。芭蕉の「ゆかん友もがな」のような例があり、古典語の世界にはあるけれども、近世以後になるとなくなってしまう。

丸谷 口語ではなくなったんでしょうね。芭蕉の、

子の日しに都へゆかん友もがな
声よくばうたはんものを桜ちる

の二句もこれと同じ用法で、仮定をあらわす「む」ですね。

大野　これの滅びる様子は徹底的に調べた人が、まだいないと思います。この詳しい報告を私は知りたいものですね。いつ頃、どういう形で、なぜ滅びたか、そのかわりの表現法が出来ているかどうか。ある表現形式が滅びると、それを補う何らかの方法が、別の形で出来ていることが多いんです。

丸谷　仮定の語法がなくなったんですね。

大野　だから現代日本語にはサブジャンクティヴがないんです。「ましかば」の「まし」が消えてしまったこととと関係があるんですね。

丸谷　意識が非常に単純化して、平板になったんですね。

大野　事態を目の前で確かに見ているというのと、観念で、想像で描いているというのと区別しなくなったんです。

丸谷　時代が下がってくると、複雑に事態をとらえて細分化するはずなのに、仮定の話法に限っては、非常に単純になっていったんですね。これはおかしいことですね。

大野　そのことを文法史の問題としてちゃんと論じた論文は読んだことがないですね。そういう論文は多分ないだろうと見込みをつけるのは何故かというと、そういう研究のためには『万葉集』が読めて、『古今集』が読めて、『平家物語』が読めて……。

丸谷　それでヨーロッパの言葉が読めないといけない。というのは、サブジャンクティヴの感覚がわからないから……。

大野　現在は専門が分化して、どの時代のものでも読めるという人が減ってしまいました。だから上代から近世までずっと通した研究が出来ない。私は「主格助詞の『が』の成立」という「が」の助詞が成立した次第を書いたことがあるんですが、専門家はいいとも悪いとも批評しない。

丸谷　それはそうですよ。批評というのはそういうものなんですね。自分の領域だけでものを言う感じがどうしてもあるんですね。

大野　自分のやっているところに引っかかってくると、その引っかかってきたところだけ合っているか違っているかを論じる。けれど、実は論文の本体は別のほうにあって、批評されているのはほんの片隅のことでしかないことが多い。

それでよく書評を引き受けるものだと思うし、そういう行き方は賛成じゃないですね（笑）。片隅だけを知っている人に書評を頼むから、自分の知っている片隅のところだけで、いいとか悪いとか批評を言って、ほかの大部分を放ったらかしにしてしまう。そういう批評がよくありますね。

丸谷　国文学者の書評にそういうのがありますね。私が国文学に関係のある本を書いて、その書評を国文学者がしたときは、そういう調子が多いですね。こっちがいちばん言おうとしている大事なことには触れない。私の問題点につきあってくれるのは、いつも批評家です。褒めようとけなそうと、とにかくそこの所にこだわってくれる。

それで、本の読み方という点では批評家のほうが上だと思うんですね。大筋のところを論じないで、個々の引用で何という字を写し違えたというようなことをいくら論じたって、話にならないですよ。

大野 相手が何を言っているかを読まないで、その隅のほうの、たとえば発音法が悪いとかなんとか言っても仕方ありませんね。

丸谷 この対談を読んで誰か発奮するといいですね（笑）。それに限らず、いったい今度のわれわれの対談は、若い国語学者がヒントを得るには非常に役立つはずなんだがな（笑）。

大野 この「む」の問題なんか、非常におもしろいですね。

丸谷 私も、昔の日本語というものが、こんなにヨーロッパの言葉みたいな感覚があったのかとおもしろく思いました。

契沖の注のすばらしさ

丸谷 次は「らむ（らん）」です。「らむ」は終止形を受ける、動詞、助動詞の両方を受けるわけです。「○／○／らむ／らむ／らめ／○」と。この活用の話はあたりまえだから省いていいですね。それで現在の事態を推量する、これもあたりまえですが……。

大野　けれど、これは「む」とは違いますね。やっぱり「らむ」の「ら」に「あらむ」といった場合の「ら」の影があるのです。だから、現在の事態を推量する場合でも、目の前に見えない事態の推量なんです。『万葉集』の、

白菅《しらすげ》の真野《まの》の榛原《はりはら》行《ゆ》くさ来《く》さ君こそ見らめ（良目）真野の榛原

これは、いっしょに旅行に行かないで、あとに残った人の歌で、その景色を作者は見てないんです。あなたこそごらんになっているでしょう、と言っているわけです。

丸谷　第三句「行くさ来さ」は草《くさ》という言葉が二つはいっていますね。菅、榛《はり》（ハンノキ）、草と植物づくしになっています。『新古今集』の、

うぐひすの泪のつらら打解けて古巣ながらや春を知るらん　　二条后

大野　これもやっぱり、目の前に見ていなくて事態を推量しているわけです。

丸谷　この歌の本歌である、

雪のうちに春は来にけりうぐひすの氷れる泪いまやとくらむ

に契沖が注をつけて、鳥が泣くことはないから泪は流さないというのは散文的な考え方だ、とありました。私はこの注を読んだとき、契沖という人は偉いと思いましたね。そういうことをあの時代に言うのは、すごい見識だと感心しました。この歌は鳥に泪を流させるという超現実主義みたいな感覚のせいでもってるわけですね。

大野 契沖という人は非常に頑強な人だけれども、情の細かく通る人ですね。

丸谷 あれだけガッチリした思考力がありながら、しかも文学的感受性が非常にこまやかでしょう。私はとても尊敬しているんです。

大野 私も契沖の『万葉集』の注を見てそう思いますね。

「らむ」の性質

大野 そこで、「らむ」の場合に大事なのは、目に見えない事態の推量をするというところなんです。だから、見えない事態の推量から、見えない理由を推量するというほうへ展開するわけです。理由というものもやっぱり見えないものですから。

丸谷 つまり理由、原因をあらわす疑問語がついている場合と、ついていない場合があ

るわけですね。ついているはうは簡単なんです。たとえば『古今集』の、

雪とのみふるだにあるを桜花いかにちれとか風の吹くらむ

この歌は全くこのとおりで、前にも（一二一ページ）出たことがありますね。ですから訳はつけませんが、こういう調子で非常によくわかる。むずかしいのは、理由、原因の疑問語が書いてない歌ですね。たとえば『古今集』紀友則の、

ひさかたの光のどけき春の日に静心なく花の散るらむ

これは無理に訳せば、こんなに光がのどかに出ている春の日に、落ちついた心もなく花は散ることよ、とも訳せるし、「なぜ」を補って、理由、原因を推量というふうにとることも出来るんです。そこのところが話がややこしくなってくるんですね。「らむ」という助動詞の、いわば本質にかかわるところなんだと思います。なんだか一種の曖昧性がありますね。

大野　宣長が「かな」に通り「らむ」ということを言っているわけです。その「らむ」を「かな」に置きかえると、

ひさかたの光のどけき春の日に静心なく花の散るかな。

となるわけです。それでもいいように見えます。

丸谷　通るんですね。だから「らむ」の解釈が、二つあるわけです。どういう気持でというような疑問詞を補うのと、それから詠嘆の思い入れの言葉ととるのと。

大野　そうです。『古今集』の、

春の色のいたりいたらぬ里はあらじ咲ける咲かざる花の見ゆらむ。

これなども、春の色が到着した里、あるいは、まだ到着しない里というものはないはずなのに、現に咲いている花と、咲いていない花とが見えることだなあととれるわけですね。

実を言うと、戦後、昭和二十六、七年の頃、時枝誠記先生と、古典解釈の文法をつくろうという話があって、『古今集』をご一緒に読んだことがあります。そうすると、こういうところの歌の解釈で、たちまち食い違ってしまったんです。時枝先生は、これも「かな」でもって通るとおっしゃるんです。

丸谷　通らないことはないけれども、どうしてなのだろうとするほうが、頭には入りやすいですね。

大野　宣長が「かな」に通う「らむ」ということを言っているから、「かな」でいいんじゃないかと時枝先生はおっしゃるんです。ところが、宣長の『詞の玉緒』を見ますと、こんなことが書いてあるんです。ここにあげた「らむ」は「らむ」と結んでいるけれども、みな事柄そのものを疑うのではない、なぜそうなるかというわけを疑っている、そういう意味をあらわす「らむ」だと。だから「かなといふに通へり」と書いてあるのです。ここはなかなか微妙なところです。

　ひさかたのひかりのどけき云々の歌は、しづ心なく花のちるかな。何とてしづ心なく花のちるらんといふ意なり。次々の歌もみな此格に同じ。いづれも△のしるしを附たる所に。何とてといふ言を加へて心得べし。さて此らんをかなに通ふといふことは。右の古今の歌のらんを顕昭が本には花と見ゆるかと有。此かはかなの意也。又新古今九、貫之
　見てだにもあかぬ心を玉ぼこの道のおくまで人のゆくらん
此歌も同じ格なるを。古今六帖には下句を「みちのく迄も人のゆくかな」とあり。これらにてさとるべし。

と書いてあるんですね。

丸谷　宣長のそれは、非常に但書きが多くて、含みの多い言い方ですね。

大野　この宣長の但書きはぬかりないようになっているんです（笑）。

丸谷　だから、「らむ」すなわち「かな」と言ってるわけでは必ずしもない……。

大野　そうなんです。「かなといふに通へり」と言い切っているけれど、「かな」は二股にかけて使うんではなくて、「かな」は詠嘆だけなんですね。ところが「らむ」は詠嘆だけかというと、そうではなくて、「そのゆゑを疑ひて何とて花とは見ゆらんといふ意である」と書いてあるわけです。これは二股かかっているんです。

「らむ」と「かな」

丸谷　少し変な例かと思うんですが、『新古今』の「ならの帝ををさめたてまつりけるを見て」とあるお弔いのときの歌ですが、柿本人麻呂の、

久堅のあめにしをるる君ゆゑに月日もしらで恋ひわたるらん。

この元の歌は『万葉集』巻二の歌ですが、

久方の天しらしぬる君ゆゑに日月もしらず恋ひわたるかも。

これで見ると、多少言葉の違いはありますが、大筋のところは同じですね。つまり『新古今集』は「かも」を「らん」に変えたわけです。あるいは、そういう伝承が以前からあった。とすると、『新古今』の歌人たちにとっては、「かも」も「らむ」も非常に近いものだったと言えると思うんですね。

それからもう一つ、『新古今』の「雪に寄せて述懐の心をよめる」藤原俊成の、

杣山《そまやま》や梢に重る雪折れにたへぬなげきの身をくだくらん。

これは材木を切り出す山の梢が雪のせいで重くなって、雪折れになるような、そういうたえぬ嘆きのせいで、私は身を砕く思いをすることであることよ、というような意味ですね。小学館の『日本古典文学全集』の頭注に、俊成の家集には結びの句が「身をくだくかな」となっているとあります。『私家集大成』などを見ますと、みな「身をくだくらん」なんですけどね。ですから、おそらくこれは峯村文人教授のお使いになった写

本に、「身をくだくかな」というのがあったんでしょう。それで、つまり写本の筆者にとっては、「身をくだくらん」は「身をくだくかな」と、ついうっかり写し違うくらいのものだったと思うんです。

こういうことはいわば傍証的なものにすぎないでしょう。でも、「らむ」を「かな」と同じだととりますと、私はいままで『新古今』の歌で、この「らむ」がよくわからなかったけれど、わかってくるような感じがかなりするんです。

大野 そこで、なんで「らむ」が「かな」と通うということになるかということです。

久方の天しらしぬる君ゆゑに日月もしらず恋ひわたるかも。

とある。ここで見るべき点の一つは、「かも」と「かな」とを比較すると、「かも」は奈良朝風であって、「かな」は奈良朝にはほとんどなく、平安朝以後であるという点が違います。

もう一つは、「かも」と「かな」には、かなり本質的な違い、「も」と「な」の違いがあります。「かも」というと、前に「はも」の話のところで申しましたように、「も」というのは、非常に自分自身を謙遜して言う言い方でもあるし、それから不確定の表現でもあるので、「かも」とあると、詠嘆とはいえ、非常に控え目な詠嘆ですし、むしろ疑念とか疑いであるとかいう気配が濃いんです。だから、「恋ひわたるかも」とあれば、それを「らむ」と置きかえるのは、見えざる事態を疑うとか、理由を疑うとかいう意味合いの通じる点があります。そこで、「かも」が「らむ」に置きかわるということがあると思います。

ところが、今度は「かな」が出てきたときにはどうか。「かな」は「かも」とちょっと違って、疑いという意味合いは全然消えはしないけれども、どうも薄らいでいる。むしろ事態を受け止めて、眺めて、そうだなと感じ入っているという意味合いが多い。そういう「かな」に対して、「らむ」がなぜ結びつくかというところが、私にはどうもうまく解けないんです。

そういうことについて、江戸時代のはじめ頃の歌学《うたまなび》の本として、たとえば『てには網引綱《あびきのつな》』とか、『脚結抄《あゆいしょう》』とか、いわゆる歌学の本がこの「らむ」をどう扱っているかを多少調べてみたんですが、『てには網引綱』を見ても、「らんは全く疑也。故にらんと留るは上に疑の詞にても、てにはにても有へしとぞ。疑の詞は〽いつ〽いづれ〽たれ〽など〽さぞ等也。疑のてにはは、かの字やの字也」と、そういうことが書いてあるんですね。上に、「いつ」とか「いづれ」とか「たれ」とか「など」とか「か」とか「や」とかというものが来るのだということを言っているんです。

そして今度は、「久堅の光のどけき春の日に」の歌を引いて、右は疑の詞も、てにをはもないけれども、上句に疑の意を含んでいる。だから、やっぱり「しづ心なく」「いかで咲かざる」と「疑の心おのづから言外にあるべし」と言っているんです。
それから疑の心がないものもあります。たとえば、『古今集』の、

我宿にさける藤浪立かへり過がてにのみ人のみるらむ。

これなども、時枝先生が以前、「わが宿に咲いている藤の花を行きすぎることが出来なくて立ちかえり、人が見ることだな」というような意味にとれるとおっしゃった例です。『てには網引綱』には「これらは疑の心あらされとも上よりすらすらといひ下してらんと留る也、此類又古歌におほし」と書いてあるんです。結局これではどういうことなのかわからないけれど、ともかく「らむ」には疑いでないものもある。それは、『古今集』の歌なんかで「かな」と置きかえてみて、とにかく通ってしまうのが相当あるので、どうも打消しきれないんですね。

丸谷　例の『新古今』の人麻呂の歌「久堅のあめにしをるる君ゆゑに……」の歌で思うのですが、「らん」は「かな」だと見るよりも、「かも」だと見るほうが、わりに納得がいきそうな感じですね。

大野　「らん」が「かも」なんだというふうに考えるなら解けるように思うんです。

丸谷　そこを宣長先生は「かな」で考えたから、どうもうまくいかなかったのじゃないでしょうか。

大野　だから、宣長先生は非常に上手に二股かけたわけですね（笑）。

丸谷　そうそう、だから反対しにくいように朦朧と書いてありますね。でも、やはりいい感覚ですね。

大野　はずさないように踏み留まっているところはさすがですね。

丸谷　着眼点がいいですよ。これは宣長が最初ではないでしょうか。

大野　『網引綱』にすでに「疑の心あらされとも」と言っていますから誰が早いのかわからないけれど、江戸のはじめには、そう受取られていたと思います。

丸谷　「らん」はわたしが王朝の和歌を読みはじめたころから、どうも妙に心に引っかかっていたものでした。疑問をはっきり意識化するというよりも、なんだかもやもやとわからなかったんです。「らん」が「かな」「かも」に近いと取ると、その疑問が、氷解とまではゆきませんが、かなり薄れる感じがありますね。これで『新古今』の解釈はずいぶん違ってゆきそうな気がします。

俳諧の場合

大野 それで、私はここで丸谷さんにうかがいたいわけですが、俳諧の連句の場合には第三は「て」でとめるか、「らん」でとめるかだということですね。これと、いまの「らん」がわからなくなってきている、あるいは「かな」と通うというのと、うまくつづくのか、つづかないのか、その辺のことはいかがでしょうか。

丸谷 私はなんだか、関係があるんじゃないかという気がします。俳諧は能の影響を非常に受けていますから、話の都合がいいんですが、大野さんの『岩波古語辞典』に、「安宅《あたか》」の例が引いてあって、

旅の衣は篠懸《すずかけ》の、露けき袖やしをるらん。

この「らん」が「かな」であると書いてある。なるほどなと思って少し調べてみますと、「遊行柳《ゆぎょうやなぎ》」に、

帰るさ知らぬ旅衣、法に心や急ぐらん。

それから「定家」に、

山より出づる北時雨、行くへや定めなかるらん。

これなども、推量の「らん」と考えるとピンとこないけれど、「かな」に近いものだと考えると、確かに納得がいくんです。

そこから考えて、俳諧の第三の句の「らん」もそうとれるものがありそうな気がするんです。普通、俳諧の第三というのは、たとえば『猿蓑』のはつしぐれの巻でいきますと、

鳶《とび》の羽もかいつくろひぬはつしぐれ　去来《きょらい》
一吹き風の木の葉しづまる　芭蕉
股引の朝からぬるる川こえて。　凡兆

というふうに、三句目は「て」でいくのが圧倒的に多いので、だいたい八、九割は「て」ではないでしょうか。一割くらいが「らん」ですね。芭蕉がさばいた歌仙では、「らん」

止めの第三はありませんでした。蕪村《ぶそん》のさばいたものには多いですね。そのなかで、推量ととってとれないこともないようなものは省きまして、わりに「かな」に通う度合いが強いと思われるものだけあげますと、

朧月大河をのぼる御舟哉　蕪村
千もとの柳四五本の松
織物も半ばに春やたちぬらん。

この第三は誰の句かわからないけれど、「かな」に通うとすれば、「たちしかな」でしょう。でも、「たちしかな」では口調がおかしい。「たちぬらん」とすると、落ちつきがいいですね。そういう意味でも、「らん」が「かな」に通うという気持がわかりますね。これを推量ととると、いったいなぜ推量にするのか意味がはっきりしない。

大野

春風に朱のそほ舟歌ふらん。

などは明瞭ですね。「歌ふかな」でいいわけでしょう。これなど完全に「かな」ですね。

丸谷　それから、

曲水や江家の作者誰々ぞ　　召波《しょうは》
唐《もろこし》上使かへり来し春　　維駒《これこま》
のこる月山なき空に霞むらん。　　蕪村

この「江家」は、大江家の詩人たちですね。曲水の宴に出て漢詩を読んでいる大江家の詩人たちは誰と誰だろうかといったような、いかにも蕪村好みの発句です。それで、「のこる月山なき空に霞むらん」ですが、これも「霞むかな」でいいわけです。遣唐使が帰ってきた春、そのときに残る月が山なき空に霞んでいる、ですから、これは「かな」でははっきりいい。それを第三では「かな」は使うことは出来ないから、「らん」でいくという感じなんでしょう。

おもしろいのは、最初に言った「春やたちぬらん」です。これは発句が「かな」でいっています。だからここは「かな」は、それこそ絶対に使えない。「らん」でいくということが、その点からも言えるわけです。

そんなふうに、俳諧の第二の句の「らん」は、「かな」に通う度合いが強いものがいくつかあると言っていいと思いますね。山田孝雄の『俳諧文法概論』には、この「らん」のことは書いてないんですが……。

大野 山田孝雄先生は、『万葉集』とか平安時代の歌、もちろん『平家物語』にもお強いけれども、近世のものになると、古いものを見馴れた目で見ているために、江戸の江戸的なところをとらえることが出来ない、というふうに批評した江戸文学研究者の話を聞いたことがあります。そういったことが、もしかしたら「らん」なら「らん」を読むときに、「かな」に通う「らん」というふうな発想法が、そこまで回らなかったのかもしれませんね。

丸谷 そこがむずかしいところですね。「らん」というのは、もともとずいぶん曖昧な言葉づかいですから、くっきりと、こうでなければならないという鮮明な度合いが薄い。だから、推量だと無理に考えようとすれば、考えられないことはないんですよ。

古典語の文法

大野 奈良、平安の古典から、俳諧の「らん」にまで降りてきて、その間に謡曲をとらえ、謡曲から俳諧にいく。そこまでの全体を古典語の範囲としてとらえようというのは、現在の日本の古典文法をやっている人の発想法では非常に乏しいと思うのです。やっぱり日本語である以上、そういった流れがありうるんでしてね。はたして江戸の人は古い

「らん」をどう読んだのか。それから宣長のように古語に詳しいはずの人が、「かな」に通う「らん」ということを言っていて、しかも割り切らないで、むしろ両方に股をかけた解釈をそのままにしているあたりに、いろいろな問題があるわけですね。

そういう点を考えると、今いろいろうかがっていて、私などは俳諧のことは何もわからないけれど、こういう「らん」があるわけですから、それをどういうふうに理解したらいいかというようなことは上代や平安の古典を読んでいる人間が考えなくてはいけませんね。あまり一つの時代に片寄っていないで、古典という言葉のなかに、芭蕉だとか、蕪村だとかいうところまで当然とらえるべきですね。この人たちは、近世語で書こうというのではなくて、古典語の文章規範のなかでやっているわけですからね。

丸谷　江戸の俳人たちは、やはり『新古今』の語法が言語意識の中心にあったと思いますね。江戸文学は『古今集』の圧倒的な支配の下にあったとよく言われています。でも、それは権威としての古典ですね。もっと直接的な先輩としては『新古今』を意識していたのじゃないでしょうか。ちょうどわれわれが漱石や鷗外に対すると同じようなものだったでしょう。

大野　なるほど。ですからそのへんの作者たちが、規範を何にとっているか、また、規範のとり方の変化によってどういうふうな変化が新しくいろいろ生じて、工夫が出てきたかなどということまで見なければ、こういうものはわからないですね。古典語の文法といってももちろん私なんかまだまだとても手が届かないけれども、今後の人がこういうところに目をつけて、日本語全体をうまくとらえられるようなものの考え方をしてくれるといいと思うのです。

丸谷　私も全く同感です。基本語、殊に助詞、助動詞については、そういう広い展望に立った分析が非常に必要だと思います。そういう作業をやらないと、日本語の意味合いが正しくとらえられないんですね。

「ぞ」が「が」になるまで

日本語文法の考え方

丸谷　この対談もこんどで十七回目ですが、実は前回の「『万葉集』の『らむ』から俳諧の『らん』まで」が終ってからかなりの年数が経っているわけです。その間に大野さんは森本哲郎《もりもとてつろう》さんと長い対談をなさいました（「『ハ』と『ガ』の問題と日本語の特質」『現代のエスプリ』第二三七号、昭和六十二年四月）。その対談を面白く拝見したのですが、以前の考え方と多少違ってきたところがありますね。

大野　丸谷さんとこの対談をしたことで、助詞にたいするいろいろな関心が、私のなかで鍋の中のごった煮があっちで吹きたてこっちで吹きたてるように、あちこちで沸きたってきたんです。ことに、係結びについてはかなり詳しくやりましたから、いったい係結びとはなにかということが私の問題意識としてあらためて蘇ってきて、いろいろ煮えたぎってきたわけですね。

それともうひとつ、日本語の文法のいちばん基本である「文」とはなにかについての問題意識です。丸谷さんとこの対談をつづけていたときにも、そのことはたえず私の心のなかにあったんですけれども、どうも答が出せなかった。文法というのは「文の法」「文の作り方の規則」ですが、文はどうすれば出来るのかということです。これは、どんな文法書にも書いてあることだし、一応分ったつもりでやっているけれども、よく分らなかったんです。

普通は「主語と述語があれば文になる」という。これは、われわれが英語を勉強するときに文法的に勉強しなければならないし、その英語の文法に「主語と述語で文が出来る」と説かれていて、それを中学から高校までの若い時期に一生懸命勉強するものだから、誰でも心に残っているんですね。また、大槻文彦が『広日本文典』を書いて以来、主語と述語というのが一つの合言葉のようになった。しかし、そういう考えで日本語の文というものが説明できるかというと、どうもうまくいかないと、誰もが感じてきたことなんです。大正から昭和にかけて、松下大三郎先生が、要するに言語というものは人間のするものだからどこかで共通のものがあるはずだ、その共通のものを捉えれば文法は分るはずだという考えで、ヨーロッパ文法を規範に仰ぐのではなく、日本語そのものを自分の眼で見るという考え方で臨んだ。そこで、日本語に特徴的なこと、つまり「は」という助詞は題目を立てて下に説明をする、それに対して「が」の場合は題目を立てるのではないということをおっしゃった（一八六ページ以下参照）。これが、日本語の文の説明の仕方としては基本であるといえると思います。私も『日本語の文法を考える』という本を書きましたが、そこで松下先生の考え方の上に立って、「は」は既知を承ける、「が」は未知を承けるということを言ったんです。

しかしそれは現代語の話でして、いったい日本人はいつ頃からそういうパターンをもったのかということは、現代語を見ただけでは分らないんです。ことに「が」という助詞は、これもこの対談でいくらか議論しましたが、最初は「我が国」「君が代」のように、名詞と名詞の間に入るもので、「が」の下に動詞がきて切れるということはなかったんです。助詞「が」がそういう役目を果すようになったのは、だいたい江戸時代以後だと分っています。では、それ以前はこのパターンはいったいどういう形で行われていたのか。誰もそういう発想法でことに臨んでいなかったわけです。

丸谷　みんな現代語としての「は」と「が」だけを論じてきた。それを日本語の歴史全体のなかで考えたのは大野さんが最初なわけですね。歴史的であるということが大野さんの学風の特徴の一つですが、それと「は」「が」の問題とが実にうまいぐあいに出会った。どうしていままで出会わなかったのか、不思議なくらいに思いますね。

大野　その歴史的というのは、ただ奈良時代はこうだった、平安時代はこうだった、鎌倉時代は、江戸時代は、という歴史ではないんです。そういう共時態で切ってしまうのでは、現代語をやっているのと同じなんです。そこで私は、日本人は日本語で文の作り方をどうしてきたのかという問を出した。現代語で見られる現象は、現代たまたま起った偶然的なものなのか、それとも日本語が本来そういう発想法をどこかでもっていたものなのか、そういう問の出し方をしたわけです。その一方で、係結びとはいったいなにかを考えていて、「は」も「も」も係りだという場合の「は」は今日の「は」と「が」の問題の「は」と同じで、『万葉集』を読んでも、『源氏物語』『平家物語』を読んでみても、「は」の使い方は現代とそれほど変っていない感じなんですね。それでは、今日の「が」の代りを何がやっていたのか。それが私の問だったわけです。

「ずは」は上を見る

丸谷　そこで係結びの係助詞です。私は前に係結びを三つに分けて、第一のファミリーが「ぞ」「か」「や」「なむ」、第二のファミリーが「こそ」、第三のファミリーが「は」「も」としたんですが、それ以外の分け方もあるわけですね。

大野　いえ、普通はないんですよ。係結びというのは、上に或る助詞がきたときに下の結びがどうなるかが問題だった。これは本居宣長が初めて規則的に明らかにしたもので、つまり「ぞ」「か」「や」「なむ」は連体形で終る、「こそ」は已然形で終る、「は」「も」

は終止形で終る、この三つがあるということだったわけです。それがオーソドックスで、唯一です。

丸谷　その分類法でも分るように、いままでは係助詞を結びとの関係で考えた。ところが、大野さんは係助詞を分類するにあたって、係助詞より上にあるものでお考えになったわけですね。

大野　そうです。下だけを見ていないで、係助詞の上はどうなっているかを見たというところが、言ってみればミソなんです。

丸谷　これは、大転換でしたね。なにかきっかけがありましたか。

大野　きっかけはありました。橋本進吉先生の「奈良朝語法研究の中から」（『上代語の研究』）という有名な論文があるんです。

丸谷　ええ、知っています。

大野　前にもお話しましたが、「ずは」については宣長がすでに指摘しています。「ずは」を含む『万葉集』の歌のなかの特別な「ずは」を挙げて、「……よりは」と訳せばいいといったんです（『詞の玉緒』）。例えば、

磐姫皇后《いはのひめのおほきさき》

かくばかり恋ひつつあらずは高山の磐根《いはね》し枕《ま》きて死なましものを

の「ずは」は、こんなに恋しい思いをしているよりは、だといったんです。これに対して橋本先生は、『万葉集』の、

立ちしなふ君が姿を忘れずは世の限りにや恋ひ渡りなむ

という歌を挙げて、これを「よりは」とすると変ではないかと指摘されました。そして「ずは」は「ずに」だとおっしゃった（三七三ページ参照）。ところが、先生には申しわけないんですが、橋本先生の論文には弱点がありました。先生はこの時に限って「ずは」の全例を対象に考察されなかったんです。

『万葉集』巻六に、読人しらずの、

見渡せば近きものから岩《いそ》がくりかがよふ玉を取らずは止まじ

という歌があります。この場合は、光っている玉を取らないではいられない、つまり取りたいんです。巻十二に、

神山《みわやま》の山下とよみ行く水の水脈《みを》し絶えずは後もわが妻

という歌がある。この「ずは」は、「よりは」でも、「ずに」でもだめなんです。最初の「恋ひつつあらずは」は、もう恋に苦しんでいるのだから、これは事態がすでに成立していて、そこから脱却できないようになっている。そのことは橋本先生がすでにおっしゃっています。それにヒントを得て、私は「ずは」の上の動詞の示す事態の相違を見たんです。

まず「恋ひつつあらずは」というのは、恋に苦しむといった事態は時間的にはすでに成立していて、作者にとっては耐え難く、逃げ出したいと思っている。しかし現実には逃げ出すこともできない。それで高山の磐根を枕にして死んでしまえばいいと思っても、それもできない。「まし」は反実仮想の助動詞です。あっちもだめこっちもだめというのが、第一番目の「ずは」です。

第二番目の「ずは」は、事態はまだ成立していない場合です。「かがよふ玉を取らずは止まじ」これはまだ取っていないんです。しかも作者は取りたいんです。一番目とは全然違うでしょう。

第三番目の「ずは」は、事態は成立するはずもない場合です。「行く水の水脈し絶えずは」というのは、大きな川の水の流れが絶えるという事態で、これは起るはずもない、ということです。それを否定することは、言いかえればそういう事態が起りもしない限りということです。水の流れが絶えない限りお前は私の妻だぞというわけです。

　そうすると、橋本先生が問題にされた「立ちしなふ君が姿を忘れずは」があらためて問題になります。この歌は都へかえる役人を東国の郡司の妻女が別れを惜しんで餞した歌です。だから、君の姿を忘れるという事態は起るべきもないことですね。あなたの姿を忘れでもしない限り永くあなたを恋いつづけることでしょう、というわけです。

　このように「ずは」には、「ずは」の上の動詞の示す事態が、すでに起っているか、まだ起らないか、起るべくもないか、の三つがあり、それに従って「ずは」の下の解釈も少しずつ違ってくるというのが、大野新説なんです（「万葉集のズハの解釈―助詞ハの機能から見る―」『五味智英《ごみともひで》先生追悼　上代文学論叢』参照）。ここで、「は」は既知を受けて問題を設定し、下に答を求める助詞であるという考えを推し通しているんですね。

　その論文を書いたのは丸谷さんとの対談が終った後なんですけれども、そこで私が覚えたことは、「は」の上をよく見ろということです。つまり係りの上になにがくるかを見ることで、下が変るということを覚えたんです。

丸谷　そうでしたか。実はあの論文は読んだんですよ。でも、それがここに関わってくるとは思わなかったですね。

係助詞を二つに分類

大野　そういうわけで、係結びとはなにかというときに、私は下を見ないで上を見ろと考えたんです。研究というのはそういうもので、問題をみんなが正面から押しているときにワンステップ脇に寄って押してみると、見えてしまうのです。

丸谷　すべてそうですよ。角度を変えると、分ってしまうんですね。

大野　もうひとつ、誰も係結びを二つに分けようと考えなかったことです。

丸谷　ところが、大野さんはそれを二つに分けてしまった。その際、いきなり既知と未知とで分けるのではなくて、疑問詞を承けるか承けないかでお考えになったわけですが、そこのところを少し説明なさってください。

大野　「は」と「が」をやったとき分っていたことは、「は」が疑問詞を承けないということです。普通「誰は」とか「いつは」とかいわない。

丸谷　ええ、普通いわない。ところが、『古今集』恋四の、

読人しらず

津の国のなにはは思はず山しろのとはにあひみんことをのみこそ

それと、『月詣和歌集《つきもうでわかしゅう》』の、

津の国のあしでにもなき浦を見てなにはのことに落つる泪ぞ　勝命《しょうみょう》

私がさんざん調べた結果、こういう「なには」があるわけです。しかし、「なには」は難波で、「とは」は鳥羽で、掛け言葉になっているんですね。要するに「なに」を「は」で承けるのは、掛け言葉の「なには」しかありませんでした。

大野　そうでしょう。

丸谷　「なにか」はいっぱいある。同様に「いつか」「いづちか」も、「たれか」もたくさんあります。しかし、「いつ」「いづち」「たれ」をすぐに「は」で承けるものはないわけです。

大野　ないでしょう。「は」や「や」は疑問詞を承けないということは、富士谷成章《ふじたになりあきら》の『あゆひ抄』とか、本居宣長の『詞の玉緒』とかに書いてあります。しかし、「こそ」が疑問詞を承けないとは、どこにも書いてない。

係助詞を組織的に二つに分けようという考えはなかったのですが、現代語で「は」は既知を、「が」は未知を承けるということを考えていたものですから、係助詞を疑問詞を承けるか承けないかで点検してみたんです。そうすると、「たれも」「いつも」「なにも」、「たれか」「いつか」「なにか」、「たれぞ」「いつぞ」「なにぞ」と、「も」「ぞ」「か」は疑問詞をたくさん承けるのに、他方、「は」「こそ」「なむ」「や」は承けないということが見えてきたんです。

そうすると、われわれが今日、「は」と「が」で区別しているような意識は、日本人

	名称	承ける語の扱い方	個と個を対比して提題	衆から個を選抜して提題	本来は終助詞。倒置によって係助詞の位置に立つようになった。	
疑問詞を承ける	甲群	不確実・未知・新情報	モ	○	ゾ	カ
疑問詞を承けない	乙群	確実・既知・旧情報	ハ	コソ	ナム	ヤ
			モの下は否定不確定性判断が多い。ハの下は肯定・否定・推量など何でもよい。明確な判断。終止形終止。	コソは已然形と呼応して、逆接確定条件を形成した。後に強調的終止。	ゾは新情報として提示し教示・強調する。ナムは内心の確信を示す。連体形終止。	カは判断不能を表明する。ヤは話し手の確信、あるいは見込みを表明して相手に問う。連体形終止。

が文を作るときの基本的なパターンとして古来もっていたもので、それを係助詞で区別していたということに思いいたったんです（前ページの表参照）。

丸谷　前に、主格の助詞「が」は室町後期に突如として出てきたと伺ったときに、私がいちばん疑問だったのは、では「が」に当たるものを古代日本人はどうしていたのかということだったんです。古代日本語では主格の助詞がなかったというのが大野さんの説明でした。それで説明はつくんですが、それだけではなんだかおかしい。ですから、森本さんとの対談で、この「が」に当たるものが「も」「ぞ」「か」のグループだと言われているのを読んで、安心したんです（笑）。

大野さんと森本さんの対談を読んでいて、疑問詞を承ける「も」「ぞ」「か」を考えていますと、要するに「も」は曖昧さを表わす助詞、「か」は疑問、詠嘆とか反語とかを表わす助詞なのに対し、「ぞ」は断定を表わす助詞だということがあって、どうも「ぞ」と「が」が関係ありそうな気がしました。普通は「か」が「が」になりそうな感じがしますが……。

大野　音としてはそうですね。しかし「か」と「が」は日本語の最初から別々にあります。これはタミル語にもありますから（笑）。

丸谷　「か」と「が」はあまり関係なくて、「蚊」と「蛾」が違うぐらい違う（笑）。

大野　それよりもっと違うんですよ（笑）。

丸谷　「ぞ」が「が」になったんではないかという感じがするのは、一種きつい感じが共通するからです。そういうきつい感じは「も」にも「か」にもないんですね。

大野　そうですね。それに「ぞ」と「が」とは役割の上で似ているのです。たびたび言いましたように、「が」は「我が国」のような使い方がいちばん古い使い方です。名詞を承けて下の名詞に、所属、所有することを表わすわけです。他方、「ぞ」が係助詞として使われるとどうなるかといいますと……。

丸谷　例を出しましょう。『古今集』の源宗于《みなもとのむねゆき》、

山里は冬ぞさびしさまさりけるひとめも草もかれぬと思へば

これがいちばんいい。

大野　「ぞ」が「冬」という名詞を承けて、「さびしさまさりける」と連体形で終るわけです。連体形は文法的には名詞と同じ資格をもつわけですから、やはり名詞を承けて名詞に係るところに「ぞ」は入るんですね。

丸谷　名詞と名詞相当物の間に入るということですね。それで「我が恋」と同じ……。

大野　そうです。「ぞ」と「が」とは、そのような役割上、形式上の共通点があるわけです。ですから、入れ替りうるんですね。

連体形終止の一般化

大野　もうひとつ大事なことは係結びの連体形終止のことです。「ぞ」「か」「や」「なむ」がくると連体形で終る係結びは、平安時代から鎌倉時代にかけて和歌や文章の上で大流行しました。その結果、終止形で終る言い方と、連体形で終る言い方と、終り方が二つできたわけです。終止に二つは要らないから、競争する。そうすると、連体形で終るほうが強く、鮮明だったもんで、古い終止形で終るほうが負けて、連体形終止が広がってきた。このことは実は係結びには自殺行為だった。なぜならば、普通の終止形があるからこそ、それと形式的に違う倒置の連体形終止が、強めの形だと受け取られていたのに、万事この係結びの連体形終止でいくようになってしまうと、その威力が見えなくなってしまったわけです。つまり、こんどは連体形で文章が終れることになったんです。下が連体形で終るようになったのなら、名詞と名詞との間に入る「が」が使えることになる。「が」をもってきて、下が連体形で文章は終る。そういうことが起こったんです。

丸谷　民族の意識として、「が」が入るのが適切だったわけですね。

大野　鎌倉時代の終り頃の『平家物語』を見ますと、

簾たえて閨あらはなり、月影のみぞさし入ける。

北面の下臈、さては金行といふ御力者ばかりぞまいりける。

七万余騎がなかよりわづかに二千騎ぞのがれたりける。

たすかるものはすくなう、うたるゝものぞおほかりける。

という例がありますが、これらの「ぞ」はすべて、「が」で置き換えてもいいようになってきています。さらに次の例を見てください。

唐人が玄房といふ名をわら（ッ）て、「……」と相したりけるとかや。

この「が」は連体形の「ける」に係るんです。体言と体言との間に入っているからいいわけです。「ぞ」と同じ機能を果している。

丸谷　係助詞としての「が」になっているわけですか。これは恐ろしい例ですね。

大野　次の例もそうです。

其信救法師めが、浄海を平氏のぬかかす、武家のちりあくたとかくべき様はいかに。

法師めが……かくべき様、となっている。さらに進むと、

薩摩守馬よりおり、みづからたからかにの給ひけるは、「別の子細候はず。三位殿に申べき事あ（ッ）て、忠度がかへりまい（ッ）て候」

忠度が……候、と「候」で切れている。この「候」は連体形なんです。忠度ぞかへりまい（ッ）て候、と「が」と「ぞ」を置き換えても同じですね。こんな風にして、だんだんと「ぞ」と「が」との受け渡しが行われていくんです。全体として係結びが衰退するから、「ぞ」を使うのは古いということになって、そこへ「が」が入ってくるんです。他方で、室町時代から江戸時代にかけての社会の混乱によって、従来の言語的規範力が衰えて、こういう入れ替りをゆるしたわけです。

丸谷　この『平家物語』は覚一本《かくいちぼん》ですか。おもしろいですね。覚一本というのは十四世紀くらいでしょう。

大野　ちょうどその移り行きを反映しています。これだけでは十分ではないけれども、

「ぞ」から「が」への移り行きの可能性がほぼ分ってきたわけです。

そしてこれは江戸時代に入ると確立するんですね。近松《ちかまつ》ですが、次の例でも分ります。

言ふさへ涙がこぼるゝぞや（『卯月《うづき》の紅葉《もみじ》』）

二十八貫の銀では、疵のない、手入らずの女房が持たるゝ（『万年草《まんねんそう》』）

火打箱が見えぬ（『曽根崎』）

ヤア虎が涙のしるしが見えて、空が曇つた（『氷の朔日』）

「涙がこぼるゝ」「女房が持たるゝ」「火打箱が見えぬ」と、「が」がきて連体形になっています。

丸谷　この「女房が持たるゝ」というのは実に典型的ですね。これらはみんな「ぞ」に直していいですね。実におもしろいですね。

大野　こうして、係結びが崩壊して係助詞がその役目を失ってしまった後へ、「が」が入ってきて代役を務めるようになったんです。

丸谷　これは大発見ですね。日本語史の最大の謎の一つがきれいに解けました。

大野　「が」が「ぞ」に入れ替るということは、部分的には私の大学の中島由美子さんたちが気づいていたんです。私は、係結び全体を見直すことができて、全体の構図がつかめてきたもんですから、それぞれの位置を確かに決められるようになってきたということなんですね。

君が言ったから『サラダ記念日』

丸谷　俵万智《たわらまち》さんという、いま評判の女流歌人の歌集『サラダ記念日』を読んでましたら、こういうのがありました。

万智ちゃんを先生と呼ぶ子らがいて神奈川県立橋本高校

俵さんがこの学校に勤めているんですが、これは勤めた最初の感じですね。「子らがいて」の「が」の使い方が、未知の情報を承ける「が」の機能にぴったりしていて、その衝撃力がいい。「子らはいて」とか、「子らのいて」とかではだめですね。万智ちゃんが先生と呼ばれるという意外な、新鮮な感じ、それが「が」で表現されている。私はこの「が」が好きだったんです。
大野　「が」はいちばん古くは「我が国」のように使った。その場合、「我」と「国」とどちらが本家かというと、「国」のほうが本体で、「我」のほうが新しい情報なんです。
「国」という概念がすでに成り立っていないと、「我」という新しい情報を付けようがない。つまり「が」は新しい情報を下のものに加えて行く役目の単語だったんですが、その役目がいまでも連綿とつづいているんです。だから、「気がつく」とか、「気がつかない」とかというときには、たいてい「が」がくる。『サラダ記念日』の、
　　砂浜のランチついに手つかずの卵サンドが気になっている
　も「が」でしょう。

　　気がつけば君の好める花模様ばかり手にしている試着室

　これはいい歌ですね。今日的な新鮮な歌だけれども、『万葉集』の歌と同じですね。
丸谷　歌謡性があって、私も好きです。

「この味がいいね」と君が言ったから七月六日はサラダ記念日

これには「が」が二つ入っています。

愛人でいいのとうたう歌手がいて言ってくれるじゃないのと思う

大野 これは「発見」の「が」ですよね。

どうしても海が見たくて十二月ロマンスカーに乗る我と君

まちちゃんと我を呼ぶとき青年のその一瞬のためらいが好き

「見たい」とか、「好き」とか、欲望や好みの対象はみんな瞬時に現れてくるものとして「が」で承けるんです。「水が飲みたい」という言い方と同じで、情意の対象が「が」でくるんです。

丸谷 既知、未知の説明ではなくて……。

大野 未知でもいいんですよ。情意の対象は瞬時に現れるもので、新しい情報扱いになるんです。

丸谷　次の歌もうまいと思ったんですが、これは情意の対象じゃなくて、「発見」でしょうね。

缶詰のグリーンピースが真夜中にあけろあけろと囁いている

こんどは「は」の例ですが、

ツーアウト満塁なれば人生の一大事のごと君は構える

「君が構える」ではなく、「君は構える」なんですね。

大野　私はツーアウト満塁だってなんとも思っていないのに、あなたはね、と問題設定しているから、「は」になるわけです。これが「君が構える」となると、傍から見て描写しただけになります。

丸谷　そこで『古今集』の小野小町の歌、

おろかなるなみだぞ袖に玉はなすわれはせきあへずたぎつせなれば

を、「ぞ」は「が」であるという理論で、俵万智風に作り直すと、

おろかなる涙が袖に玉と散るわれはせきあえずまるでナイヤガラ

本当は「たぎつせ」は激流で、滝じゃないんだけど、ここは故意の誤訳です。

大野　丸谷さんは替え歌を作るのがうまい（笑）。

解説

大岡信

「てにをは」が日本詩歌の鍵をにぎっている――この思想は日本の生んだ最もすぐれた詩人・批評家たちが共通にもっていた認識で、中世連歌の巨匠二条良基《にじょうよしもと》も近世俳諧の達人松尾芭蕉もその点では完全に一致していた。「てにをは」とは、助詞・助動詞のように、それだけでは独立した意味を表現することができない語の集団のことをいうが、名詞、動詞の語根のように、それ自体で独立の意味を表現しうる語にくらべれば、重要性において遥かに劣ると思われる従属的な語が、詩歌の創造において決定的な位置を占めているということは、日本語という言語のもつ大きな特徴を示すものといわねばならない。

日本語が微妙な揺れ、陰影に富んだ表現を得意とするのも、「てにをは」の精妙な働きのためである。しかしそれはまた、日本語を学ぼうとする外国人にとっての困難の主な原因がどこにあるかをも説明するものである。いや、外国人と限る必要はない。日本人自身、この問題がどれほど難かしいものであるかについては思い知らされることが少なくない。

そして、事は詩歌にのみ関しているわけではない。日本語自体の問題である以上、詩歌であろうが散文であろうが、「てにをは」は常に肝要な位置を占めてきた。

大野晋・丸谷才一両氏による対談形式の日本語論『日本語で一番大事なもの』は、「てにをは」の重要性と面白さを徹底して追求した本で、かつてこのような機智と説得性に富んだ文法の書が書かれたことは一度もなかったと言っていい。

私は今、文法の書、と書いたが、まさしくこれは日本語文法の本である。文法を苦手とする人々にとっては、この本で語られていることの大半が初めて聞く話と感じられ、文法に対して抱いていた疎遠な感じが、たとえ一時的にもせよ、修正されるのではなかろうか。私は一人の文法嫌いの日本人として、そのことを確信をもって断言できる。

「文法は不幸な学科だ」ということを大野氏は昔からしばしば語ってきた。この本の中でも次のような発言がある。

「たとえば生物の先生で生物が嫌いだという人はまあいないでしょう。物理の先生は物理が好きで先生になっているわけでしょう。ところが、文法は、教えている先生自身が嫌いなんですから。その上、教えている先生が、ちゃんとした文法の教育を受けてもいないですしね。」

これを受けて丸谷氏が、日本語だけでなく文法一般についての普通人の感想を代表するようにこう続ける。

「でも、文法というのはむずかしいからなあ。私は、英語教師になった最初の時間が英文法の時間で、本当に憂鬱でしたね。二クラス合併で百五十人ぐらいを相手にマイクを通して教えたんですが、私の教師商売も幸先が悪いなという感じでした。」(「現象の中に通則を見る」)

ここには、文法一般について私たちの多くが抱いている鬱陶しさ、疎遠な感じに加えて、日本語文法が特別に「不幸」な学科になっている事情の一端が語られているが、大野氏は別の個所で、「教えている先生が、ちゃんとした文法の教育を受けてもいない」という指摘を詳細にわたって敷衍している。

すなわち大野氏の師である橋本進吉の文法説をめぐる会話がそれで、大野氏は橋本文法が戦争中国定教科書に取りあげられ、以来いわゆる「文節」の概念が文法の基本となって現在の中学・高校の一般文典の基礎をなしていることを指摘したのち、橋本文法のもつ問題点をそれ以前にあった山田孝雄、松下大三郎らの文法との対比において鋭く浮き彫りしている。

山田文法や松下文法が、論理学的、心理学的に文の成立を突き詰めて研究したあとを受けて、音声学的観点からさらに日本語文法を先へ押し進めようとしたのが橋本進吉だったと説いたあと、大野氏はこう言っている。

「ところが、その橋本先生の行き方だけをまるで金科玉条のように取り入れてみると、音声の面からだけでは、文法は決してとらえられないものなんです。心理学的に、論理学的に文はどうしたら成り立つかというようなことを扱う必要がある。『私が大野です』も『私は大野です』も、文節の見方からでは区別がつかない。こういう問題がごっそりと欠落した形で、いまの学校の文法教育がおこなわれているんですね。だから、音声の面から文をとらえた文節中心の文法では、文法なんかいくら習っても役に立たず、つまらないものだという観念にとらわれやすい。それは、つまり文の論理学的、心理学的な面の探求あるいは説明ということが、中学校、高等学校の文法の段階で、ちっとも無いことと関係が深いんです。これはなんらかの形でもっと改めなければいけないと思っています。」

「文法は体系です。人間が心のなかに文法のシステムを心理的に、論理的にもっているんですから、それを目の前に見えるように言葉で表現しないといけないんです。それを橋本流では音の形式の面だけから見るから、大事な面が落ちてしまうおそれがあるんです。」

往時、禅僧たちの修行心得の根本には、「殺仏殺祖《さつぶつさっそ》」という強烈な真理探究の意志があった。一休《いっきゅう》であれ白隠《はくいん》であれ、その点でみな共通している。その伝でいけば、文法学者もまた殺仏殺祖の徒であらざるを得ないらしいというのが、大野氏のこういう発言を目にするときの私の感想である。賀茂真淵《かものまぶち》と本居宣長の関係だってそうだったにちがいない。何といっても文法とはまさにシステムそのものだから、徹底して文全体のシステムを追求しようとすれば、師説に対しても「殺仏殺祖」の気迫でその是非を問わずにすまされなくなるはずなのである。大野氏が常に剣客風の面構えを（もちろん学者としての発言において）崩さないこと、その研究がしばしば大きな論議をひき起こし、論争のまととなることも、その意味で言えば氏が国語学者・文法学者としての宿命に忠実である結果にすぎないと言えよう。大野氏は小学生のころは理科少年だったそうで、中学一年になってから、理数科の授業よりも文語文法の方が面白いと感じられ、そちらに深入りしたと語っているが、それもまた大野晋という国語学者の成立事情として自然な成行きだった。人文系の学問で何が最も科学的かといって、文法学にまさるものは無かろうからである。

従って本書においても、大野氏の説明は常に明晰であることをもって大きな特徴としている。私は「てにをは」のひとつひとつを取りあげて論じてゆく大野・丸谷両氏の対話を読みながら、ただ一つの助詞、ただ一つの助動詞が秘めている働きの微妙さ、明確さ、力強さに感嘆することがしばしばだったが、それは感覚的にいえば、まさしく痒いところをぴたりと押さえて痒みを癒し、愉快この上もない気分にさせてくれる麻姑《まこ》の手で脳中を掻いてもらっているような気分なのだった。

この場合、丸谷才一という絶妙な対話相手がいたことが、文法学者としての大野晋の稀れなと言ってもいい幸福だったことは明らかである。

丸谷氏は作家であり、批評家であり、英文学者であり、エッセイストであり、全部をひっくるめて言えば当代を代表する文人である。私は丸谷氏とはすでに長い間の知り合いである上、歌仙を巻く仲間として特別に親しい関係にもある。それにしても、と私は何度この本を読んで嘆じたことか知れない、この人は何という読書家であろうか。しかもこの読書家は、何しろ文法がよくわかっているではないか。これは私のように漠然たる勘に頼って文を綴り、言葉を解することばかりしてきた者にとっては――たとえ事あるごとに丸谷氏のその面での教養の堅固さについて深く感ずる機会が多い立場の人間であるにしても――驚きを新たにせずにいられない発見だった。

この対談の成功は、丸谷氏の側での用意の周到さと、大野氏の側の学問的備えの広さ、深さによるところは言うまでもないが、何といってもここで丸谷氏が終始一貫シロウトの立場に立ち、なまじのクロウトには思いも寄らないような機敏かつ機智に富んだ質問を積み重ねてゆくみごとさに、その大きな理由があることは明らかだと思われる。このシロウトは国語文法のシロウトだが、文章における当代稀れなクロウトだから、このような長大な日本文法対話篇が成立しえたのである。

たとえば地名に添えて感動を表す「や」についての丸谷説――

「いまの二つは地名に添えたわけですが、これが発展したものとして、普通名詞に添える間投助詞『や』の形があります。私の調べが行き届かないのかもしれませんが、『古今集』にはこの形が見つかりません。普通名詞プラス間投助詞『や』の形が非常にたくさん出てくるのは『新古今』なんです。（中略）で、こういう普通名詞プラス『や』が媒介になって、俳諧の切字の『や』が出てくる。たとえば、芭蕉だけで例をあげますと、『行春や鳥啼き魚の目は泪』（中略）。でも、このさきがいわば本論なんですが、地名に『や』がつくときには、土地に対する、なにか呪術的感情があると思うんですよ。土地の霊を慰めるとか、国ほめとか、そんな気持。そういう古代人の呪術的感情がだんだん衰えてくると、こんどは自分の手近なところにある普通名詞的なものに対して、むしろ親近感と言うほうがいいみたいな、一種の呪術的感情が付与されて、普通名詞に『や』がつく。そしてそういう『新古今』的心理を媒介として、俳諧の切字の『行春や』とか、『古池や』が出てくるともいえるんじゃないかと思います。」

大野氏は「おっしゃる通りと思います。賛成です」と答えている。私にこの説の当否をあげつらう力はないが、なるほどそうだろうな、と納得させられる。それは丸谷氏の考えが、言葉を用いる以上古代人でも近世人でも現代人でも共通にもっているはずのある基本的な態度について直かに触れているものだからである。

この本を読んで文法好きになる青年たちがたくさん出たら大したことだと思うが、私はまた、学校で文法にはつくづく参らされた思い出をもつ実にたくさんの元生徒、元学生たちが、この本を読んで得るであろうものの大きさにも、愉快な気持ちで思いを馳せずにはいられない。

（おおおか・まこと　詩人、評論家）

改版解説

金田一秀穂

この本は「日本語の世界」という全集の月報に連載された対談をまとめたものである。「日本語の世界」は、中央公論社から一九八〇年から一九八六年にかけて出版されたシリーズで、第一巻が大野晋の「日本語の成立」、最終巻は丸谷才一が中心になって書かれた「国語改革を批判する」である。松村明《まつむらあきら》や貝塚茂樹《かいづかしげき》などなどの正統派の学者たち、また大岡信や井上ひさしなどの言葉に敏感な創作家たちが結集してまとめられている。

出版当時、シリーズの中で書かれた本のいくつかはかなり評判になり、極めて異例なことに、のちに単独で文庫版で再出版されている。

シリーズにつけられた月報は、本来は付録的な扱いであるけれど、たいへん評価が高く、これだけでも単行本化された。日本語の古典の入門書として大変秀れているということだったのだろう。

本来であれば、私のような者には、この本の解説を書く資格がない。私は日本語学を専攻し、文法学も学んだ者ではあるけれど、現代日本語文法であって、この本で扱かわれている古典文法については完全に素人である。

ただし、幸いなことに、この文庫には、大岡信の解説がつけられている。大岡は、この本の解説者として、これ以上ない、最善の配役である。「日本語の世界」の実質的な編者の一人として、また言うまでもなく深い教養と鑑賞力において、大岡以外の人の解説は考えられない。

私が、さらに書くことがあるとすれば、この本を初めて読んだ若い人たちのために、今の時代に日本語の古典本のどこがおもしろいのか、どこに注目してほしいのか、そんなことであるかと思う。

ただ、その前に、少し個人的な話をしておきたい。

私の祖父は京助という。この本でも三五八ページに、その名前が登場する。ここまで読んで、この名前を見つけたとき、教室で急に先生に名前を呼ばれてしどろもどろする怠惰な学生のような気分になったことを告白しておく。有名な祖父を持つと、人はどこでうろたえなければならないかわからない。油断できない。

大野晋という名前は、非常に優秀な頭脳を持つ人であるということで、私の父親である春彦からしばしば聞かされていた。

晩年にちかく、日本語タミール語起源説を唱え始めたことで、一般の人には多く知られるようになった。この本でも数か所簡単に触れられている。これについてより多く知りたいと思った読者は、大野の「日本語の成立」を読まれるといい。私には、その説の妥当性《だとうせい》を判断する能力がない。春彦は、あの大野君が言うのだから、と、論評を一切控えていた。インドは日本から遠すぎる、というのが、春彦の印象だったように思う。学会一般でもタミール語説の賛同者はあまり多くなかった。しかし、大野は最後までその説を捨てなかった。

橋本進吉という名前はたびたび言及されている。非常に厳格な実証主義者として知られている。優秀な弟子を何人も育てた。しかし、思い付きの先行するタイプの研究者は、実証主義の息苦しさに堪えられず、離れていったようにおもう。大野は、アイデア豊富な研究者だったことがタミール語研究からも憶測できるが、橋本によって基礎的訓練もきちんと鍛《きた》えぬかれたことがわかる。

例えば大野は冒頭一一ページ、「かな」が奈良時代「常陸風土記」にみられる、ということがたちどころに言えてしまう。今であれば、このような事実はコンピュータですぐに調べられるし、覚えておく必要がない。しかし、橋本の弟子の大野は、これを自分の知識にしている。恐るべきことである。

丸谷才一は、私はあまり良い読者ではないのだが、古典についての造詣は歌集を並べることで日本文学史をあざやかに描き出した「日本文学史早わかり」が印象的である。後鳥羽院の作品を再発見する仕事などもある。文学作品の解釈はさすがに実作者の力を発揮するが、しかし、文法や語彙《ごい》史などの事実も尊重する。堀辰雄の「風立ちぬ、いざ生きめやも」が誤訳であるという指摘があることからも、創作家にはありがちな、自分勝手で独善的な解釈を振り回すタイプではないことがわかる。

実証的で知的な好奇心をあくまでも失わない創作者としての丸谷と、アイデアをたくさん抱えながらきわめて誠実で堅実な研究者である大野が、この対談を可能にしている。この本を読んで、最初から最後まで、つねに感じ続けることは、知的世界の楽しさである。お勉強は楽しい。考えることは喜びをもたらす。

丸谷は疑問を感じることを次々と聞いていく。最上の聞き手を得た大野は、嬉しくて仕方ない。私も大野には及びもつかぬ教師であるが、教える幸福を共感できる。教えたいことがいっぱいある。わかってくれる。その質問から新しい発見の糸口を見つけ出す。ソクラテスとプラトンの対話というのは、こんな風だったのではないかと思う。孔子と顔回も、こうだったかもしれない。否。そんな御大層《ごたいそう》な対話でなくても、良き教師と良き学生が学問を巡ってする会話というのは、このような幸せな形をとるのであろう。刺激に満ち、発見に満ち、発展し、飛躍する。

どこのページを開いても、こちらの脳髄《のうずい》を刺激する中身に満ちている。例えば、「い」という言葉を巡るところは、ワクワクさせられながらページを繰ることになる。最初は丸谷の「あるいは」は旧かなづかいでは「あるひは」と書くべきなのか、という質問から始まる。旧かなづかいに縁がない読者は、それがどんな問題を含んでいるのか全く分からないのだが、大野の口から驚くべき答えが引き出されていく。助詞の「を」や「へ」が、どうして「お」や「え」と書かれないのか、という、考えもしなかった疑問があっけなく解かれていく。「いま」の「い」にまでつながっていく。挙句に得意のタミール語まで出てくる。敏しょうな知的運動体の鮮やかな動きを見せてもらっている気になる。

古典文法に飽き足らない思いをさせられていたのはなぜだったのか、答えを教えてもらった。

古典研究は、このような形がこのような形になった、という変化の過程をきちんと教えてくれる。しかし、その本質的な理由を問うことをしない。ここは、橋本進吉流だとしか言えない。けれど大野はそのタブーを軽々と越えていく。言語学的な知識を十分に活用していく。そうなんだよ、そういうことを知りたかったんだよ、と思わず言いたくなる。係り結びの研究は、大野の代表的な古典研究の成果だが、さすがにその項の説明は雄弁であり、わかりやすくて面白い。

ただ、古典研究に対して、現代語研究者の端《はし》くれが、いつも不満に思うことが一つある。それは、古典研究者の対象があくまでも限られた量の中だけで終わることである。当たり前なのだが、古典日本語は今生きていない。明治の文学者の古文について語っている項は、示唆的である。鷗外の古文は読むのがつらい。対して一葉の古文は美しく正確であるという。鷗外の古典知識をくさすことができるのはこの人たちぐらいだろうと思うのだが、それにしても、鷗外がなぜうまく古文を使いきれないかと言えば、彼は古典日本語で生きていないからであろう。ドイツに留学したお医者さんとして、古典日本語で生活するわけにはいかない。一葉は、たぶん、古典日本語で生活していたのではないか。もちろん江戸下町の口語を使っていたに違いないのだが、思考するときは、古典日本語だったのではなかろうか。思考するときにその言葉を使えば、その言葉は生きていることになる。古典日本語の研究者は、あくまでも自分の外にある古典日本語をつつきまわすだけで、それを彼・彼女の使う現代日本語に言い換えるに過ぎなくなる。それでもいいけれど、多くの外国語研究者はそうしているのだけれど、自分の使っている言葉によって言葉を分析するのであれば、その対象は、古典語や外国語ではなく、自分自身の使っている言語である方が、よほど深く研究できるのではなかろうか。すくなくとも、面白くできるのではなかろうか。

まあ。これ以上はやめよう。キンダイチの三代目が何を言うか、と怒られそうだ。しかし、それにしても、幸せな対話が実現したことを喜びたい。この刺激的な会話は、次代の人々によっても可能になるだろう。この本を読んで刺激を受けた若者の出現を刮日《かつもく》して待ちたい。

（きんだいち・ひでほ　日本語学者）

『日本語で一番大事なもの』一九八七年十月　中央公論社刊
『日本語で一番大事なもの』一九九〇年十一月　中公文庫刊

中公文庫

日本語《にほんご》で一番大事《いちばんだいじ》なもの

1990年11月10日　初版発行
2016年12月25日　改版発行

著　者　大《おお》野《の》　晋《すすむ》
　　　　丸《まる》谷《や》　才《さい》一《いち》

発行者　大橋　善光

発行所　中央公論新社
〒100-8152　東京都千代田区大手町1-7-1
電話　販売　03-5299-1730　編集　03-5299-1890
URL http://www.chuko.co.jp/

DTP　嵐下英治
印　刷　三晃印刷
製　本　小泉製本

Published by CHUOKORON-SHINSHA, INC.
Printed in Japan　ISBN978-4-12-206334-1 C1181

中公文庫既刊より

各書目の下段の数字はISBNコードです。978－4－12が省略してあります。

お-10-3
光る源氏の物語（上）　大野晋　丸谷才一
当代随一の国語学者と小説家が、全巻を縦横無尽に読み解き丁々発止と意見を闘わせた、斬新で画期的な『源氏論』。読者を難解な大古典から恋愛小説の世界へ。
202123-5

お-10-4
光る源氏の物語（下）　大野晋　丸谷才一
『源氏』は何故に世界に誇りうる傑作たり得たのか。詳細な文体分析により紫式部の深い能力を論証する。『源氏』解釈の最高の指南書。〈解説〉瀬戸内寂聴
202133-4

ま-17-9
文章読本　丸谷才一
当代の最適任者が多彩な名文を実例に引きながら文章の本質を明かし、作文のコツを具体的に説く。最も正統的で実際的な文章読本。〈解説〉大野晋
202466-3

ま-17-13
食通知ったかぶり　丸谷才一
美味を訪ねて東奔西走、和漢洋の食を通して博識が舌上に転がすは香気充庖の文明批評。序文に夷齋學人・石川淳、巻末に著者がかつての健啖ぶりを回想。
205284-0

ま-17-14
文学ときどき酒　丸谷才一対談集　丸谷才一
吉田健一、石川淳、里見弴、円地文子、大岡信ら一流の作家・評論家たちと丸谷才一が杯を片手に語り合う。最上の話し言葉に酔う文学の宴。〈解説〉菅野昭正
205500-1

お-10-5
日本語はどこからきたのか　ことばと文明のつながりを考える　大野晋
日本とは何かを問い続ける著者は日本語とタミル語との系統的関係を見出し、日本語と日本文明の発展の歴史を平易に解き明かす。〈解説〉丸谷才一
203537-9

お-10-6
日本語はいかにして成立したか　大野晋
日本語はどこから来たのか？　神話から日本文化の重層的成立を明らかにし、文化の進展に伴う日本語の展開と漢字の輸入から仮名遣の確立までを説く。
204007-6